中国西南古建筑典例图文史料

大足石刻与古建筑群

DAZU SHIKE YU GUJIANZHUQUN

张兴国　郭璇　陈蔚　总主编
李先逵　郭璇　陈蔚　冷婕　编著

重庆大学出版社

序

中国国土广袤，地貌、气候多样，决定了其建筑体系下各地建筑呈现出丰富的地域特征，反映了文化的多元性。四川盆地、云贵高原，地形复杂、气候多变，该区域内的传统建筑取材丰富、形态多姿，是我国民族和地域建筑的宝库。《中国西南古建筑典例图文史料》书系囊括了西南地区最具有代表性的古建筑的案例，其中包括：世界文化遗产、中国石窟寺的奇葩——大足石刻，我国明代官式建筑的经典案例平武报恩寺，西南禅宗祖庭梁平双桂堂，以及民间祠庙会馆建筑和摩崖风景建筑的杰作镇远青龙洞。这些古建筑均具有极其重要的历史、文化和艺术价值。而该书系以翔实的史料、丰富的图文，全面记录了这些珍贵的文化遗产，揭示了其价值，因而具有重要的文献价值和学术意义。

重庆大学建筑城规学院作为全国历史最悠久的八所建筑院系之一，创办该院系的老一辈学者早在20世纪30年代就参与了中国营造学社对西南地区传统建筑的调查与研究，为创建中国的建筑史学、探索中国建筑史研究方法作出了历史贡献，培养了不少人才并组成了中国建筑科学院建筑历史研究所重庆分所，其研究成果十分丰富、学术积淀深厚、地域特色鲜明，并积累了大量的传统建筑实测资料。《中国西南古建筑典例图文史料》是重庆大学建筑城规学院建筑历史与理论研究所多名专家学者近三十年来对西南地区的文物古迹和历史建筑的调查研究成果以及多年来该学院师生对古建筑测绘、研究的成果集合。这些成果不但是师生们辛勤劳动的结晶，而且是十分珍贵的重要历史文献。今将这些珍贵资料汇编成书系出版，具有重要的学术意义。特别是“五·一二”汶川大地震后，这些古建筑测绘资料将是西南地区古建筑保护与修复的重要、可靠的图文史料依据，为今后的进一步深入研究提供了可靠的研究基础。

愿书系的出版激发更多有识之士和民间大众对我国建筑遗产的珍视和保护之情。

晋宏逵

2013年夏初于故宫博物院

丛书序

西南地区悠久的历史上曾经有过光辉灿烂的建筑文化。云南元谋遗址，重庆大溪遗址，成都三星堆遗址、金沙遗址，都反映出西南地域优秀的建筑文化成就；东汉的崖墓、汉阙、画像石与画像砖，反映了早期中国建筑形制及其优秀的建筑文化技术水平；唐宋摩崖石刻中的建筑形象，折射出西南地区佛教建筑的高峰水平。西南地域辽阔，地形地貌复杂，民族民俗文化丰富，明清以来遗存的古典建筑呈现多元化和地域化特色。

西南地区遗存的古典建筑，是极为丰富的文化遗产和技术遗产。但古建筑的设计施工主要靠世袭工匠言传身教，尤其是地方性民间性的古建筑，更是靠经验积累相传，少有文献记载，更无图纸档案留存。要系统整理这笔巨大的遗产，需要大量而艰苦的田野调查，尤其是准确的建筑测绘资料整理。从20世纪上半叶起，梁思成、刘敦桢等大批建筑界前辈，为中国建筑研究和测绘调查奠定了良好的基础。

西南地区的古建筑调查测绘，可追溯到20世纪30年代末40年代初，中国营造学社先辈们对云南、四川古建筑的调查研究。调查研究类型涉及寺观、衙署、祠庙、会馆、城堡、桥梁、民居、塔幢、崖墓、墓阙等，并在《中国营造学社会刊》发表《云南一颗印》《宜宾旧州坝白塔宋墓》《旋螺殿》《四川南溪李庄宋墓》《云南之塔幢》《成都清真寺》等文，应是最早公开出版的西南古建筑研究成果。后来不少营造学社的先辈到高校执教，如梁思成、刘敦桢等，是高校古建筑研究和人才培养的先驱。这里值得一提的是叶仲玑先生，他就有过中国营造学社的工作经历，来到重庆建筑工程学院建筑系任首届系主任，营造学社的精神在建筑系无形延续。

新中国成立以来的古建筑测绘，主要由全国建筑高校承担起来。重庆建筑工程学院是当时西南地区唯一拥有建筑系的高校。结合教学和科研工作，建校之初就建立了建筑历史研究室，并成立中国建筑科学院建筑历史研究所重庆分所。研究室的学者来自全国各地，辜其一、叶启燊、邵俊仪、吕祖谦、吕少怀、余卓群、白佐民、尹培桐、罗裕锟、杨嵩林、万钟英等，是建筑历史研究室开创以来的老一辈学者，他们对西南地区历史建筑研究作出了贡献，并培养了大批从事建筑历史理论研究的人才，他们的精神深深影响着建筑历史理论研究的后来者。

建筑历史研究室的老一辈们，对历史建筑研究有锲而不舍的精神，扎根西南地区几十年甚至默默奉献一生。担任首届历史研究室主任的辜其一先生，在极其困难的20世纪60年代，几乎走遍了巴蜀大地，坚持巴蜀地区的汉唐古建筑研究，系统调查整理巴蜀的东汉崖墓建筑，绘制出测绘图文手稿两大册，他在“文革”中含冤而去，可惜没能最终整理出版；幸喜的是他早期调查整理的摩崖石刻中的唐宋建筑，通过《文物》杂志发表，成为研究巴蜀唐宋建筑可贵的图文史料。叶启燊、邵俊仪等先生，系统开展了四川民居的调查测绘，他们还深入川西高原的羌藏地区、大凉山的彝族山区，开展对少数民族建筑的调查研究，部分资料已整理出版，叶启燊先生所著的《四川藏族住宅》是其中重要的研究成果。曾师从于刘敦桢的邵俊仪先生，调查整理发表了《重庆吊脚楼民居》学术论文，在传统吊脚楼民居荡然无存的重庆城区，其图文史料价值显得尤其珍贵。

几十年来，结合教学与科研工作，建筑系的师生测绘了上百项古建筑，并留下大量测绘图文资料档案。平武报恩寺、成都杜甫草堂、成都武侯祠、成都望江公园、眉山三苏祠、峨眉山寺庙群、青城山道观、大足圣寿寺、潼南大佛寺、涞滩二佛寺、镇远青龙洞、重庆湖广会馆、梁平双桂堂、重庆老君洞道观等，都是这些年来有代表性的古建筑测绘项目。这些测绘资料成果，成为国家及地方文物保护单位的必备资料档案，更为文物保护修复设计提供了技术支持。2008年的汶川大地震，平武报恩寺遭到地震的摧残，师生们30年前的测绘资料，其用于修复设计的价值凸显。近20年来，结合民居研究、历史文化名城名镇保护，开展了民居建筑群、古镇古村落的测绘调查。重庆双江民居、贵州镇远民居、习水土城古镇、四川古蔺太平古镇、四川肖溪古镇、重庆东溪古镇、重庆涞滩古镇等，都是这一时期具有代表性的测绘研究成果。

由于诸多原因，几十年的研究成果，较多的留存在档案室，甚至不同程度地损坏缺失，没能公开整理出版，甚为遗憾。国家出版基金项目的资助，激励我们将这些研究成果整理出版。《中国西南古建筑典例图文史料》首批整理了四川平武报恩寺、贵州镇远青龙洞、重庆梁平双桂堂、重庆大足石刻与古建筑群等测绘资料，并由重庆大学出版社组织出版。这四组古建筑群的测绘时间跨越了30年，代表不同时期的测绘资料成果，反映不同历史时期和地域特色的建筑。平武报恩寺是巴蜀明代的建筑原物，反映了典型的北方官式建筑风格风貌，对其的测绘是恢复高考后的第一届即七七级学生在教师指导下完成的；贵州镇远青龙洞是一组具有特色的摩崖式古建筑群，建筑群依附于陡峭的崖壁，出挑吊脚，凌空飞架，是山地建筑空间组织和营造技术的优秀典例；大足石刻是中国南方佛教石窟寺的杰出代表，大足圣寿寺是一组丘陵山地古建筑群，建筑布局结合坡地起伏变化，逐步往后升高，群体空间轮廓线尤为突出，其山门运用牌楼门式处理手法，在巴蜀地区的佛教建筑群中具有代表意义；测绘于21世纪初的梁平双桂堂，被誉为“西南禅宗祖庭”，其空间组合既强调佛教寺院的轴线空间序列，又巧妙结合民间院落空间组织特色，在建筑营造技术上，巧妙运用石木组合构架技术，建筑的地域特色浓厚，是佛教建筑地域化特色的典型例证。

《中国西南古建筑典例图文史料》所呈现的，仅是几十年测绘成果的一部分，我们希望以此为契机将整理、出版工作继续进行下去。西南地区的古建筑类型极其丰富，有价值的建筑遗产远远不止这些，需要更多团队和有志于古建筑的研究人员去抢救和整理，一系列完整的西南古典建筑图文史料才将会展现于世。

《中国西南古建筑典例图文史料》的出版，得到东南大学建筑学院齐康院士、故宫博物院前副院长晋宏逵先生、重庆市名城专委会主任何智亚先生、中国三峡博物馆馆长程武彦先生、重庆市文物局前副总工程师吴涛先生等专家和学者的支持和积极推荐，特此表示感谢！

《中国西南古建筑典例图文史料》，涉及几百位建筑专业学生的辛勤劳动，他们既学习又奉献。资料的整理、出版，更是对从事古建筑研究的老一辈研究学者的最好纪念。

重庆大学建筑城规学院
建筑历史与理论研究所

前言

中国北方石窟寺大多数始于南北朝、盛于隋唐，并以丝绸之路沿线的敦煌莫高窟、炳灵寺石窟、麦积山石窟以及黄河流域的云冈石窟、龙门石窟等最为著名。公元8世纪中叶以后，随着李唐王朝的政治变迁和经济文化中心的南移，文人雅士、高僧大德、名工巧匠汇集蜀中，加之蜀王崇佛、密宗流行，为四川石窟寺的开凿创造了条件。在北方石窟寺衰落之际，巴蜀地区石窟、摩崖造像的开凿反而盛极一时，独领全国之冠，并且一直延续至南宋，呈现出中国石窟发展史上最后一个高潮。现存的巴蜀石窟寺、摩崖佛寺在四川的广元、安岳，重庆的大足、潼南、合川等均有广泛分布。

大足位于四川盆地东南的重庆西部，目前境内存有石窟、摩崖石刻多达70余处，造像5万余尊，铭文10万余字。“大足石刻”是大足境内已列入世界文化遗产的北山、宝顶山、南山、石门山、石篆山（简称“五山”）的石窟寺、摩崖石刻、古建筑群及其环境的总称。大足石刻始建于公元650年（唐永徽元年），兴盛于9世纪末至13世纪中叶（晚唐景福元年至南宋淳祐十二年），余绪延至明、清，是中国晚期石窟艺术的代表作品，也是世界石窟艺术中最为壮丽辉煌的一页。

北山石窟位于大足北山之巅，石刻长廊延续里许、状如新月，集晚唐、五代和两宋作品于一处，展示了晚唐以后各个时期石窟造像的风貌，其造像尤其以精美细腻、技艺精绝著称。北山景区内还坐落着宋代八层（外观为十三层）楼阁式砖塔一座，与石刻一同见证着岁月的沧桑。

宝顶石窟坐落于宝顶山（又名香山），其主体部分大佛湾位于一马蹄形的山谷内，由南宋名僧赵智凤开创，经营七十余年始成。宝顶大佛湾石刻是我国南宋石窟造像的杰出代表，也是我国极为罕见的有完整总体规划的由一人主持建造的大型佛教密宗道场。宝顶石窟以大佛湾为中心，方圆五里文物古迹众多，包括作为大佛湾营建蓝本的小佛湾石窟造像、川东名刹圣寿寺古建筑群、倒塔、广大寺等文物以及香山场老街。

南山、石门山、石篆山石窟造像虽然规模不及北山和宝顶山，但南山是我国道教题材石窟的典型代表之一，石门山、石篆山造像则反映了佛、道合一以及儒、释、道三教合一的特殊文化内涵。

1999年12月，根据世界文化遗产遴选标准的（Ⅰ）（Ⅱ）（Ⅲ），联合国教科文组织世界遗产委员会第23届会议表决通过大足石刻列入《世界遗产名录》。大足石刻成为继敦煌莫高窟之后中国第二个石窟类的世界文化遗产。

大足石刻造像题材广泛、形象生动、技艺精湛，其高超的艺术成就以及丰厚的文化内涵已为诸多专家学者所揭示。然而在较长的时期内，对于大足石刻的研究多停留在造像艺术的范围内，而相对忽略了石窟寺和摩崖的整体空间环境特征及其所承载的历史文化与科学价值。除造像风格独树一帜外，大足石刻与北方石窟寺的重大不同之处在于，其空间形式进一步弱化了早期石窟寺以洞窟为主的空间形式，主要采取在天然崖壁上雕凿浅龛或直接造像的摩崖石刻形式。这一点在宝顶山体现得最为突出，除圆觉、毗卢两洞窟外，宝顶大佛湾造像完全铺陈分布在绵延500余米的天然崖壁上，气势恢宏、蔚为壮观。摩崖石刻的广泛开凿不仅仅反映了石窟寺这一外来建筑形制与四川本土在汉代就广为流行的摩崖造像的结合，更反映了佛教传入中国后的本土化过程。事实上从洞窟到摩崖建筑空间环境的演变，可以从新疆地区早期的克孜尔石窟到敦煌的莫高窟，再到云冈石窟和龙门石窟的窟形变化历程明确得知；而以大足石刻为代表的四川盆地摩崖石刻则呈现了佛教石窟寺空间发展的最后一个阶段，足见其历史价值之重大。另一方面，大足石刻（尤其宝顶大、小佛湾）是我国目前所知仅存的有整体规划设计的石窟寺之一（另一处位于重庆合川的二佛寺下殿），其在地形的选择、雕刻主题的组织、窟龛结构、排水设计以及力学运用等方面均有全面和缜密的设计与考量，其所承载的科学技术价值仍有待进一步挖掘。此外，大足石刻还是摩崖造像与窟檐、古建筑等历史遗存以及山水整体环境等有机联系而共同构成的文化遗产群。宝顶山、北山等处的窟檐虽多为清以后重修，但其结构质朴、顺手拈来，与地形谐调而不失趣味，是西南传统山地建筑的代表。圣寿寺古建筑群是西南佛教建筑的典例之一，其空间布局、建筑形制与结构、装饰与装修等都具有鲜明的地域特征，在我国地方建筑史的研究中具有重要的地位。近年来，大足石刻的摩崖山水园林特征和作为风景名胜区的文化景观特质得到了更近一步的认识。在文化遗产保护逐步从单体走向群体、从孤立保护走向合纵联横的今天，对大足石刻综合价值的认知和挖掘仍有广阔的空间。

自20世纪上半叶开始，文物、考古、建筑、历史与美术等各个领域的学者和社会人士对大足石刻的研究与保护开展了大量的工作。早在烽火连天的1940年，因抗日战争而西迁的中国营造学社的学者们第一次对西南地区的古迹遗存进行了广泛的调查。刘敦桢先生在《川、康古建筑调查日记》中曾以文字和照片对大足北山、宝顶山以及潼南大佛寺等唐、宋摩崖石刻和古建筑进行了记录。1949年中华人民共和国成立后，西南文教部、国家文物局等多次拨款，对大足石刻和古建筑群进行保护。日常维修与保护中严格遵守“不改变文物原状”的原则，并采用传统方法与现代科学技术相结合的手段，不仅在设计、材料、工艺、布局等方面均保持了历史的真实性，同时注重对石刻、古建筑及其周围环境的整体性保护。历经大半个世纪，大足石刻遗产群的价值不断得到揭示并完好保存至今。1992年夏天，重庆建筑工程学院建筑系（现重庆大学建筑城规学院）师生开展了对大足石刻（主要是北山和宝顶山）以及圣寿寺等古建筑群的调查与测绘，这是第一次也是迄今对大足石刻最为全面的一次测绘。此次测绘共完成精美的测绘图手稿百余张，直接为20世纪90年代中期以后大足石刻申报世界文化遗产提供了重要的基础资料。此后，李先逵教授等主持了《大足三山（宝顶山、北山、南山）石刻文物名胜区保护总体规划》以及国家自然科学基金资助项目《大足石刻研究与保护》。1998年张兴国教授带领青年教师孙南飞、陈蔚等完成了《大足石刻文物区的环境整治规划与设计》等，进一步推进了大足石刻的保护和申遗工作。近年来，文化遗产的预防性保护日益受到关注，世界文化遗产大足石刻被确定为我国世界遗产动态监测实施的示范遗产地之一，并获得意大利政府资助开始建设我国首个石质文物保护中心。为了更好地保存大足石刻与古建筑群相关的历史文物信息，2010年，重庆大学建筑城规学院建筑历史与理论研究所的中青年教师指导建筑学本科学生对90年代的原始测绘图手稿进行了数字化处理。2012年，笔者有幸承担了国家文物局动态信息系统和监测预警系统试点项目的子课题《大足石刻世界遗产监测与预警指标体系研究》。2013年包括《大足石刻与古建筑群》在内的《中国西南古建筑典例图文史料》丛书得到国家出版基金的资助，使得这批珍贵的史料终得以问世。大足石刻的保护凝聚了几代人的心血和努力。

作为一本着重从建筑学角度介绍大足石刻的书籍，本书在展现精美绝伦的石刻造像的同时，注重呈现大足石刻的总体布局、空间环境和古建筑遗存。开篇对大足石刻的地理和历史沿革进行简要的介绍；第二部分对大足石刻作为世界文化遗产的价值进行描述；第三部分作为全书的主体，以图、文、照并茂的方式对大足石刻文化遗产群包含的石窟、石刻、窟檐、窟廊、佛塔、佛寺、碑文等进行全面的记录和呈现。北山和宝顶山是大足石刻中价值最高也是内容最丰的部分，本书北山部分保留了20世纪90年代原始测绘图纸的面貌，宝顶佛湾和圣寿寺建筑部分则以近年来数字化图纸成果为主，除石窟、石刻、古建筑的平、立、剖面图纸外，还收录了北山石窟和宝顶大佛湾摩崖石刻造像手绘展开立面长卷以及圣寿寺古建筑构造和雕刻装饰细部详图等。本书的最后部分将大足石刻的文物调查及考古发掘资料、建置与保护大事年表等进行了梳理。

本书编撰过程中得到了多位同行和相关人士的支持。特别感谢大足石刻研究院黎方银院长、赵岗研究馆员等在本书编写过程中提供的帮助。最后，也对重庆大学建筑城规学院建筑历史研究所全体老、中、青教师在历年来的古建筑调查测绘和研究中所付出的辛勤劳动表示衷心的感谢。本丛书的出版是对历史文化遗产调查与研究工作的最好纪念。由于编者的水平有限，书中错误、疏漏在所难免，敬请读者不吝批评指正。

重庆大学建筑城规学院
建筑历史与理论研究所

目录

大足石刻地理与历史沿革

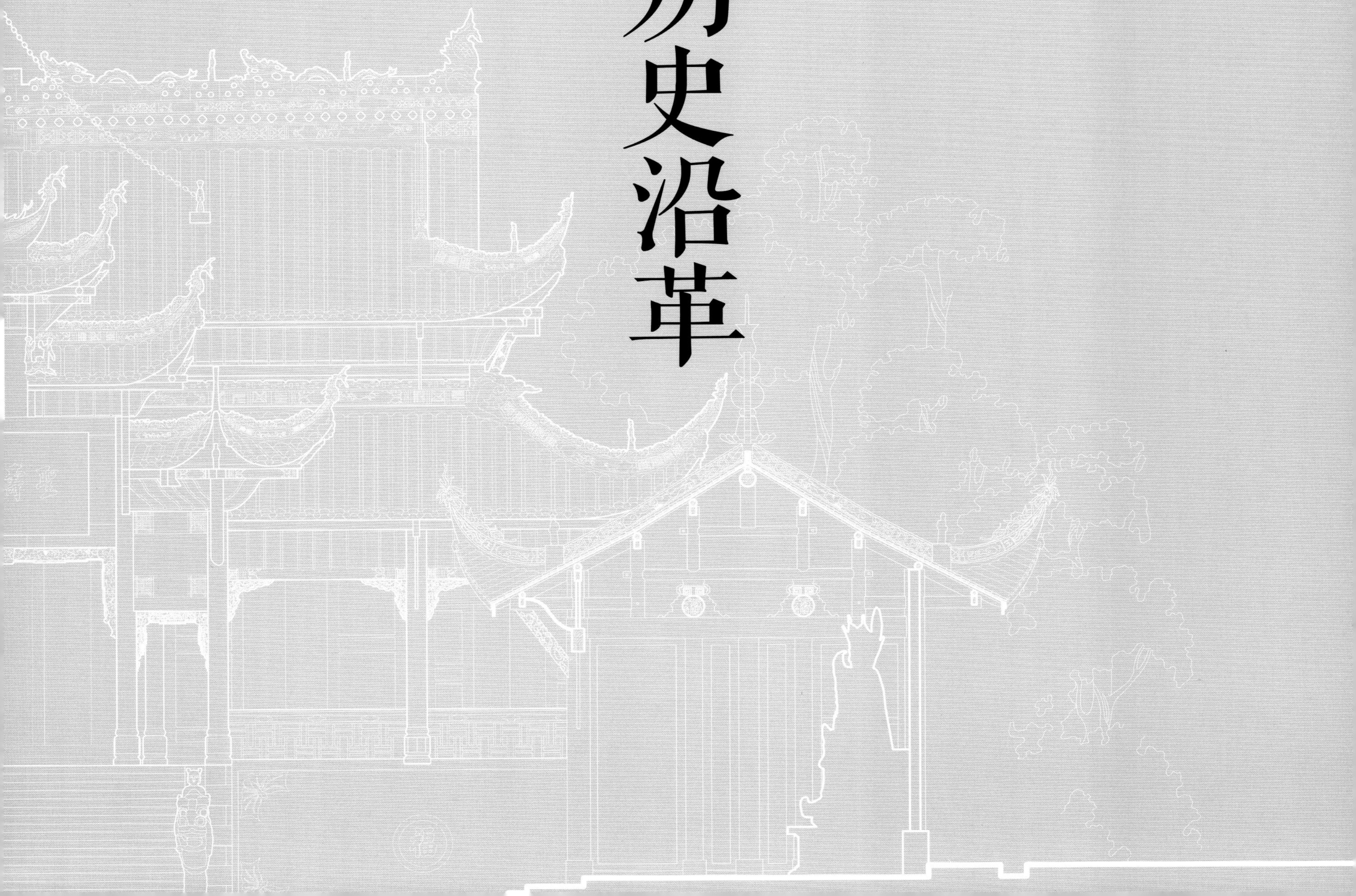

一、大足石刻地理环境与分布

大足位于重庆市西部，是沱江与涪江两大水系的分水岭，东距重庆市区 120 千米，西距成都市 260 千米。大足石刻造像区多处于海拔 400~500 米的山地中，其中北山海拔 545 米，宝顶山 529 米，南山 514 米，石门山 374 米，石篆山 444 米。大足区地貌属川东侵蚀剥蚀坪状红色丘陵区，丘陵的顶部为厚层砂岩，丘陵斜坡由砂岩、泥岩相互叠置而成，砂岩在地形上为直立的陡壁或陡坡，泥岩形成缓坡，这为摩崖石刻的开凿创造了很好的自然条件。摩崖造像主要分布于丘陵斜坡砂岩陡壁上或切割形成的沟谷砂岩陡壁上，岩石出露厚度为 10~30 米。

大足地区受地形和大气环流影响，云雾较多，日照较少，地区内温差变化较小。降雨期集中在春夏季，降水量充沛，水对石刻的影响很大。常年风速小，以东北风向为主，石刻受风的影响较小。但整体处于盆地，四周被高山包围，空气湿度大，水气不易散失，容易在石刻表面形成凝结水，对石刻造成侵蚀。

大足区域内围绕着窟窿河、濑溪河、雍溪河散置大小石窟、摩崖造像点多达几十处，其中以五山为代表的大足石刻包含了大量的摩崖造像、古建筑、古遗址、附属文物，以及与大足石刻密切相关的山水景观环境。大足石刻摩崖造像点共计 26 处：北山——佛湾、营盘坡、观音坡、佛耳岩摩崖造像；宝顶山——大佛湾、小佛湾、广大山、松林坡、佛祖寺、佛祖岩、菩萨堡、岩湾、龙潭、对面佛、珠始山、仁功山、大佛坡、龙头山、三元洞、撑子佛、高观音、三块碑、山王庙摩崖造像；南山摩崖造像；石门山摩崖造像；石篆山摩崖造像。包括古建筑 10 处：北山——多宝塔（北塔）；宝顶山——圣寿寺、大佛湾、释迦真如舍利宝塔、转法轮塔（倒塔）、小佛湾、广大寺；南山——玉皇观；石门山——圣府洞；石篆山——佛惠寺。遗址 1 处：北山——北塔寺遗址。除文物古迹之外，五山附近还分布有响水滩水库、玉滩水库、龙水湖、跃进水库、化龙水库和上游水库等多个自然风景资源，与石窟、石刻、文物建筑、遗址等共同形成了景色如画、内涵丰富的风景名胜区。

二、大足石刻历史沿革

大足石刻在唐代末年开始兴盛，经五代至南宋达到鼎盛，并一直延续至明清。

大足石刻现存最早的作品为开凿于唐永徽至乾封年间（650—666 年）的尖山子摩崖造像，但大量开凿石窟的时期为唐景福元年（892 年）。是年，昌、普、渝、合四州都指挥、静南军使韦君靖在大足城西北的龙岗山建永昌寨，“粮贮十年，兵屯数万”静观其变。有感于“邑有仓箱之咏，俗多襦绔之谣”，促成了“求瘼之念弥坚，除害之心尤切”，于是在建寨同时，开始凿北山佛像。他组织当地能工巧匠凿石造像，务“凿出金仙，现千手千眼之威神，具八十种之相好”，首开北山石刻艺术的先河。今之佛湾第 3、5、9、10 等号龛窟便是那时凿成的。从此，州县官吏、地方士绅、僧尼、平民等，相继效法，历经前蜀至后蜀广政造像不断，从而掀起大足石刻建设史上第一个造像高潮。造像地区，从北山佛湾扩展至北山台地范围的营盘坡、佛耳岩、观音坡、北塔寺各处，但均在韦君靖营建的永昌寨区域，即今北山石窟范围内；造像题材有释迦佛、三世佛、阿弥陀佛、千手观音、地藏、北方天王、十六罗汉和观经变、药师变等；造像数量占今北山石窟总量的半数以上。

唐及五代的石刻造像多集中在北山。五代时期，前蜀永平五年（915 年），右衙第三军散副将种审能在北山造像。在前后蜀时期，北山造像不断，是五代时期全国造像最多的地区之一。

宋初，昌州升为上州，大足升为上县。时至宋高宗南渡临安（杭州），宋王朝偏安江左，特许四川举子应考进士免入京殿试，朝廷派员来川设考，称之为“类省试”。昌州一度成为朝廷进行类省试的“置司”之州，即潼川府路治所在地。南宋淳熙十三年（1186 年）四月，应试举子资中刘子发等题刻北山佛湾“较试南昌毕事之三日……拉游北山，徜徉竟日”。至今墨迹犹新。可见，宋时昌州治大足，在政治、经济、文化上的地位和影响大大扩展，一时还成为潼川府路治的活动重心，士大夫、富商、庄园主集居，从而加快了大足的经济发展和文化交流，为大足石刻的勃兴提供了安定的社会环境和厚实的经济基础。大足石刻在两宋时期得到了很好的发展。

北宋元丰五年至绍圣三年间（1082—1096 年），庄园主严逊出资并役工，在石篆山建造摩崖雕像 14 龛，题材包括儒、释、道三教造像，并种松柏数十万株。北宋绍圣元年至南宋绍兴二十一年（1094—1151 年）开凿石门山摩崖造像：蜀中名僧希昼营造“三教”石窟；绍圣年间，士绅杨才友等开凿石门山佛、道造像区；大观、政和年间，士绅马道子、邓惟明等继续在北山石窟摩崖造像；绍兴年间，乡贡进士何浩父子，舍地开山，营造南山道教造像窟，与之同时，“庄主”古及之等，凿造佛安桥“三教”石窟等。这一时期，四乡造像此起彼伏，大足石刻迎来建设史上第二个造像高潮。特别是北山造像惹人注目：南宋建炎、绍兴年间的昌州刺史任宗易、张莘民和录事参军赵彭年等出资凿造佛湾第 149、136 号大型洞窟，泸南沿边安抚使冯大学出六百贯文足造多宝塔第六级。可见当时造像之盛况。

南宋时期是大足石刻发展的巅峰时期。在继续发展北山等地的摩崖石窟基础上，在大足宝顶山营造了著名的密宗道场——大佛湾石刻，并在南山开凿南山摩崖造像。除了民间及僧众出资建造摩崖石刻外，官方亦在大足石刻的寺院内建塔开龛。如南宋绍兴十八年至二十五年（1148—1155 年），潼川府路兵马都钤辖泸南沿边安抚使冯楫捐资建造北山多宝塔第六级。

南宋石刻中最有影响的是南宋淳熙至淳祐年间（约为 1174—1252 年），僧人赵智凤在宝顶山建造宏大的密宗道场。其时，四乡造像几近停歇，考古只在宝兴乡僻静的山腰间发现一处灵岩寺小型石窟以及纪年造像镌记 4 件。而宝顶造像却异军突起，开始了大足石刻建设史上第三次造像高潮，把大足石刻造像推向鼎盛。宝顶山石窟，摩崖造像近万，刻写经偈颂文数以万计。“清苦七十余年”，有总体构思地营建成一座以大小佛湾为中心的“完备而别具特色的密教石窟道场”。大佛湾造像数千躯，图文并举，题材无一重复，内容前后相映，在石窟艺术群中独树一帜，为世所罕见。至此，大足石刻已达到巅峰。

大足石刻建设，自“元季兵燹”一劫，走向衰落。元代造像中断，明初复苏，但少创见，规模和造诣都不如前，内容也大都是前期造像的延续，好景不长。明代后期，形势逆转造像中断，直到清乾、嘉世，又才见新开凿石窟造像，然已是余波尽头的反映，但也不乏时代佳作。如宝顶山佛祖寺，清刻圆雕罗汉像，即可与唐宋石刻交相辉映。

明、清代造像，尽管规模多不很大，题材、内容也较庞杂，但却是世俗宗教信仰和造像题材变化发展的真实反映。它作为大足石刻兴衰史的组成部分，是具有一定的历史、研究价值的。

宋以后，大足石刻处于衰微期，但是大足石刻圣寿寺、广大寺等古寺庙却在明清之际屡废屡建，形成了具有巴渝特色的大型山地寺院，成为大足石刻不可或缺的一部分。

大足石刻是中国晚期石窟艺术的代表作，在题材和表现形式的选择上，注重雕刻的哲理阐述和故事性，是佛教文化形象化的普及教材。其中宝顶山摩崖石刻是我国极为罕见的具有完整创作构思的石窟群之一，其整体布局、立意完整展现了佛教密宗教义，蕴含了特殊的文化景观价值。

此外，大足石刻造像因地制宜，巧妙地将防水、排水、采光、力学、声学等原理和造像有机结合，完美地解决了形式和功能要求。大足石刻根据岩石层理构造和崖壁方位，选择雕刻区域，降低了自然条件对石刻的负面影响，摩崖造像还特别注意山体结构的特点对造像的影响，采取了高超的石窟防渗、排水以及力学方面的工程措施，达到了宗教主题与艺术表现的要求，反映了当时先进的工程技术与科学知识水平。

1961 年，国务院公布北山摩崖造像、宝顶山摩崖造像为第一批全国重点文物保护单位；1996 年，南山摩崖造像、石篆山摩崖造像、石门山摩崖造像和北山多宝塔，被列入第四批全国重点文物文物保护单位，舒成岩、妙高山、尖山子、千佛岩为重庆市文物保护单位，圣寿寺、三教寺等 67 处为大足县文物保护单位。1999 年 12 月，由于符合世界文化遗产遴选标准的（Ⅰ）（Ⅱ）（Ⅲ），世界遗产委员会第 23 届全体委员大会同意大足石刻列入《世界遗产名录》，成为继敦煌莫高窟之后中国第二个石窟类的世界文化遗产。

大足石刻世界遗产突出的普遍价值

"五山"摩崖造像保存完好。全部龛窟与造像，除历史上对少数雕像肢体残损部分有过补塑外，未遭受大的人为和自然灾害的破坏。中华人民共和国成立后，对其日常维修保护严格遵守"不改变原状"的原则，以确凿的文献、碑刻题记为依据，采用传统技术与现代科学技术相结合的手段进行，在设计、材料、工艺、布局等方面均保持了历史的真实性。在对"五山"造像主体进行保护的同时，注重其周围环境的保护，基本上没有改变其环境关系。因此，从总体上看，"五山"摩崖造像基本上保持了历史的规模、原状和风貌。

大足石刻具有突出的普遍价值：

1. 大足石刻是一件伟大的艺术杰作

大足石刻是大足县（今为大足区）境内主要表现为摩崖造像的石窟艺术的总称。公布为文物保护单位的摩崖造像多达 75 处，雕像 5 万余尊，铭文 10 万余字。北山、宝顶山、南山、石篆山、石门山摩崖造像为全国重点文物保护单位，其规模之大、造诣之精、内容之丰富，堪称伟大的艺术杰作。北山造像依岩而建，龛窟密如蜂房，被誉为公元 9 世纪末至 13 世纪中叶间的"石窟艺术陈列馆"。宝顶山大佛湾造像长达 500 米，气势磅礴，雄伟壮观；变相与变文并举，图文并茂；布局构图谨严，教义体系完备，是世界上罕见的有总体构思、历经七十余年建造的一座大型石窟密宗道场。其造像既追求形式美，又注重内容的准确表达，故事内容所体现的宗教、生活哲理对世人能晓之以理、动之以情，诱之以福乐、威之以祸苦，涵盖社会思想博大，令人省度人生、百看不厌。南山、石篆山、石门山摩崖造像精雕细琢，是中国石窟艺术群中不可多得的释、道、儒"三教"造像的珍品。

2. 大足石刻对中国石窟艺术的创新与发展有重要贡献

大足石刻注重雕塑艺术自身的审美规律和形式规律，是洞窟造像向摩崖造像方向发展的佳例。在立体造型的技法上，运用写实与夸张互补的手法，摹难显之状、传难达之情，对不同的人物赋予不同的性格特征，务求传神写心；强调善恶、美丑的强烈对比，表现的内容贴近生活，文字通俗，达意简赅，既有很强的艺术感染力，又有着极大的社会教化作用。在选材上，既源于经典，而又不拘泥于经典，具有极大的包容性和创造性，反映出世俗信仰惩恶扬善、调伏心意和规范行为的义理要求。在布局上，是艺术、宗教、科学、自然的巧妙结合。在审美上，融神秘、自然、典雅三者于一体，充分体现了中国传统文化重鉴戒的审美要求。在表现上，突破了一些宗教雕塑的旧程式，有了创造性的发展，神像人化，人神合一，极富中国特色。总之，大足石刻在诸多方面都开创了石窟艺术的新形式，成为具有中国风格和中国传统文化内涵，以及体现中国传统审美思想和审美情趣的石窟艺术的典范。同时，作为中国石窟艺术发展、变化的一个转折点，大足石刻所出现的许多有异于前期的新因素又极大地影响了后世。

3. 大足石刻是石窟艺术生活化的典范

大足石刻以其浓厚的世俗信仰、纯朴的生活气息，在石窟艺术中独树一帜，把石窟艺术生活化推到了空前的境地。在内容取舍和表现手法方面，都力求与世俗生活及审美情趣紧密结合。其人物形象文静温和，衣饰华丽，身少裸露，形体上美而不妖、丽而不娇。造像中，

本章内容节选自《大足石刻申报世界文化遗产文本》。

无论是佛、菩萨，还是罗汉、金刚，以及各种侍者像，都颇似现实中各类人物的真实写照。特别是宝顶山摩崖造像所反映的社会生活情景之广泛，几乎应有尽有，颇似12至13世纪中叶（宋代）的一座民间风俗画廊。无论王公大臣、官绅士庶、渔樵耕读，各类人物皆栩栩如生，呼之欲出。大足石刻中的“五山”摩崖造像，可以说是一幅生动的历史生活画卷，从各个侧面浓缩地反映了公元9至13世纪（晚唐、五代和两宋时期）的中国社会生活。源于印度的石窟艺术经过长期的发展，至此完成了中国化的进程。

4. 大足石刻为中国佛教密宗史增添了新的一页

据佛教史籍记载，中国密宗盛行于公元8世纪初，流行于黄河流域，至9世纪初日本高僧空海将其东传日本后，中国汉地渐至衰落。而北山、宝顶山大量造像及其碑刻文字无可争辩地表明，9至13世纪，密宗在四川不仅未见绝迹，而且处于兴盛。9世纪末（晚唐）四川西部的柳本尊自创密宗，号称“唐瑜伽部主总持王”，苦行传道，弘扬大法。到12至13世纪中叶（南宋中期），高僧赵智凤承持其教，号称“六代祖师传密印”，在昌州大足传教布道，创建了宝顶山摩崖造像这座密宗道场，从而把中国密宗史往后延续了400年左右，为中国佛教密宗史增添了新页。

5. 大足石刻生动地反映了中国民间宗教信仰的重大发展、变化

信神不信教、信仰多元化，是中国民间宗教信仰在长期的发展过程中出现的一个重大变化。大足石刻作为中国民间宗教信仰的产物，便是其重要实物例证。一方面，作为中国传统文化中三大主体的儒家、道教及佛教，在其长期的发展进程中，总趋势是由“相互对抗”走向“相互融合”。其表现之一，是使原本属于佛教产物的石窟艺术为道教和儒家所借用，且“三教”创始人不分高下地出现在同一个石窟之中。石刻中有释、道、儒“三教”分别造像者，有佛、道合一和“三教”合一造像者。这些造像表明，10至13世纪，“孔、老、释迦皆至圣”，“惩恶助善，同归于治”的“三教”合流的社会思潮已经巩固，世俗信仰对于“三教”的宗教界线已日渐淡漠。另一方面，大足石刻丰富多样的造像题材又有力地反映出这一时期源于印度的佛教神祇和道教早期的神仙系统已与中国民俗信仰的神灵融合，呈现出信仰多元化的趋势。大足石刻所展示出的这种民间宗教信仰的重大发展、变化，成为后世民间信仰的基础，影响深远。

大足石刻与古建筑群

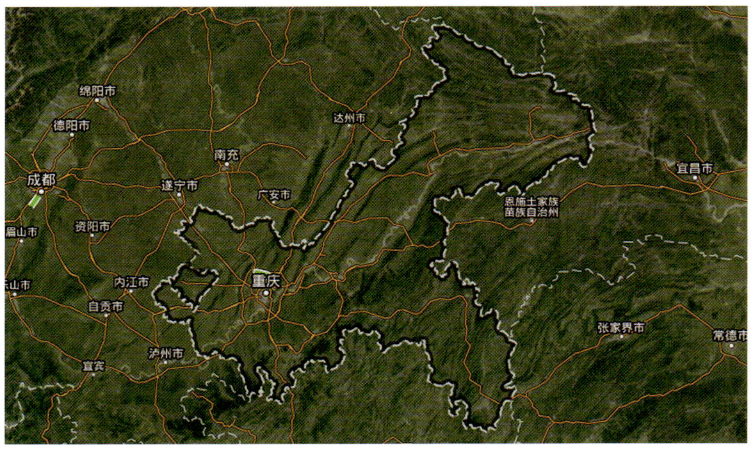

重庆市大足区区位图

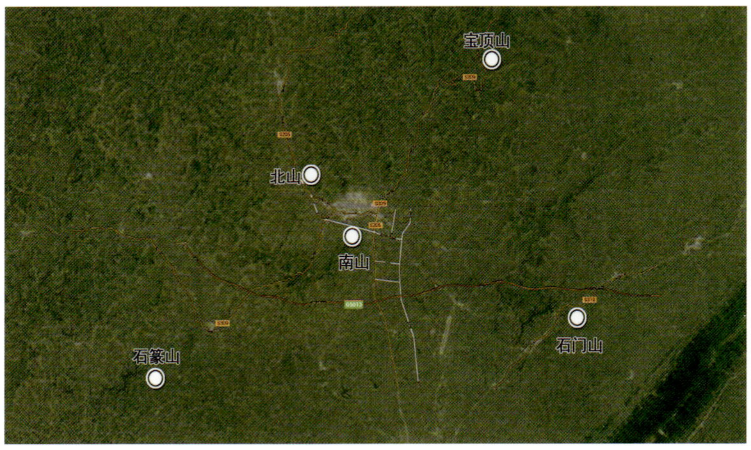

大足石刻分布图

北山卫星图

宝顶山卫星图

以上卫星地图均来自 google 地图：http//www.google.cn/maps

北山

一、北山文物概述

北山，古名龙岗山，位于重庆市大足区1.5千米处，属丘陵地貌，山脉东西长约6千米，南北宽2~4千米，山顶平缓，四面多悬崖，最高点海拔为552米，最低点海拔为380米。北山摩崖造像横卧于北山之巅，依岩造像，与南山摩崖造像遥遥相望。造像以北山佛湾为中心，分布在周边约3千米范围内，包括北山佛湾、佛湾东面营盘坡、西面观音坡、多宝塔及西南面佛耳岩等处。

佛湾造像位于北山顶的一月牙形山湾岩壁上，呈南北布局，长约里许，造像主要雕凿于公元9世纪末至12世纪中叶。龛窟形制以摩崖浅龛为主，另有少量洞窟造像，分为南、北两段，通编为290号（1—100号为南段，101—290号为北段）。

多宝塔位于佛湾西北方向0.5千米处的山顶，因位于大足城北，俗称北塔。塔内外各层墙壁上嵌有大量造像和历代修塔捐佛的功德碑；塔南侧有宋代建造的释迦多宝并坐像，北侧有北塔寺遗址和三身佛像。

营盘坡摩崖造像距佛湾东北2.5千米，通编为10号，多凿刻于晚唐至五代时期。

观音坡摩崖造像位于佛湾以西1千米处，通编为42号，多凿刻于宋代。

佛耳岩摩崖造像位于佛湾西南1.5千米处，龛窟通编为25号，始凿于五代。

北山摩崖造像主要为世俗祈佛出资雕刻。造像题材50余种，以佛教密宗为主，占总数的二分之一以上，其次有三阶教、净土宗等。这些造像题材都是在当时民间极为流行的，是佛教世俗化的产物，异于中国早期石窟。北山造像以雕刻细腻、艺精技绝、精美典雅而著称于世，展示了9世纪末至12世纪中叶（晚唐、五代、两宋）中国民间佛教信仰及石窟艺术风格的发展、变化。

雕凿于9世纪末的北山晚唐造像题材有12种类型，以观音、地藏和阿弥陀佛胁侍观音、地藏居多。造像端庄丰满、气质浑厚，衣纹细密，薄衣贴体，具有盛唐遗风。第5号毗沙门天王龛、第9号千手观音龛、第10号释迦牟尼佛龛、第51号三世佛龛、第52号阿弥陀佛龛、第245号观无量寿佛经变相等都是其代表作品。

10世纪中叶的五代造像占北山造像的三分之一以上，是中国这一时期造像最多的地区，有着承上启下的重要作用。造像题材有18种，出现了药师经变、陀罗尼经幢等新内容。其艺术特点是小巧玲珑、体态多变、神情潇洒、纹饰渐趋繁丽，呈现出由唐至宋的过渡风格。第53号的佛、菩萨像，第273号的千手观音及其侍者，第281号的东方药师净土变相等都是其典型代表。

10世纪后期至12世纪中叶的宋代造像题材广泛，多达21种，尤以观音最为突出，被誉为“中国观音造像的陈列馆”。这一时期的作品更加贴近生活，体现了宋代的审美情趣。造像人物个性鲜明，体态优美，比例匀称，穿戴艳丽，刻工精湛。第136号转轮经藏窟、第125号数珠手观音龛、第113号水月观音龛和第133号水月观音窟、第155号孔雀明王窟、第177号泗州大圣龛、第180号十三观音变相窟等都是这一时期的珍品。

此外，北山摩崖造像中，还保存诸多碑碣、题刻、诗词、游记等，这些文物对历史地理、宗教信仰、石窟断代分期、历史人物等的研究有较高价值。

二、北山历史沿革

（一）建置沿革

北山石窟的开凿肇始于晚唐。据现存于北山佛湾南段的《韦君靖碑》记载，唐景福元年（892年），守昌州刺史、充昌普渝合四州都指挥、静南军使韦君靖因“城栅未固”，遂“卜筑当镇西北维龙岗山建永昌寨”，于其周围二十八里，“筑城墙二千余间，建敌楼一百余所”“粮贮十年，兵屯数万”。其时“公又于寨内西□□□□□□□□□□翠壁凿出金仙，现千手眼使威神，具八十种之相好，施□□□□□舍回禄俸，以建浮图，聆钟磬于朝昏，喧赞呗于远近”。继韦之后，当地官吏、士绅、僧尼等相继营造，历经前蜀、后蜀，于南宋绍兴达其鼎盛，前后跨越250余年。

北山石窟大规模开龛造像的历史，大致可以分为三个历史时期：一是晚唐（892—906年），二是前后蜀（907—960年），三是北宋至南宋绍兴（960—1162年）。各时期有纪年镌记的龛窟造像如下：

1.晚唐

唐乾宁二年（895年），右弟子何君友造佛湾第26号龛救苦观音菩萨一身。

唐乾宁三年（896年），检校司空、守昌州刺史王宗靖敬造，节度左押衙、检校左散骑常侍、兼御史大夫上柱国赵师恪奉为故外姑何氏妆饰佛湾第58号观音菩萨地藏菩萨一龛。比丘尼惠志造佛湾第240号欢喜王菩萨龛。佚名造营盘坡第6号释迦佛龛。

唐乾宁四年（897年），僧明悟造佛湾第50号如意轮菩萨龛。女弟子黎氏造佛湾第52号阿弥陀佛、观音、地藏菩萨龛。

唐乾宁年间（894—897年），右弟子何君友造佛湾第24号日月光菩萨龛。

唐光化二年（899年），王宗靖造佛湾第51号三世佛龛。

唐天复元年（901年），右弟子军事押衙蹇知进造佛湾第243号千手观音龛。

2. 前、后蜀

前蜀永平三年（913年），周氏造佛湾第32号日月光菩萨龛。

前蜀永平五年（915年），右衙第三军散副将种审能造佛湾第53号阿弥陀佛龛。

后蜀广政元年（938年），佚名造佛湾第27号观音龛。

后蜀广政三年（940年），右弟子于彦章、邓知进造佛湾第37号地藏菩萨龛。

后蜀广政四年（941年），佚名造佛湾第35号释迦佛龛。

后蜀广政八年（945年），佚名造佛湾第244号观音地藏龛。

后蜀广政十七年（954年），右弟子右厢都押衙知衙务刘恭造佛湾第281号药师经变龛。

后蜀广政十八年（955年），佚名造佛湾第260号龛佛顶尊胜陀罗尼幢并刻经。

后蜀广政十八年（955年），弟子通引官行首王承秀造佛湾第279号药师变龛。

3. 北宋至南宋绍兴

北宋至道年间（995—997年），佚名造佛湾第249号观音、地藏菩萨龛。

北宋大观元年（1107年），马道者造佛湾第288号千手观音龛。

北宋大观三年（1109年），佚名造佛湾第286号观音龛。

北宋政和元年至宣和二年（1111—1120年），邓惟明等造佛湾第180号十三观音变相龛。

北宋宣和三年（1121年），李世明等造佛湾第168号龛。

北宋靖康元年（1126年），本州匠人伏元俊及其子世能镌佛湾155号孔雀明王窟、176号弥勒下生经变相龛、177号泗州大圣龛。

南宋建炎二年（1128年），奉直大夫知军州事任宗易同恭人杜氏发心镌造妆銮佛湾149号如意轮圣观自在菩萨龛。

南宋绍兴四年（1134年），当州充宁十将文志等摹刻第137号维摩经变图。

南宋绍兴十二年至十六年（1142—1146年），昌州军州事张莘民，昌州录事参军赵彭年，奉佛弟子张文明、王升等凿造第136号转轮经藏窟。

南宋绍兴年间（1131—1162年），文志造观音坡第30号菩萨龛。

（二）主要保护活动

1952年，西南文教部拨专款首建北山佛湾保护石刻廊宇，砖木结构，约2146平方米。工程自1952年6月兴工，至次年7月竣工。

1979年，国家文物局拨款修建北山佛湾围墙。

1990年，制订了“大足北山石窟防治水害工程初步设计方案”。

1995年，北山长廊增设围栏加固。

1996年，实施北山石刻区136号窟顶防渗排水工程。

1997年，北山多宝塔进行维修；同年，北塔坪环境整治及北山文物区水井工程完成。

1998年，修建北山文物区环境监测站。

2000年，北山长廊石板路面维修工程。

2001年，北山佛湾长廊、老大门、孝经亭及部分管理用房维修。

三、北山佛湾

（一）主要造像

毗沙门天王龛北山第5号（892年，唐景福元年）

平顶方形龛，龛高295厘米、宽245厘米、深155厘米。正壁刻毗沙门天王，头戴大棚冠，饰牛角形顶光，身着七宝庄严金刚甲胄，腰佩宝刀，身躯硕壮，怒目圆睁，脚下各踏一夜叉，胯下有一戴方冠人头。左右侍立眷属中的太子、夜叉、罗刹及五行道天女和天王之妻等。

千手观音龛北山第9号（唐代）

平顶方形龛，双层龛制，外龛高337厘米、宽285厘米、深36厘米，内龛高292厘米、宽256厘米、深142厘米。龛内正壁刻千手观音主像，头戴花冠，顶出二道毫光，二飞天萦绕龛顶。观音身着天衣，双足踏莲，善跏趺坐于素面方形金刚座上。肩上两手于冠顶合托一化佛，胸前两手合十，稍下两手置腹下，再下两手置膝施禅定印，其余各手分执瓶、铃、轮、镜、弓、杵、盾等法器。龛左、右两壁上半部均刻祥云六朵，下半部则分刻三像。

释迦牟尼佛龛北山第10号（唐代）

平顶龛，龛高280厘米、宽320厘米、深200厘米。此龛造像布局为一佛、二菩萨、二弟子、四天王金刚。正壁中刻释迦佛坐像，头布螺髻，外着“U”领广袖长袍，左手抚左膝，右手曲臂前伸，结跏趺坐于束腰莲台上。其身后饰圆形火焰头光及桃形火焰身光，头两侧刻菩提树，并各有一飞天。顶垂莲花宝盖，盖侧又各一飞天。左右侍立大势至、观音、天王、护法等像。其中左壁观音端庄丰满，衣纹细密，薄衣贴体，颇具盛唐造像遗风。

三世佛龛北山第51号（晚唐）

双层龛制，外龛高215厘米、宽236厘米、深160厘米，内龛高156厘米、宽199厘米、深88厘米。龛内正壁刻主像三世佛，左为弥勒佛，中为释迦牟尼佛，右为阿弥陀佛，皆结跏趺坐于须弥座上的莲台上。三佛间侍立迦叶、阿难。释迦佛背光上方，浮雕二尊相向单跪于祥云之上的飞天，飞天两侧，各有六尊小佛。龛顶悬宝盖，盖侧刻笙、拍板、笛、羯鼓、排箫、箜篌、琵琶、圆鼓、鼓镜、法螺等诸般乐器。

阿弥陀佛龛北山第 52 号（晚唐）

双层龛制，外龛高 112 厘米、宽 87 厘米、深 4.5 厘米，内龛高 95 厘米、宽 69 厘米、深 36 厘米。正壁阿弥陀佛像居中结跏趺坐于双层仰莲须弥座上，头有水纹发髻，袒胸着广袖长服，头后、身后饰刻火焰形背光，顶悬五边翘角宝盖，盖檐遍饰璎珞珠串，极为精美。其两侧各刻一飞天，裙带飘扬，轻盈活泼，动感极强。龛左、右壁分刻地藏菩萨、观音菩萨，皆赤脚立于莲台上。

阿弥陀佛龛北山第 53 号（五代）

双层龛制，外龛高 155 厘米、宽 135 厘米、深 9.5 厘米，内龛高 124 厘米、宽 117 厘米、深 60 厘米。龛内正壁中刻阿弥陀佛，头顶部残毁，面身向西结跏趺坐于束腰须弥座上的莲台上，身着圆领广袖长袍，双手于腹前腿上结弥陀定印，身后饰刻火焰形背光，顶壁刻一覆莲形华盖。龛内左、右两壁分刻地藏、观音菩萨，两者皆赤足立于莲台上，其造型既有唐代雕刻的丰满古朴，又具宋代造像的修长身躯，衣饰贴体颇具唐风，胸前璎珞又似宋刻。

水月观音龛北山第 113 号（南宋）

单层龛制，平顶，龛口呈弧形，高 124 厘米、宽 83.7 厘米、深 97 厘米。龛口外两龛楣上饰刻普陀山水。龛内正壁中刻一水月观音，头戴花冠，耳悬垂珠，胸饰璎珞，肩披荷叶披肩，身后饰刻椭圆形背光，其两太阳穴处各出一道毫光向后上方飘出贴壁绕成两圈过龛顶至龛外；左手撑台，左腿下垂，右膝曲翘拱立于座台上，右手置于右膝上，面身向西游戏坐式坐于金刚座上。

数珠手观音龛北山第 125 号（宋代）

单层龛制，平顶，高 127 厘米、宽 100 厘米、深 72 厘米。龛内正壁刻一观音像，头戴花冠，耳垂上戴耳环，耳环下饰珠串，身着短袖长袈裟，胸饰璎珞，肘悬飘带，有“吴带当风”之感；双手交于腹前，面身向西，双脚赤裸亭亭立于并蒂莲台上；头微左倾，俯首含颦，欲言又止，似笑非笑，显得娇羞妩媚，俗称“媚态观音”，为中国宋代石雕造像之精品。

水月观音窟北山第 133 号（宋代）

窟高 390 厘米、宽 272 厘米、深 305 厘米。正壁刻观音，头戴花冠，身着天衣；左手置膝握数珠，右手斜倚置右膝，左腿横置，右脚跷放台面，呈游戏坐式坐于束腰金刚座上；头后饰刻火焰形头光，后壁饰以普陀山。观音左侧侍立善财，长眉隆颊，满面皱纹，长髯挂腮，形象夸张生动；右侧为龙女。窟之左、右壁各有二金刚像，皆身着甲胄，腰束革带，双脚叉开，彪悍威猛，有撼天动地之势。

转轮经藏窟北山第 136 号（宋代）

平顶窟，中心柱式，窟高 405 厘米、宽 496 厘米、深 679 厘米。窟正中立转轮经藏作中心柱，通高 405 厘米，由基座须弥山、八边莲台露盘、八根蟠龙柱及八角飞檐顶盖构成。转轮经藏既烘托出静谧的宗教氛围，又起到了支撑和装饰作用。窟内正、左、右三壁皆有造像：正壁刻释迦佛、观音与大势至菩萨；左右壁对称，各刻三尊观音造像；窟口左、右各一力士。全窟造像个性鲜明、形神皆备，装饰丰富，雕刻工艺纯熟、精美，且龛窟整体保存完好，被誉为“中国石窟艺术皇冠上的一颗明珠”。

孔雀明王窟北山第 155 号（宋代）

平顶窟，中心柱式，呈长方形，高 347 厘米、宽 322 厘米、深 607 厘米。窟中心柱刻为孔雀与孔雀明王像。孔雀头侧向北，昂首挺胸，双腿直立，展翅开屏，其尾翅上翘至窟顶，既成为窟顶的支撑，又是明王身躯的背屏。孔雀明王，一头四臂，面身向西，胸饰璎珞，身着短袖天衣，腰间系带束裙裾，手臂赤裸，身后饰刻火焰形背光，结跏趺坐于孔雀背驮的莲台上。中心柱四周皆为镂空，供人环绕。两壁遍刻千佛，皆结跏趺坐于莲花座上，其面目、衣饰、手姿各异，镌造工整细致，造型玲珑小巧，排列整齐有序，与孔雀雄姿辉映成趣。

弥勒下生经变相窟北山第 176 号（宋代）

平顶方形窟，内窟高 285 厘米、宽 195 厘米、深 225 厘米。窟内正壁刻弥勒佛主像，头布螺髻，螺髻中刻肉髻，肉髻上发出四道毫光，两眉间刻白毫，头后饰刻圆形头光，袒胸，外着“U”领广袖袈裟；左手抚左膝，右手横置于腹前，结跏趺坐于束腰莲台上；身后刻雕花龙头靠背椅。其左右各刻身着袈裟、双手合十的迦叶、阿难及数十位情态各异的人物形象，窟左、右壁刻菩萨、弟子、文臣武将、男女居士、祥禽吉兽等。

泗州大圣窟北山第 177 号（宋代）

平顶方形窟，内平面呈矩形，窟口前置阶梯，窟高 283 厘米、宽 220 厘米、深 254 厘米。窟内正壁中刻泗州大圣，头戴披风冠，披风下垂至肩，内着交领僧衣，外罩圆领大袍；双手笼于袖内，拱置于腹前，面身向西结跏趺坐于三脚夹轼内；面形胖硕，慈眉善目，锁眉合眼，神情憨稚。左、右壁刻志公、万回等僧人像。泗州等僧人作为圣僧崇拜，是佛教中国化、世俗化的重要表徵。

十三观音变相窟北山第 180 号（宋代）

平顶窟，高 356 厘米、宽 390 厘米、深 334 厘米。窟正中为观音主像，头戴化佛冠，发丝垂肩，上着天衣，下着长裙，膝饰珠串；左手撑台，右手抚膝，左腿横置，右脚曲翘，呈游戏坐式坐于束腰金刚台上；身后有圆形背光，顶悬如意宝盖。其后方两侧各立两尊观音像，窟之左、右壁又各刻四尊观音立像，十二尊立像头饰、衣着、神态、手势及物品各有不同，仪态万千。

观无量寿佛经变相龛北山第 245 号（唐代）

龛高 469 厘米、宽 361 厘米、深 40 厘米。以中部“西方三圣”为中心，上部刻“净土”盛景，下部雕“三品九生”及“未生怨”故事，左右沿凿“十六观”。共有刻像 578 尊、经幢和楼阁等建筑 42 座，保存了多方面的形象史料，在中国石窟同类题材造像中首屈一指；同时其刻工精湛，内容丰富，层次分明，被誉为“晚唐最为精美的作品”。

地藏、观音龛北山第 253 号（五代）

双层龛制，外龛高 195 厘米、宽 151 厘米、深 130 厘米，内龛高 158 厘米、宽 120 厘米、深 94 厘米。内龛正壁左刻地藏菩萨，右刻观音菩萨。两菩萨之上顶壁刻一半圆形宝盖；宝盖正前面刻两尊飞天，头束发髻，胸饰璎珞，下着长裙，相向起舞，身姿轻盈，长带飘舞。左、右两壁各刻六朵祥云，云中均有造像，为十殿阎王及二司，或骑马，或拱揖，或捧笏，服饰不一，姿态各异。

千手观音龛北山第 273 号（五代）

三层龛制，外龛高 153 厘米、宽 136 厘米、深 5 厘米，中龛高 130 厘米、宽 110 厘米、深 36 厘米，内龛高 101 厘米、宽 91.5 厘米、深 32 厘米。内龛正壁中千手观音面身向西善跏趺坐于金刚台上，头戴花冠，胸饰瓔珞，身着短袖天衣，手腕戴镯，雕刻线条疏密有致、流畅生动，薄衣贴体颇具唐风，仪容秀丽又似宋刻；其共有手臂44只，或合十、结印、抚膝，或持数珠、瓶、镜、钵、莲花、经卷等物，姿态各异。其头顶上方悬垂覆莲宝盖，盖侧有二飞天手握莲朵翱翔。内龛左、右壁分别为女侍者和波斯仙。外龛上额，并排横列10尊坐佛像。

药师净土变相龛北山第281号（五代）

三层龛制，外龛高190厘米、宽232.5厘米、深81厘米，中龛高148厘米、宽216厘米、深63厘米，内左龛高112厘米、宽52.5厘米、深21.5厘米，右龛高119厘米、宽105厘米、深43厘米。内右龛为主龛，正壁刻东方三圣主像，面身向南，善跏趺坐，双腿弯曲下垂，赤足踏于座台前下的莲台上，身后刻火焰形背光、头光。其左、右壁刻八大菩萨，门楣上刻七佛；其下刻有十二神将，皆顶盔贯甲，双手拱揖，脚踏祥云。内左龛刻一经幢，门楣上刻三佛。全龛左壁门柱上刻三尊地藏像。

（二）窟廊、窟檐

北山佛湾窟廊、窟檐分为南、北两段，均修建于1952年，为避免石刻遭风雨侵蚀而建。窟廊采用砖木结构，屋架为抬梁、穿斗混合式构架，窟廊一侧立柱落于窟前平地上，另一侧立柱则落于窟顶岩石上，其“天平地不平”的做法具有典型山地建筑空间处理的特征。南段窟廊面阔50米，北段面阔约120米，进深均为5~8米，高约6米，目前均保存完好。窟廊中部穿插建亭，包括佛湾南段千手观音三角亭，北段蔡京碑八角亭、孔雀明王六角亭和观无量寿佛经变大四角亭。其中，南段千手观音三角亭于1956年改成重檐，蔡京碑八角亭于1992年改建成混凝土结构。

（三）多宝塔

多宝塔，俗称“白塔”，亦曰“北塔”和“报恩塔”，屹立于大足城区以北1.5千米的北山上的白塔寺前，与北山佛湾石窟遥遥相对。多宝塔建于南宋绍兴年间，后经历代不断维修而具现存规模，是中国古塔建筑中的艺术珍品。

多宝塔塔高30米，是密檐式与楼阁式塔的结合。其外观为八角形密檐式砖塔，第一层塔身以上出檐十二层，塔体别致，形若腰鼓；塔身各级檐皆由砖叠涩挑出，奇数级檐下还有斗、花牙子托檐；底层塔身角部各立一石柱，柱高1.5米，柱上蟠龙缠绕，顶端坐一力士，头顶莲台，刚劲有力。塔门面南，门上部呈拱形。塔内作八级楼阁，各层塔身均由塔外壁、塔心及两者所夹环廊组成并自三层以上逐层收进，底层边长3.6米，顶层边长2.5米，塔外壁厚约1米，环廊0.75米。梯道交错设置于塔心内，拾级而上，可登塔顶；每一层楼阁四面皆开窗洞采光并供观光之用。塔内、外各级砖壁嵌石造像一百二十多龛，在全国佛塔中实属罕见；造像内容主要包括善财童子五十三参故事，佛、菩萨像及少量历史人物像。塔前崖下刻释迦、多宝佛并坐，面南，头布螺髻，着佛袍，坐像高10米，雄伟壮丽。

多宝塔风格独特，塔内、外龛窟的石刻造像和碑文题记丰富，不仅对研究宋代建筑具有重要价值，对研究宋代的宗教、民俗信仰及民间造像等，均有很高的价值。1956年四川省人民政府公布其为“四川省文物保护单位”；1996年国务院将其公布为全国重点文物保护单位，归入北山摩崖造像。

（四）北山附属文物

1. 和尚塔

和尚塔位于多宝塔之东左下方，共四级和一塔刹。塔刹呈宝珠形，塔通高3.3米。四级幢身之上各刻一六边翘角飞檐露盘，从下至上：下层幢身呈六边形，高70厘米、每边宽47厘米，南北面各刻一龙，其余四面刻卷草花纹，其上刻一层露盘，每边宽82厘米；第二层呈圆鼓形，高59厘米，其上露盘每边宽74厘米；第三层呈六棱柱每边宽37厘米、高43厘米，各边均刻有文字。

2. 碑刻

北山摩崖造像现存诸多碑碣。其中，刻于公元895年的《韦君靖碑》具有补唐史的重要价值；刻于1163—1189年的《赵懿简公神道碑》系宋代四大书法家之一的蔡京所书，为书法艺术之珍品；宋刻的二十二章“古文孝经碑”则被史家们称为“寰宇间仅此一刻”。此外，还存有题刻、诗词、游记若干，对历史、地理、宗教信仰、石窟断代分期、历史人物等的研究皆具较高价值。

北山佛湾碑刻一览表

类别	名称	年代	数量
碑碣	胡密撰韦君靖碑、范祖禹撰古文孝经碑、范祖禹撰赵懿简公神道碑、佚名无尽老人语录碑	晚唐、宋代	4
	潘绂西域坐化大禅师记事碑、霍勤炜题书教孝碑、马衡书大足石刻考察团碑记	明代、清代、民国	3
题记、游记、诗词	赵子充等游北山题名、佚名残刻、吕元锡游北山题记、王季立观吕元锡字题记、吕元锡等避暑北山游记、刘子发等较试南昌毕事拉游北山题记、赵宋端等游北山题名、李季升等赞主僧题刻、赵循父登北山题记、郭庆祖逃署岩阿题记	宋代	11
	范府书林俊诗并跋、赵紫光题《西域禅师坐化塔》诗、鲁瀛书烽烟永靖、鲁瀛五谷十七韵诗、杨子孝书诃利帝母龛楹联	明代、清代、民国	5

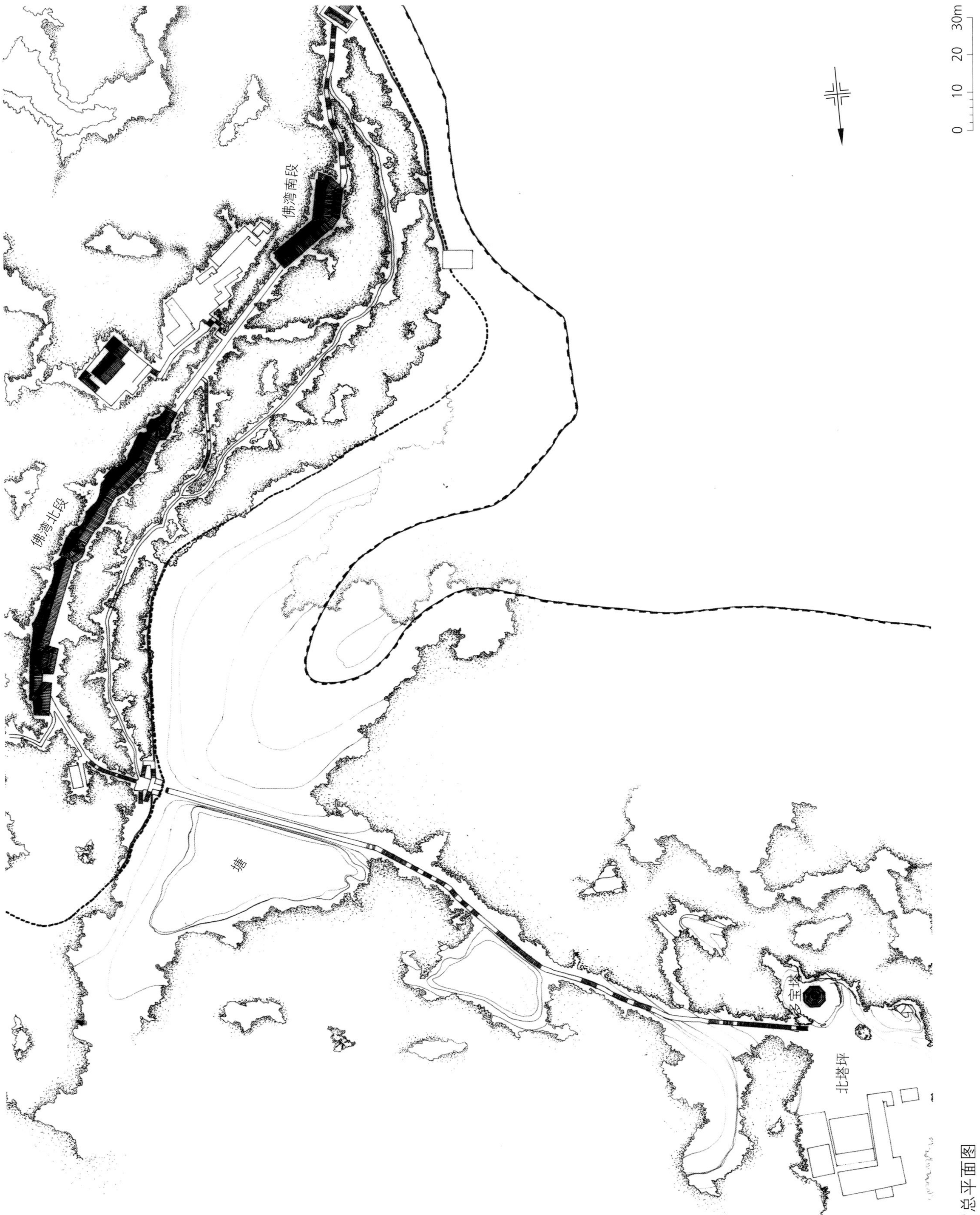

北山石窟总平面图

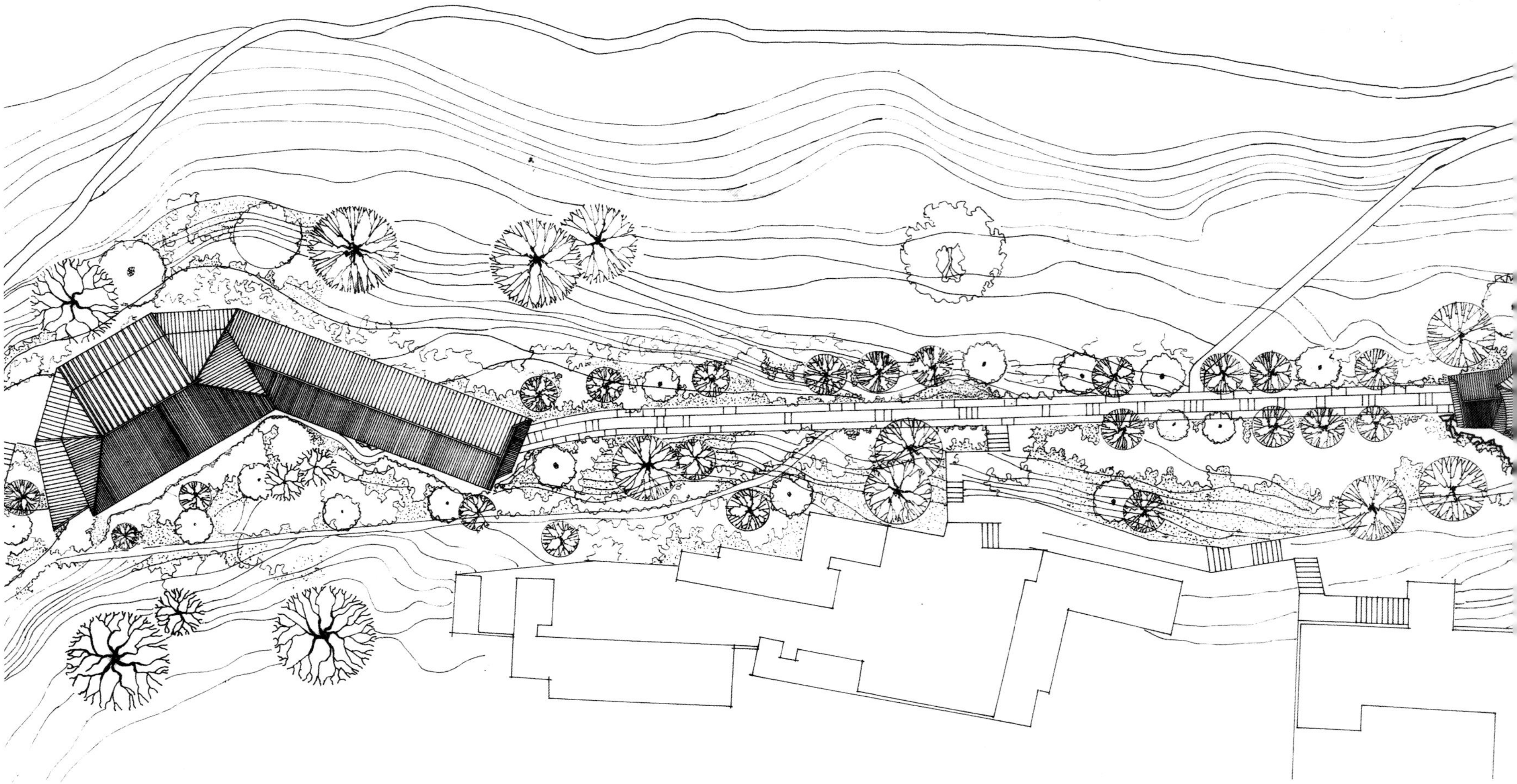

北山石窟佛湾窟廊总平面图

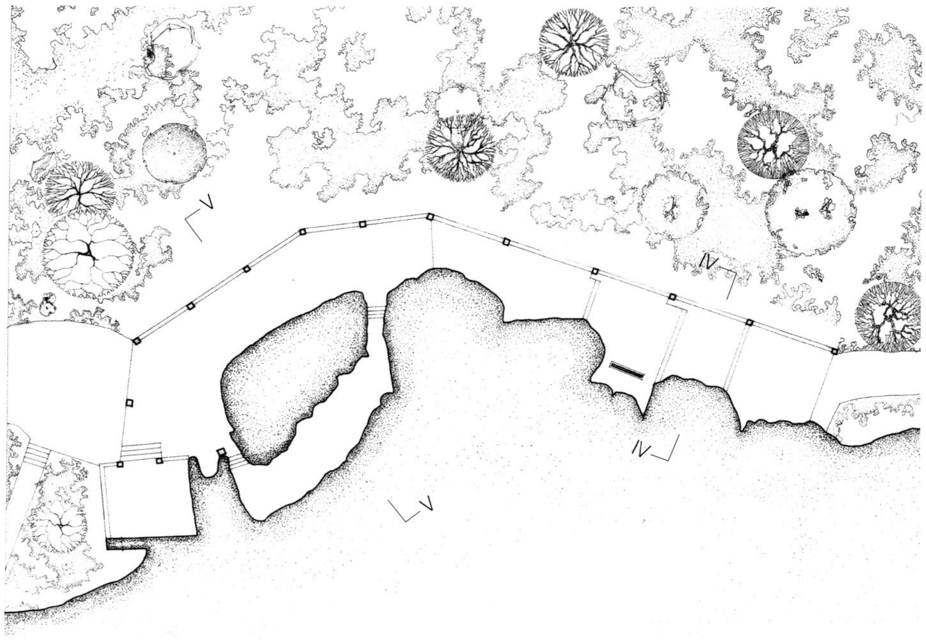

北山石窟佛湾南廊平面图

0 2 4 6m

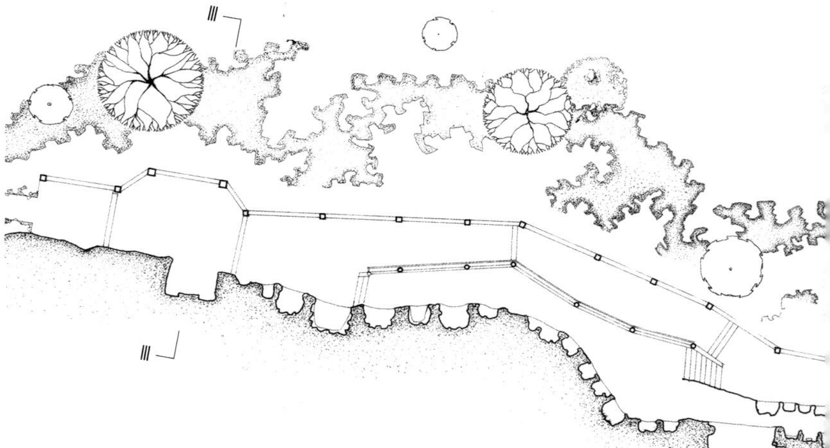

北山石窟佛湾北廊平面图

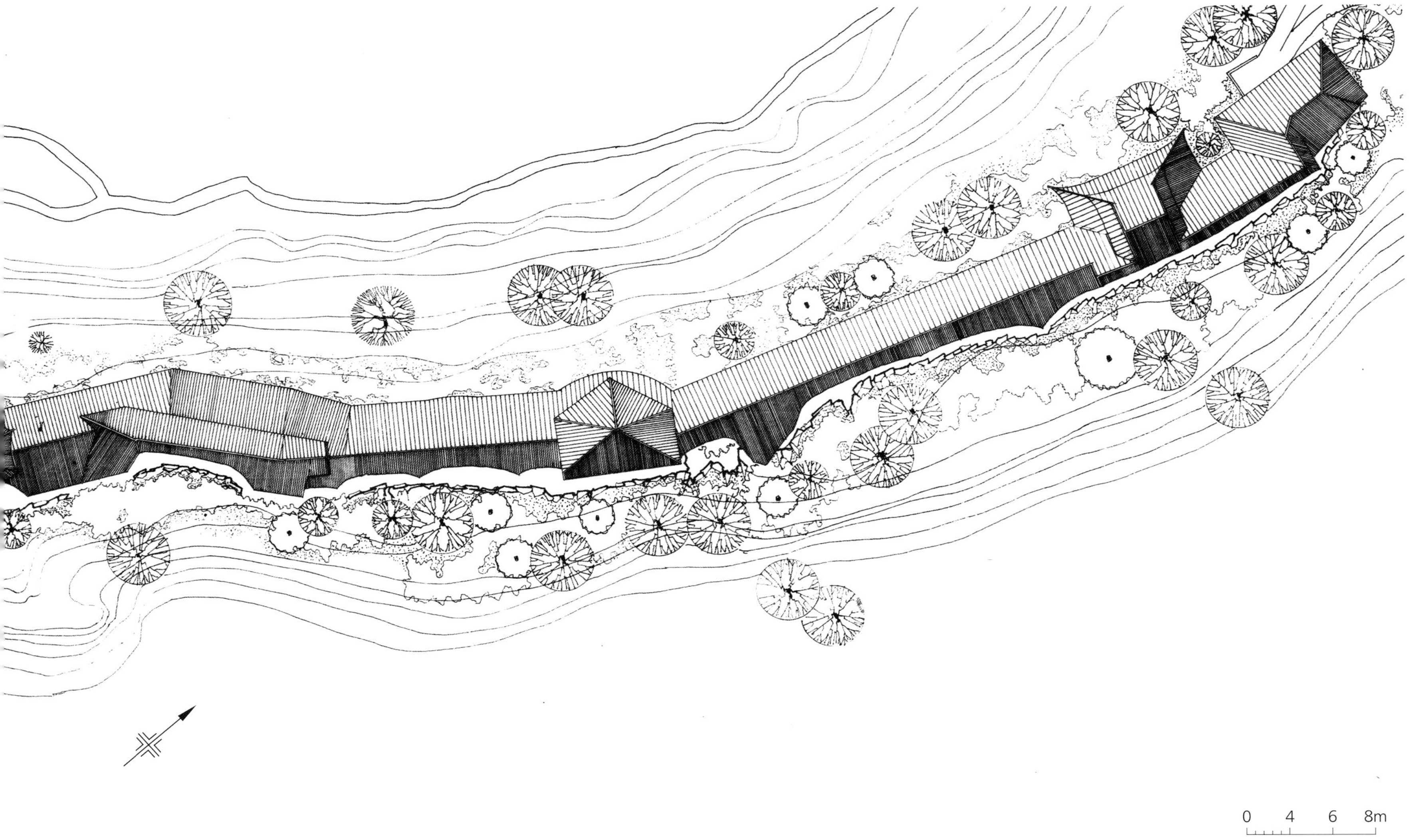
0 4 6 8m

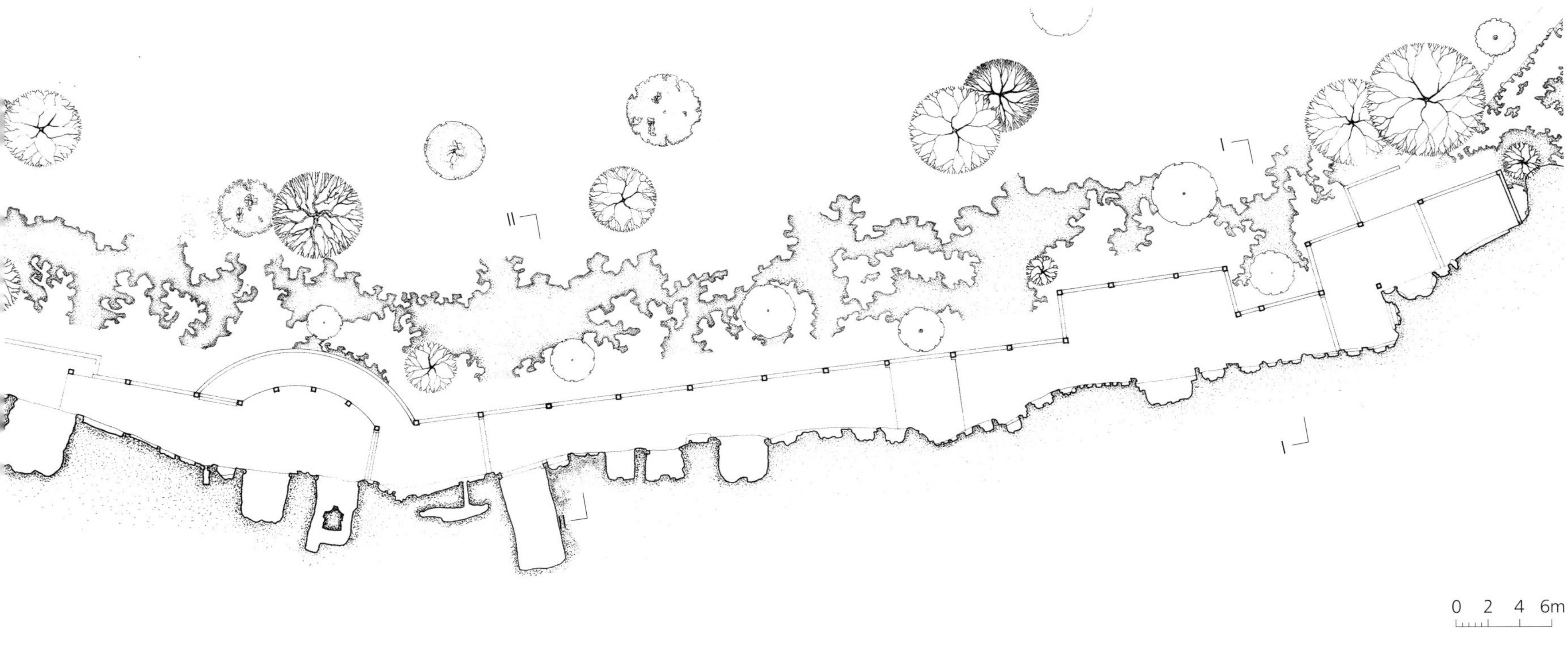
0 2 4 6m

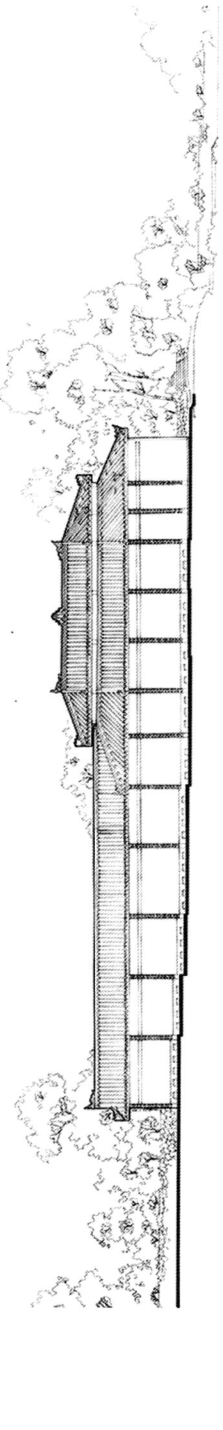

北山石窟佛湾南廊展开立面图

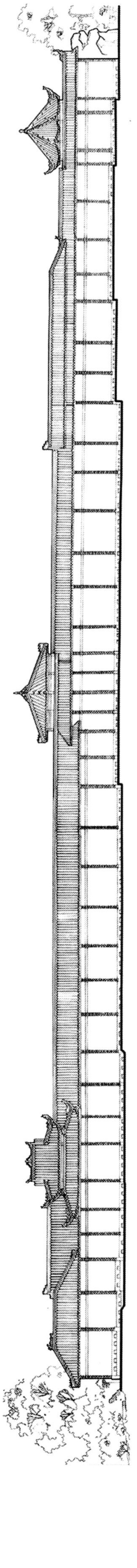

北山石窟佛湾北廊展开立面图

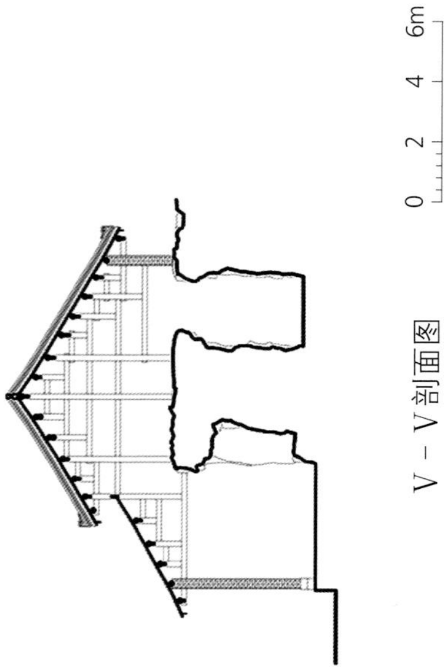

Ⅴ－Ⅴ剖面图

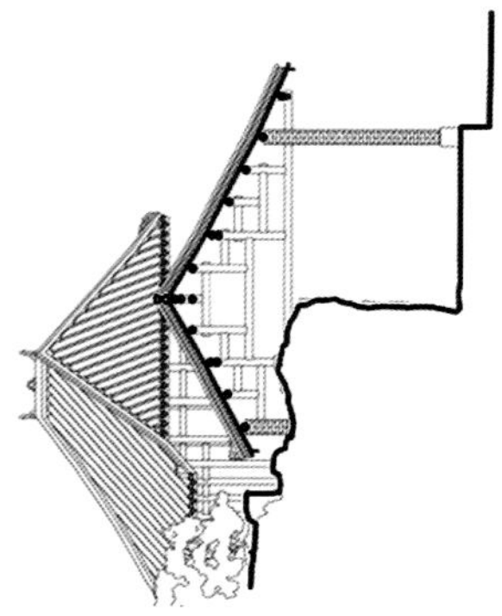

Ⅳ－Ⅳ剖面图

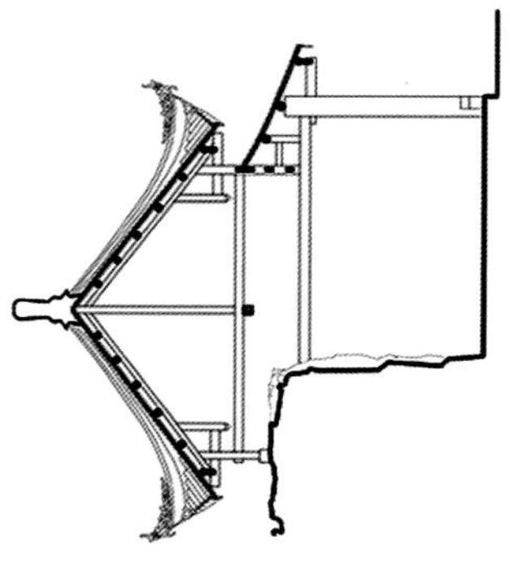

Ⅲ－Ⅲ剖面图

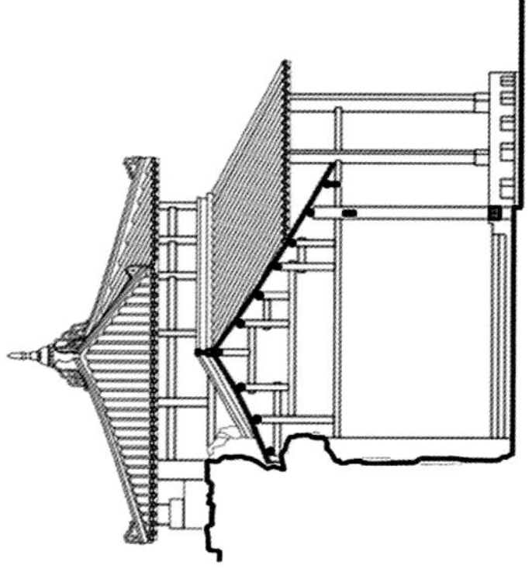

Ⅱ－Ⅱ剖面图

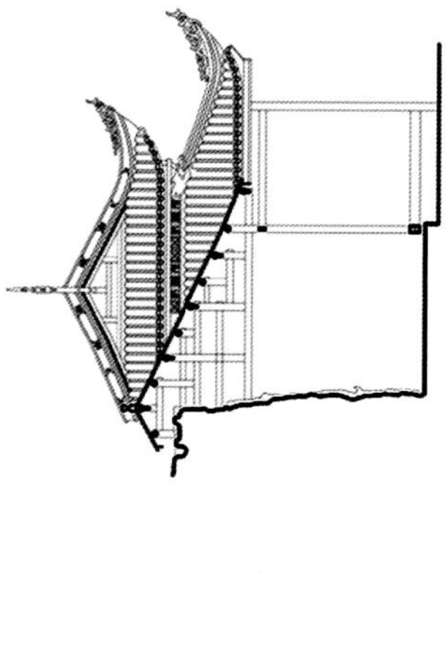

Ⅰ－Ⅰ剖面图

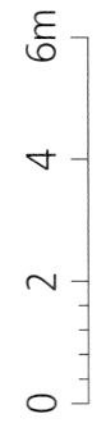

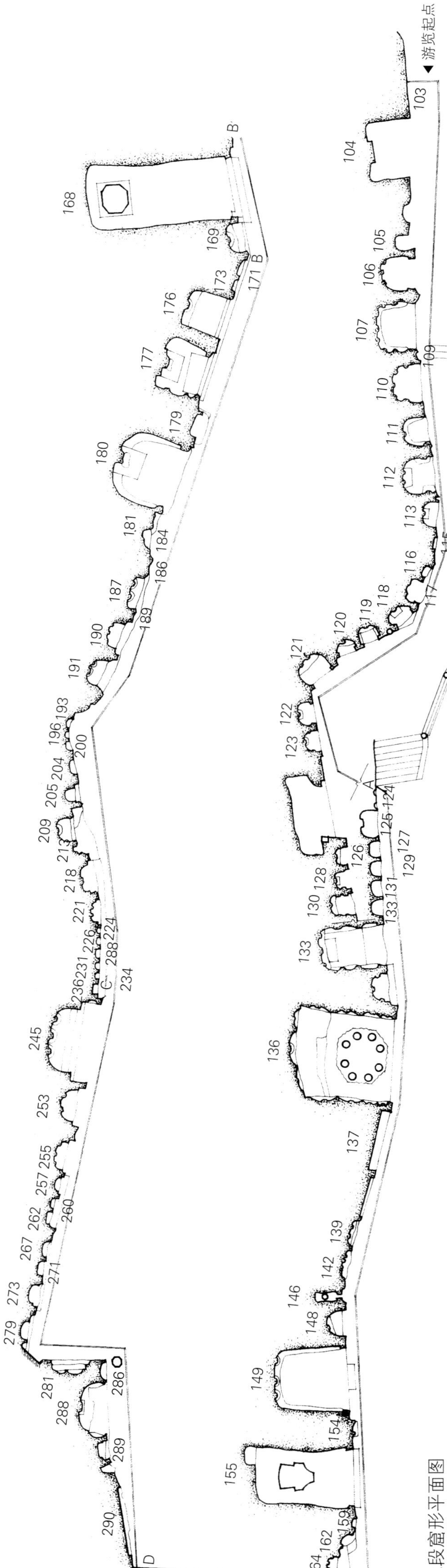

北山石窟佛湾北段窟形平面图

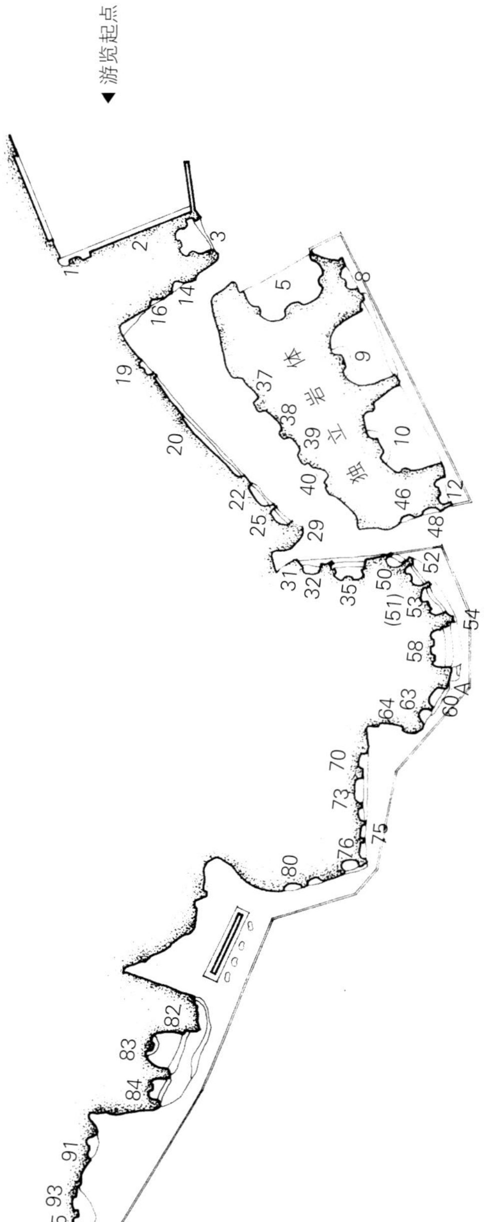

北山石窟佛湾南段窟形平面图

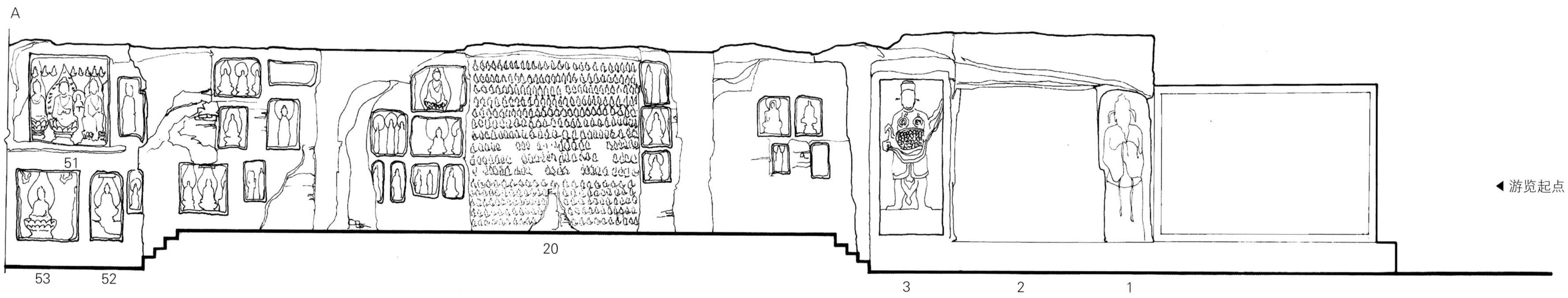

北山石窟佛湾南段游览起点—A 段窟形立面展开图

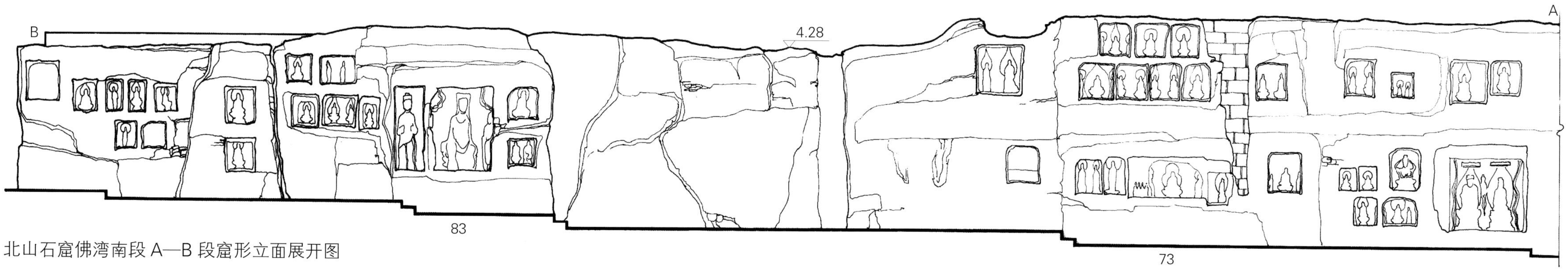

北山石窟佛湾南段 A—B 段窟形立面展开图

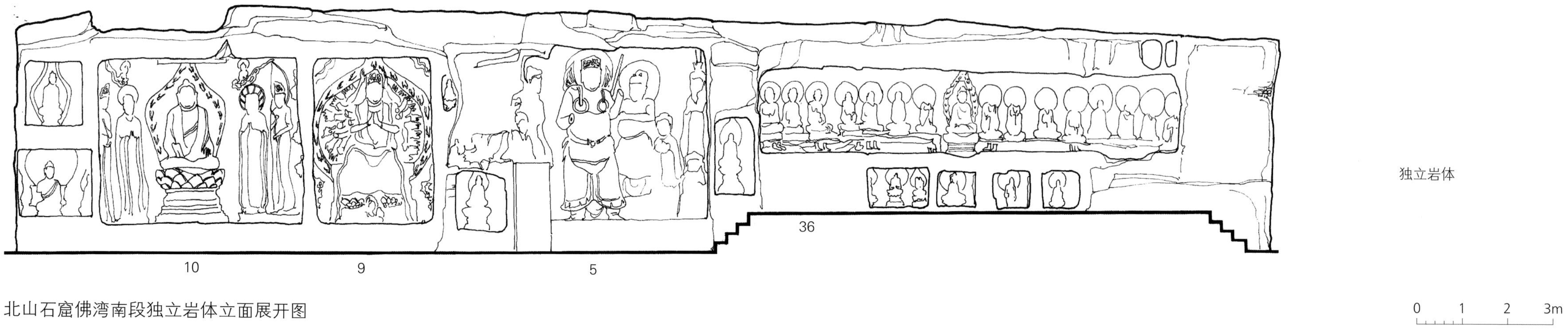

北山石窟佛湾南段独立岩体立面展开图

1 号 韦君靖像
2 号 韦君靖碑
3 号 毗沙门天王像
5 号 毗沙门天王龛
9 号 千手观音龛
10 号 释迦牟尼佛龛
20 号 千佛壁
36 号 十六罗汉像
51 号 三世佛龛
52 号 阿弥陀佛龛（晚唐）
53 号 阿弥陀佛龛（五代）
73 号 残像龛
83 号 观音龛

北山石窟佛湾北段游览起点—A 段窟形立面展开图

北山石窟佛湾北段 A—B 段窟形立面展开图

0 1 2 3m

104 号 赵懿简公神道碑
107 号 七贤龛
113 号 水月观音龛
119 号 不空羂索观音龛
122 号 诃利帝母龛
133 号 水月观音龛
136 号 转轮经藏窟
149 号 观自在如意轮菩萨窟
155 号 孔雀明王窟
168 号 五百罗汉窟

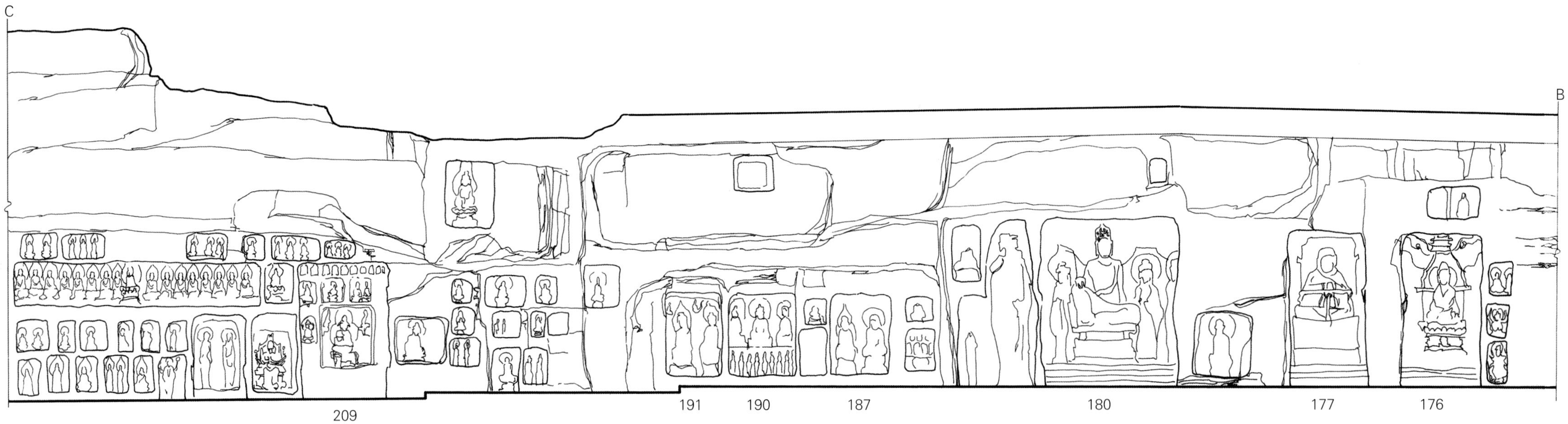

北山石窟佛湾北段 B—C 段窟形立面展开图

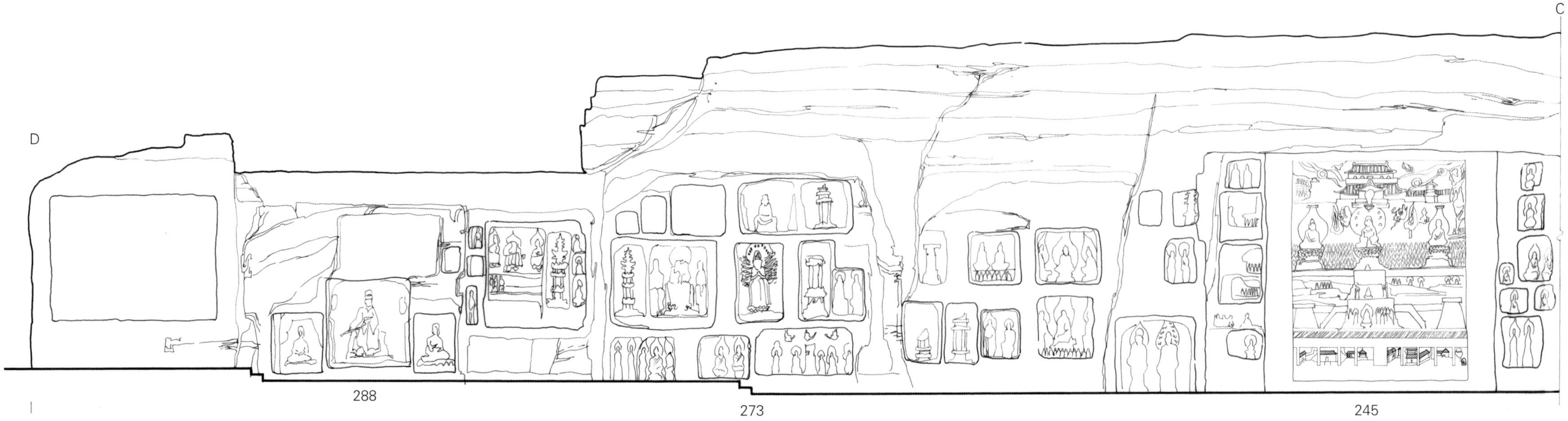

北山石窟佛湾北段 C—D 段窟形立面展开图

0 1 2 3m

176 号 弥勒下生经变相窟
177 号 泗州大圣龛
180 号 十三观音经变相窟
190 号 药师琉璃光佛龛
191 号 地藏观音龛
209 号 南无解冤结大圣菩萨龛
245 号 观无量寿佛经变相龛
273 号 千手观音龛
288 号 林俊像

245 号观无量寿佛经变相龛

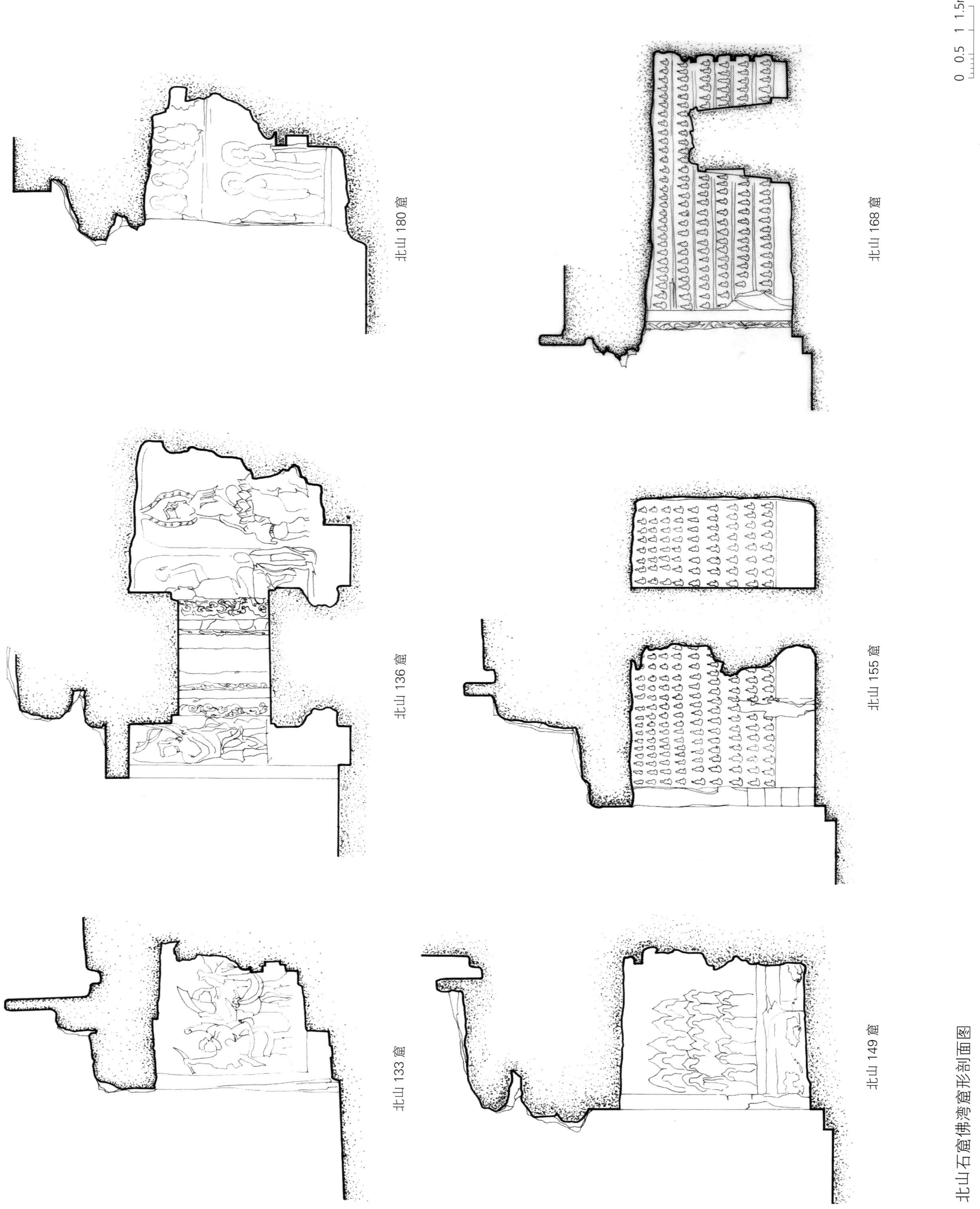

北山石窟佛湾窟形剖面图

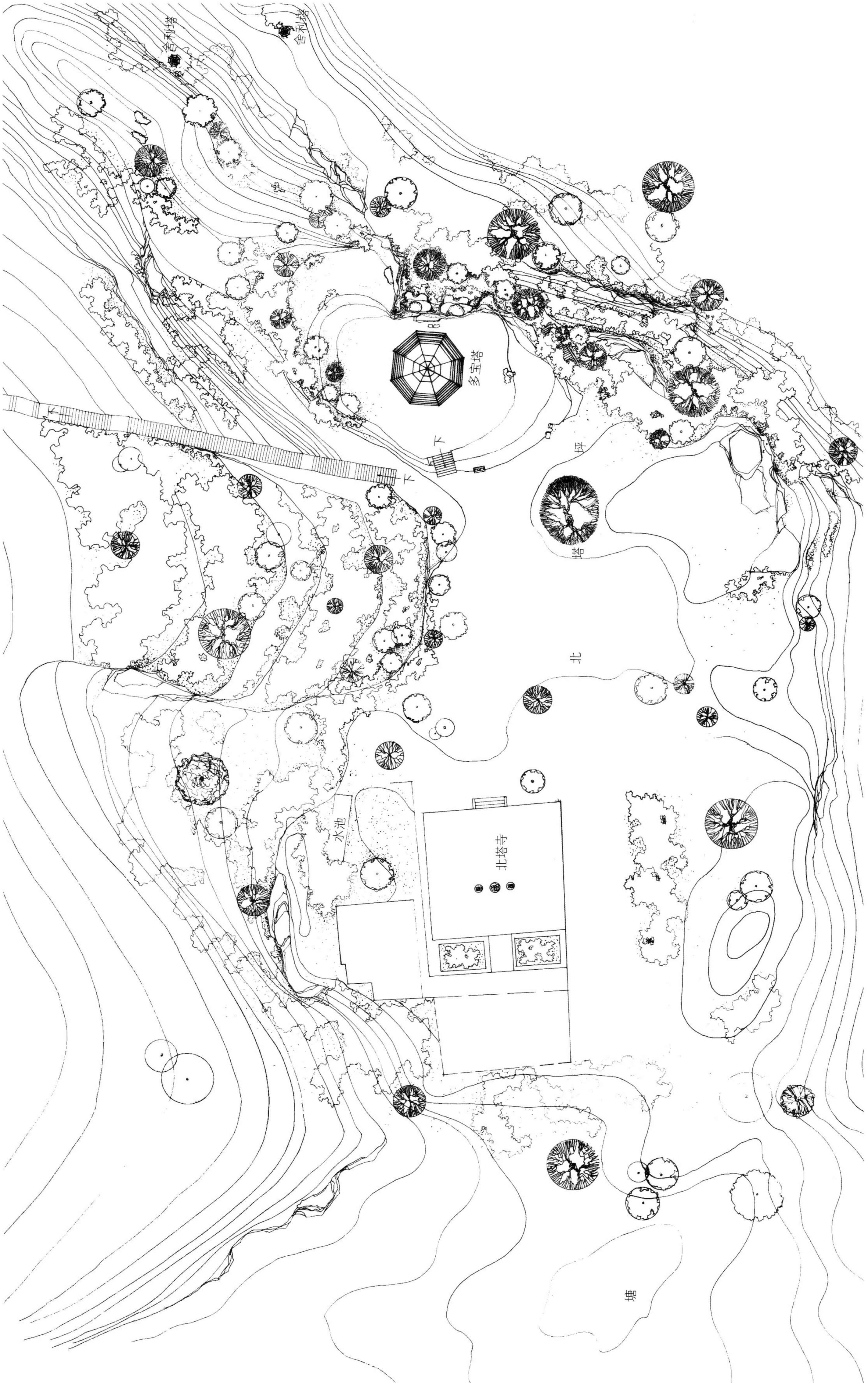

北塔坪总平面图

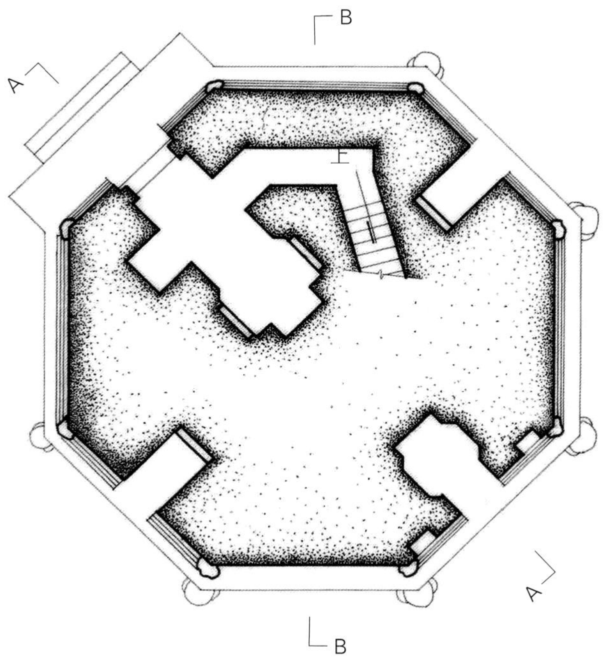

底层平面图

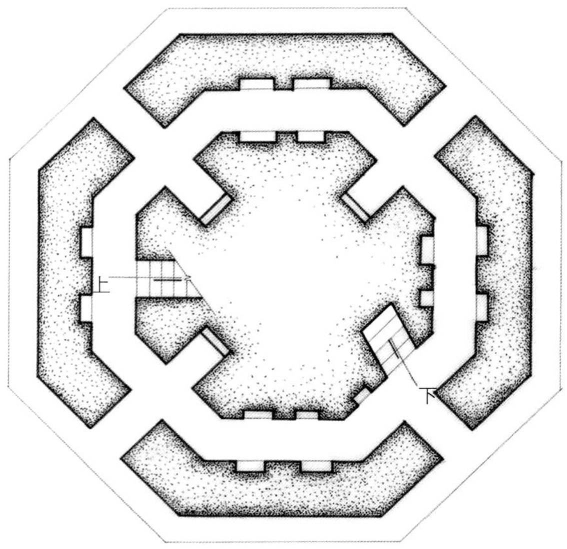

二层平面图

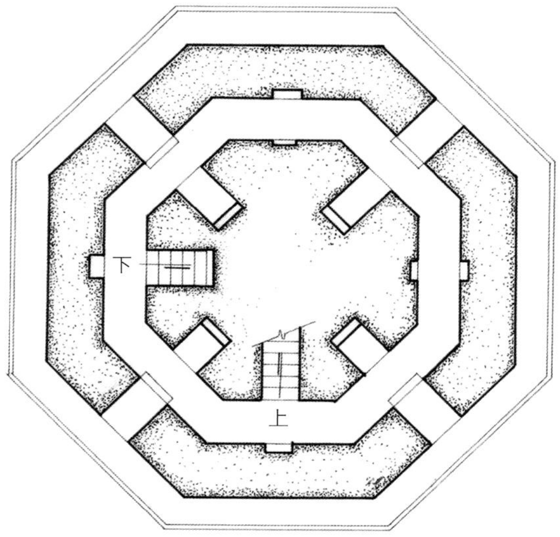

五层平面图

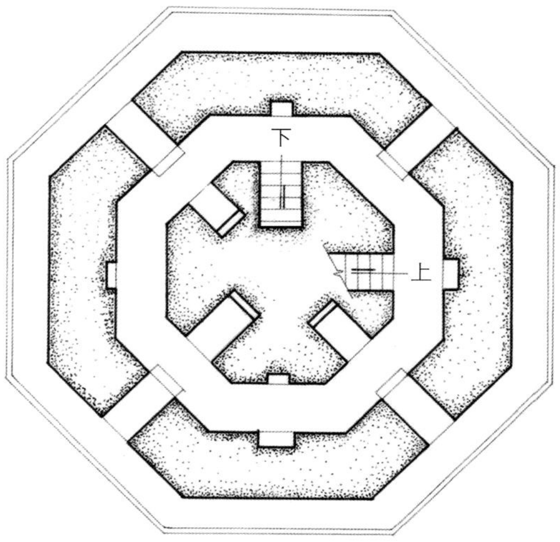

六层平面图

多宝塔平面图

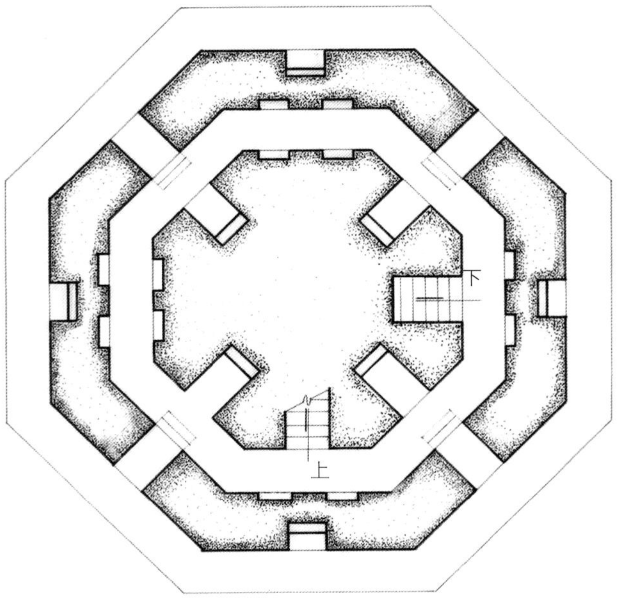

三层平面图

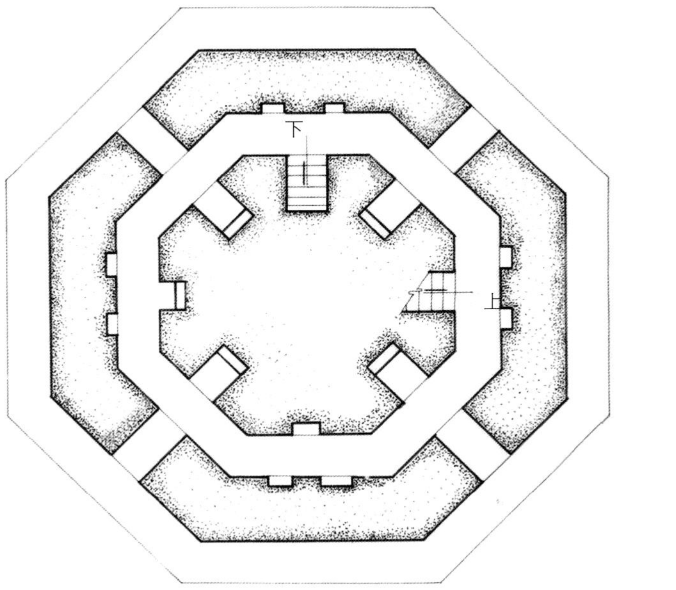

四层平面图

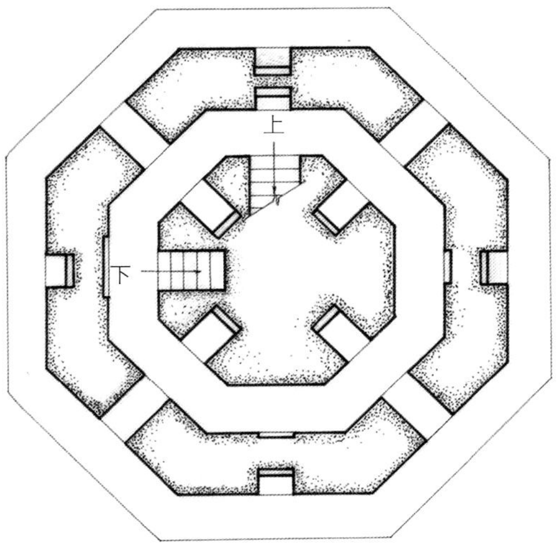

七层平面图

八层平面图

0 1 2 3m

南立面图

多宝塔立面图

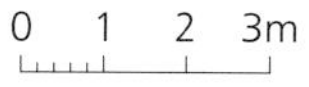

西北立面图

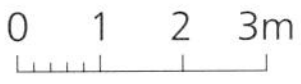

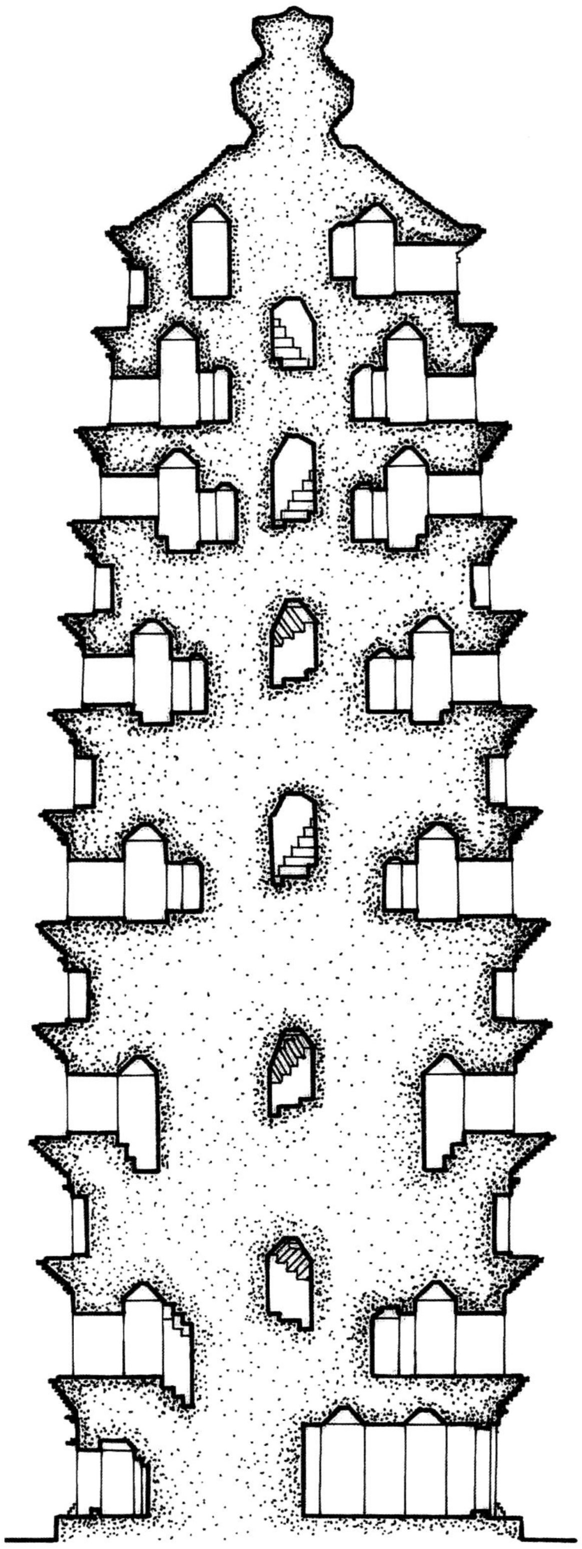

A–A 剖面图

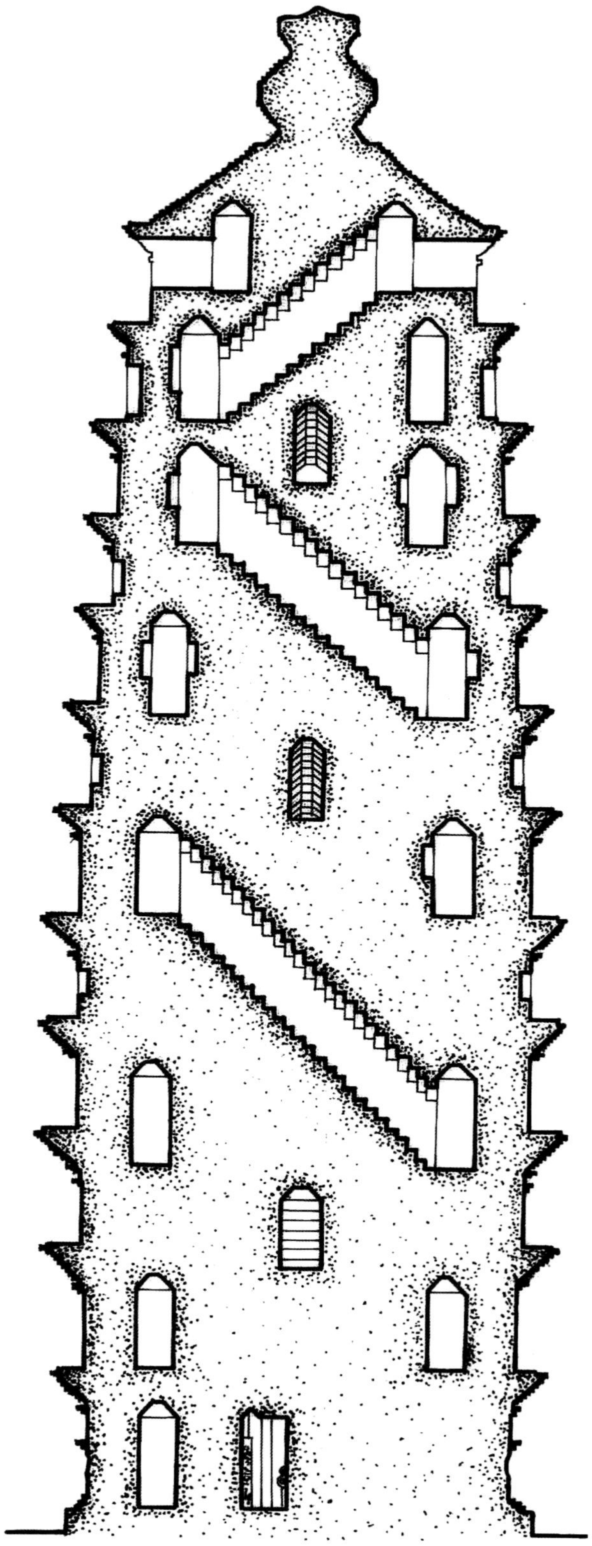

B–B 剖面图

0 1 2 3m

多宝塔剖面图

四、北山彩版

北山佛湾窟檐长廊内景（一）

北山佛湾龛檐长廊内景（二）

北山佛湾窟檐长廊内景(三)

5 号毗沙门天王龛

9号千手观音龛

10 号释迦牟尼佛龛

12 号释迦牟尼佛龛

51号三世佛龛

北山石刻北段孝经亭

北山石窟佛湾南段独立岩体

北山石窟佛湾南廊

北山石窟佛湾北廊（一）

北山石窟佛湾北廊（二）

104 号《赵懿简公神道》碑

103 号《古文孝经》题刻

105 号毗卢佛龛

113 号水月观音龛

119 号不空羂索观音龛

120 号净瓶观音龛

121 号观音地藏龛

126 号玉印观音龛

128 号水月观音龛

122 号诃利帝母龛

125 号数珠手观音龛

130 号摩利支天女龛

133 号水月观音窟

136 号转轮经藏窟

148 号不空羂索观音窟

149 号观自在如意轮菩萨窟

155 号孔雀明王窟

168号五百罗汉龛窟

176 号弥勒下生经变相窟

177 号泗州大圣窟

180 号十三观音变相窟

190 号药师琉璃光佛龛

191 号地藏观音龛

208 号观音龛

245 号观无量寿佛经变相龛

245 号观无量寿佛经变相龛局部

256 号东方药师净土变相龛

279 号东方药师净土变相龛

273 号千手观音龛

281 号药师净土变相龛

281 号药师净土变相龛局部

多宝塔远眺

多宝塔

多宝塔底层角柱力士

多宝塔底层佛像

多宝塔底层墙身雕刻局部

北塔寺佛像

北塔寺佛像须弥座雕刻局部

宝顶山

一、宝顶山文物概述

宝顶山位于重庆市大足区龙岗镇东北 15 千米处，属丘陵地貌，系鹿头山系，石刻区所在海拔为 478~498 米，维摩顶海拔为 528 米。宝顶山是西南地区的佛教圣地之一，有“上朝峨眉，下朝宝顶”之说。宝顶山石刻包括以圣寿寺为中心的大佛湾、小佛湾造像，由号称“第六代祖师传密印”的高僧赵智凤于 1174—1252 年（南宋淳熙至淳祐年间）组织开凿而成，历时 70 余年，带有总体构思，是一座造像近万尊的大型佛教密宗道场。同时，宝顶山石刻也是大足石刻精华之所在，它把中国石窟艺术推上了最高峰。

宝顶山文物主要包括摩崖造像和古建筑群（寺庙建筑）两大部分。以大佛湾为中心方圆五里均分布石刻造像，造像共计 40 处（大佛湾 31 处，小佛湾 9 处），10000 多躯；碑碣 16 通，11576 字；题记、游记、诗词 44 则，4020 字；培修、装绚记 49 件，8031 字；舍利宝塔 2 座。其中大佛湾最集中、规模最大，计有造像 31 龛，记载宝顶山造像由来和佛教密宗史实的碑碣 7 通、宋太常少卿魏了翁等题记等 24 块，舍利宝塔 2 座，所刻经文 13731 字。

佛湾位于圣寿寺左下一个“U”形的山湾，崖面长约 500 米，高 8 ～ 30 米。造像刻于东、南、北三面崖壁上，依次刻护法神龛、六道轮回图、广大宝楼阁图、华严三圣像、毗卢庵、千手观音像、佛传故事、释迦牟尼涅槃图、九龙浴太子、大佛母孔雀明王经变相图、毗卢道场、父母恩重经变相图、雷音图、大方便佛报恩经变相图、观无量寿佛经变相图、锁六耗图、地狱变相图、柳本尊行化图、十大明王、三清龛、道祖山君龛、地母玉皇龛、柳本尊正觉像、圆觉洞、牧牛图、栗咕婆子图。全部造像图文并茂，无一龛重复。

小佛湾位于圣寿寺右侧，坐南面北。其主要建筑为一座石砌的坛台，高 2.31 米、东西宽 16.50 米、进深 7.90 米。坛台上用条石砌成石壁、石室，其上遍刻佛、菩萨像。主要有祖师法身经目塔、七佛龛壁、报恩经变洞、殿堂月轮佛龛及十恶罪报图、毗卢庵洞、华严三圣洞、灌顶井龛等。

圣寿寺地处宝顶山大佛湾右后侧，是由南宋高僧赵智凤于 1178 年始建的一座密宗禅院，占地面积 5000 平方米，原称“五佛崖”。圣寿寺依山构筑，雄伟壮观。其后遭元、明兵燹，明、清两度重修。现存主要有殿宇山门、天王殿、帝释殿、大雄宝殿、三世佛殿和维摩殿六重殿宇，为清代重建，建筑面积 1600 余平方米。圣寿寺山门旁有圣迹池，池内立圣迹亭，为六角攒尖顶。

大、小佛湾旁有释迦真如舍利塔和转法轮塔，此外周边尚分布十余处结界造像，如广大寺、佛祖寺、菩萨堡、岩湾、龙潭等。

宝顶山摩崖造像表现出有异于中国前期石窟多方面的特点：

• 宝顶山石刻是中国罕见的大型佛教密宗石窟道场。大佛湾是为广大世俗众生进行说教的外道场，小佛湾是信徒受戒、修行的内院，体系完备而有特色。在石窟的显著部位，图文并茂地刻有号称“唐瑜伽部主总持王”柳本尊的行化事迹图，并在二十多处造像的主尊位置刻柳本尊、赵智凤“即身成佛”的形象。

• 宝顶山石刻的表现形式在石窟艺术中独树一帜。大佛湾数千尊造像题材不重复，龛窟间既有教义上的内在联系，又有形式上的相互衔接，形成一个有机的整体。其内容始之以六趣唯心，终之以柳本尊正觉成佛。其间有教有理，有行有果，形成系统。经变相对应配刻经文、偈语、颂词等，图文并茂，且与藏经有异，是历代藏经未收入的藏外佛教石刻文献，对佛教典籍的研究具有重要学术价值。

• 造像注重阐述哲理，把佛教的基本教义与中国儒家的伦理、理学的心性及道教的学说融为一体，兼收博采，显示了中国宋代佛学思想的特色。

• 宝顶山石刻是中国石窟艺术民族化、生活化的典范。造像内容和手法都力求生活化。如父母恩重经变相刻画求子、怀胎、临产以及养育子女的过程，形象生动，感人肺腑。牧牛图长达 30 余米，刻出林泉山涧，云雾缭绕，其间穿插“十牛、十牧”，抒情诗般地再现了牧牛生活。又如横笛独奏的“吹笛女”，充满内心喜悦的“养鸡女”，酒后昏乱的“父子不识”“夫妻不识”“兄弟不识”“姐妹不识”的“醉酒图”等，无不活灵活现。雕刻大师们体验生活之精微，再现生活之准确，令人叹服。

• 宝顶山石刻是石窟艺术的集大成之作，在诸多方面都有创造性的发展。造像以能慑服人心为其创作原则，借以激发信众对佛法的虔诚。造像、装饰、布局、透视、排水、采光、支撑等，都十分注重形式美和意境美。如千手观音近千只手屈伸离合、参差错落，有如流光闪烁的孔雀开屏。这不但是中国千手观音之最，也是世界佛教艺术中一大奇观。释迦牟尼涅槃图，又称卧佛，全长 31 米，只露半身，其构图有“意到笔伏，画外之画”之妙，给人以藏而不露的美感。这是中国山水画于有限中见无限这一传统美学思想的成功运用。地狱变相龛刻阴森恐怖的十八层地狱，牛头马面狰狞强悍、受罪人呼天号地，尖刀、锯解、油锅、寒冰、沸汤诸般酷刑触目惊心。圆觉洞内的数十尊造像刻工精细，衣衫如丝似绸，台座酷似木雕。洞口上方开一天窗采光，光线直射窟心，使洞内明暗相映，神秘莫测。高大的华严三圣像依崖屹立，身向前倾，成功地避免了透视变形，袈裟皱褶舒展，披肩持肘，直至脚下，支撑手臂，使文殊手中所托数百斤重的石塔历千年而不下坠。九龙浴太子利用崖上的自然山泉，于岩壁上方刻九龙，导泉水至中央龙口而出，让涓涓清泉长年不断地洗涤着释迦太子，给造像平添一派生机，堪称因地制宜的典范。

二、宝顶山历史沿革

（一）建置沿革

宝顶山摩崖造像的创建年代，几乎没有明确的造像题记。据宋、明、清的碑碣题刻和地方史志记载，基本可以推定宝顶大小佛湾及周边十三处摩崖造像开凿于南宋淳熙至淳祐年间（1174—1252年），元代无造像，明清至民国时期略有续补。有年代可考的纪年题刻和明清至民国时期造像情况叙次如下：

南宋淳熙至淳祐年间（1174—1252年），名僧赵智凤“清苦七十余年”，在宝顶“凡山之前岩后洞琢诸佛像”，主持营建包括圣寿寺本尊殿在内的大型石窟道场造像群。各造像点包括大佛湾、小佛湾、倒塔坡、龙头山、三元洞、大佛坡、仁功山、珠始山、对面佛、龙潭、岩湾、佛祖岩、三块碑、广大山、松林坡、塔耳田、圣迹池共十七处。

南宋嘉定至淳祐年间（1208—1252年），“朝散大夫太常少卿兼国史院编修实录院检讨官”魏了翁题书“毗卢庵”三字刻于大佛湾第7号龛、第29号窟。

“朝散大夫权尚书兵部侍郎兼修国史兼实录院修撰”杜孝严题书“宝顶山”三字，于大佛湾第4号龛。

“朝散郎知重庆府昌州军州事兼管内劝农□□二江”宇文屺所撰《宇文屺诗碑》，于大佛湾第5号龛。

刻“朝散大夫知昌州军州事借紫”覃怀孝所书“报恩圆觉道场”六字，于大佛湾第29号窟。

佚名刻“宝岩”二字，位于大佛湾第29号窟。住持复刻，碑现存小佛湾内。南宋绍定四年（1231年），小佛湾毗卢庵壁刻《释迦舍利宝塔禁中应现之图碑》。

明洪武十年（1377年），宝顶山高观音镌造观音一龛。

明永乐十年（1412年），明太祖十一子蜀献王朱椿驾临宝顶，后圣寿寺住持僧主持营建万岁楼，以资纪念。

明永乐十年至明洪熙元年（1412—1425年），宝顶住持惠妙奉蜀王旨主持重修圣寿寺，历时8年。修成发堂、僧堂、馔堂、廊庑、山门、庖廪等房舍。重修毗卢殿阁，石砌七佛阶台，重修千手大悲阁，兴修圆觉古洞添梁（参见刘畋人《重修宝顶圣寿寺碑记》）。

明洪熙元年（1425年），立《重修宝顶山圣寿院碑记》，于大佛湾南岩。

明宣德元年（1426年），立《重修宝顶山圣寿寺碑记》，于大佛湾南岩。

明宣德元年（1426年），宝顶住持僧玄极立《重修宝顶事实》碑，于大佛湾南崖西部。

明成化七年（1471年），铜梁县匠师孟良镌刻镂空石香炉一座，存于小佛湾。

明成化八年（1472年），佚名镌刻镂空石香炉一座，存于佛祖岩。

明成化十年（1474年），立蜀府《恩荣圣寿寺记》碑，存于小佛湾。

明弘治十七年（1504年），立“赐进士及第中宪大夫云南按察司副史前监察御史永川赵炯篆额”之《恩荣圣寿寺记》碑，存于圣寿寺玉皇殿。

明正德十四年（1519年），黄朝同缘苏氏贾本命匠修建圆觉洞门，以遮风雨。

明嘉靖三十二年（1553年），潼川州遂宁县安仁里净相寺主持觉寿出资修妆圆觉洞毗卢佛等像。

清康熙元年至二十九年（1662—1690年），宝顶住持性超、性正等募资修建大雄宝殿、天堂，修圆觉洞等。

清康熙二十九年（1690年），立“敕封文林郎知荣昌县事兼摄大足县史彰撰，荣昌县廪膳生员王济书丹”之《重开宝顶碑记》，于大佛湾南崖。

清雍正四年（1726年），立《圣寿寺重修大佛碑记》一通，现存圣寿寺大雄宝殿。

清乾隆二十五年（1760年），宝顶住持有久、本邑有会首乡约黄成先、邓大科募化修妆圆觉洞满堂佛像，在万岁楼修建普陀岩观音、金童玉女。

清道光五年（1825年），刻《江津拔贡杨晕诗碑》，于小佛湾西墙外。

清咸丰六年（1856年），刻“邑人逊斋曾志敏”书“西竹一脉”题记，于大佛湾北岩。

清同治二年（1863年），刻“一儒杨洁健撰，李正儒”书《天堂地狱论》文，于大佛湾北岩。

清同治九年（1870年），邑岁进士廖沛霖、文生蒋鸿勋等重修宝顶山圣寿寺维摩殿、经殿、玉皇殿、东南二岳、灵官殿、万岁楼等处庙宇及诸佛像。立“邑岁进士廖沛霖澍生氏撰，邑文生蒋鸿勋子元氏书丹”之《重修宝顶山圣寿寺维摩殿、经殿、玉皇殿、东南二岳、灵官殿、万岁楼等处庙宇并诸佛像总碑》，存于圣寿寺三世佛殿。

清同治十三年（1874 年），刻“知大足县事城固王德嘉”书“宝顶”二字，于大佛湾南岩西端。

立“知大足县事王德嘉”书《前游宝顶山记》碑，存于圣寿寺三世佛殿。

清宣统元年（1909 年），在大佛湾谷口修建佛缘桥一座。

刻“陆军部举人驻藏第一营营长兼赏罚科官承武将军参谋凤陬龙蜚声”书“与佛有缘”四字，于大佛湾北岩西端。

清宣统二年（1910 年），刻“龙比飞敬书、匠师龙文义”镌“福寿”二字，于大佛湾北岩西端。

清宣统年间（1909—1912 年），复刻陈希夷书“福寿”二字，于大佛湾北岩西端。

开凿“三清龛”“赵公明夫妇龛”（大佛湾第 23 号）。

开凿“道祖山君龛”（大佛湾第 24 号）。

民国四年（1915 年），开凿“地母玉皇龛”（大佛湾第 25 号）。

民国二十一年（1932 年），龙凤山清静自在道人书“香焚宝鼎”四字。

（二）新中国成立后主要保护活动

1953 年，西南文教部拨款修建大佛湾柳本尊行化图、大佛母孔雀明王经变相图、牧牛图等处岩壁基脚，用于防止岩壁继续风化。

同年，实施了毗卢洞加固工程和圣寿寺的维修保护。

1956 年，建牧牛图亭宇，建筑充分因借山地地形，既达到保护造像作用，又美观大方。

1965 年，制订封闭毗卢洞顶保护方案，采用简支板梁形式，结合工程补接洞窟前壁岩檐，遮护外壁石刻。

1974 年，治理毗卢洞后壁右侧浸水，在雕像空隙处，采用炮钎钻孔方法导水，把浸水引入后壁暗沟排走，效果甚佳。

1975 年，为防止岩壁风化，在宝顶山采用传统方法用土红、牛胶、白矾拌水煮沸后，刷在石像空隙处，经观察取得一定效果。

1978 年，省文化局拨款补接观经变相图、锁六耗图、大方便佛说报恩经变相图三处岩檐。

1981 年，制订地狱变相图裂缝复原工程维修保护方案，采用化学保护与土木工程结合进行。

同年，用有机硅材料封护牧牛图局部。

1985 年，国家文物局拨款，治理涅槃佛浸水。

1986 年，用化学材料环氧树脂封护粘接毗卢洞窟右壁大裂隙。

同年，用化学材料有机硅封护宝顶山宋魏了书“毗卢庵”题字、宋《宇文屺诗碑》、明《刘畋人碑》、六道轮回图和涅槃佛变相图局部等，起到防风化的作用。

1992 年 8 月，为满足日益增长的旅游观光需要，在大佛湾内兴建波涌梵宫一座。

同年，重庆建筑工程学院建筑系（现重庆大学建筑城规学院）师生对北山、宝顶山摩崖造像和圣寿寺古建筑群进行了全面测绘。

1993 年 1 月，因小佛湾殿堂残毁严重，文物常被风雨侵蚀，同时因圣寿寺被宗教占用，保护管理极为不便，故对其进行全面维修并重建门厅以便进出。

1993 年 3 月，由中国文物研究所编制《宝顶山卧佛水害防治工程设计方案》，经国家文物局批准实施，对宝顶石刻渗水病害进行治理。

1993 年 8—12 月，经重庆市人民政府批准，由重庆建筑大学、中国文物研究所、大足县建委、大足石刻艺术博物馆共同编制大足三山（宝顶山、北山、南山）石刻文物名胜区保护总体规划。

1994 年 7 月，对始建于明代的大佛湾南岩圆觉洞洞顶平台的万岁楼保护维修，对局部糟朽、残毁木构件进行更换，翻修屋面，恢复角脊、围脊及宝顶，新装卷棚，维修竹编墙及壁画、油漆、彩绘。

1996 年 3 月，由国家文物局批准并拨款，历时三个月对大方便佛报恩经变相图采用有机硅树脂进行防风化加固处理。

1997 年 5 月，大足石刻博物馆委托中国文物研究所制订保护方案，开展了宝顶山大佛湾柳本尊行化道场龛除险工程，于同年 10 月竣工。

1998 年 1 月，为进一步了解石刻区的气象环境状况，以对大足石刻的保护提供科学依据，同时也作为世界文化遗产管理单位必不可少的硬件设施，在宝顶山、北山文物区各建一座环境监测站。

1998 年 6 月，在宝顶山修建大足石刻游客中心。项目由重庆建筑大学（现重庆大学）张兴国教授主持设计，该工程获得重庆市优秀工程设计奖。

2001 年 12 月，为保持广大寺古建筑群的完整性，按原貌复原广大寺前殿。

2002 年 5—11 月，由中国文物研究所设计并经国家文物局批准拨款 50 万元，实施了九龙浴太子龛坡顶防渗排水工程。

2007 年 10 月、2008 年 2 月，国家文物局两次派出由遗产处、科技处、中国文化遗产研究院、敦煌研究院、四川省考古研究所等有关单位领导和专家组成的专家组，赴大足现场开展千手观音专项监测工作。

2011 年 4 月，宝顶山千手观音修复工程正式启动。

2014 年 3 月，千手观音保护工程进入对本尊的保护修复阶段。

大佛湾、圣寿寺及周边环境总平面图

大佛湾、圣寿寺、圣迹池全景

三、大佛湾

（一）总体布局

大佛湾石刻位于龙潭沟支沟大佛湾冲沟三边砂岩陡壁上，东西长约500米，南北宽约40~120米，崖壁高约8~30米不等。三方围合，一方敞开，呈马蹄形平面。“马蹄形”开敞的一面，有清澈的溪流，溪流对岸是自然优美的山峦，与马蹄形场地共同围合成大佛湾整体空间环境。环绕崖壁的是佛教系列雕刻题材，包括护法神像龛、六道轮回图、广大宝楼阁图、华严三圣像、毗卢庵、千手观音像、佛传故事、释迦牟尼涅槃图、九龙浴太子、大佛母孔雀明王经变相图、毗卢道场、父母恩重经变相图、雷音图、大方便佛报恩经变相图、观无量寿佛经变相图、锁六耗图、地狱变相图、柳本尊行化图、十大明王、三清龛、道祖山君龛、地母玉皇龛、柳本尊正觉像、圆觉洞、牧牛图、栗呫婆子图。其中穿插碑记、题刻、佛塔等，形成气势磅礴的宗教道场，崖壁顶部是开阔平坦的自然台地，林木葱绿，景观层次富于变化。大佛湾石刻是巴蜀摩崖石刻的精品之作。

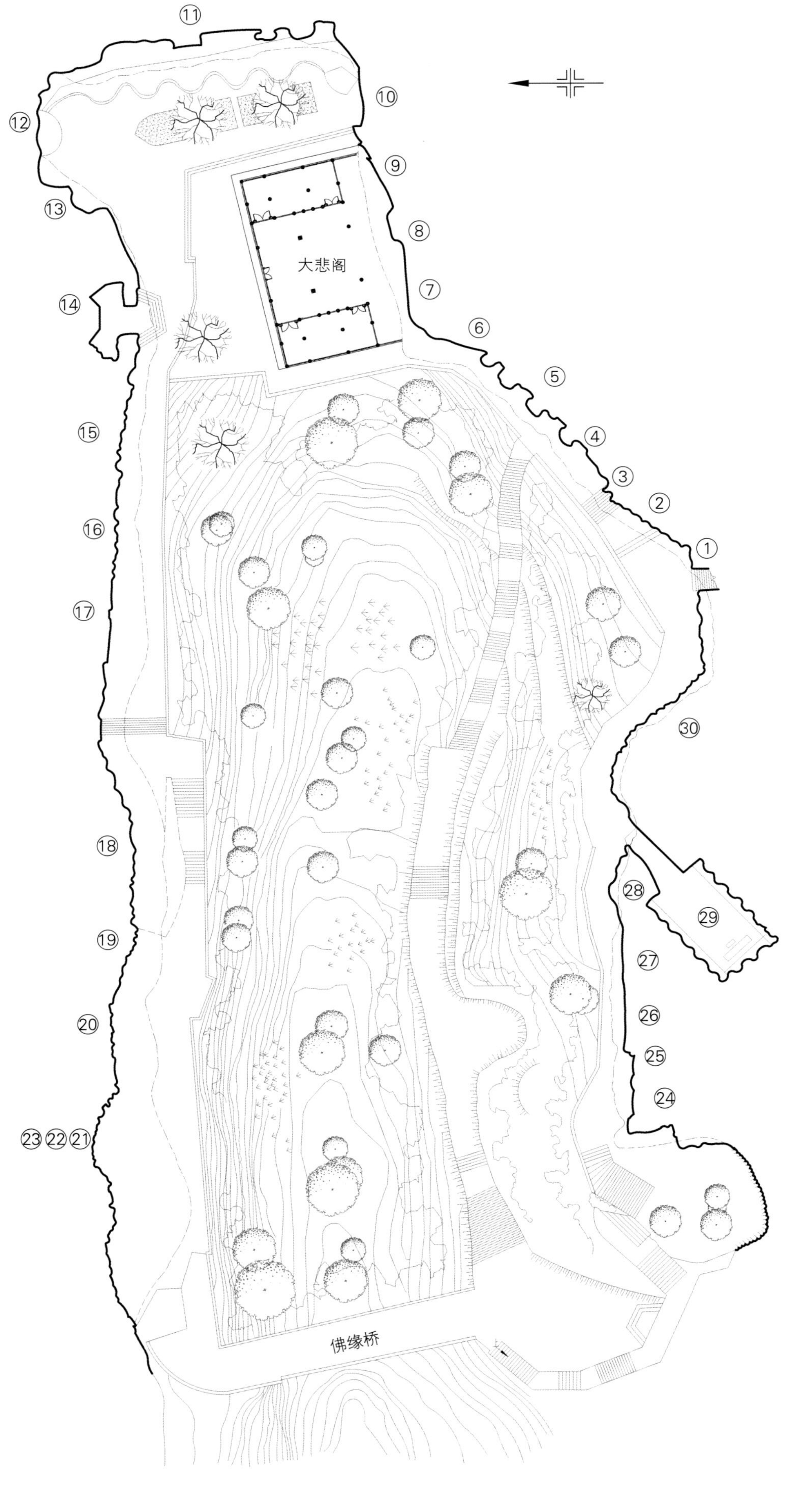

① 猛虎下山图 ② 护法神龛
③ 六道轮回图 ④ 广大宝楼阁图
⑤ 华严三圣像 ⑥ 舍利宝塔
⑦ 毗卢庵 ⑧ 千手观音像
⑨ 化城品图 ⑩ 佛传故事之一
⑪ 释迦牟尼涅槃图 ⑫ 九龙浴太子
⑬ 大佛母孔雀明王经变相图 ⑭ 毗卢道场
⑮ 父母恩重经变相图 ⑯ 雷音图
⑰ 大方便佛报恩经变相图 ⑱ 观无量寿佛经变相图
⑲ 锁六耗图 ⑳ 地狱变相图
㉑ 柳本尊行化图 ㉒ 十大明王
㉓ 三清龛 ㉔ 道祖、山君龛
㉕ 地母、玉皇龛 ㉖ 鲁班仓
㉗ 柳本尊正觉像 ㉘ 石狮
㉙ 圆觉洞 ㉚ 牧牛图

大佛湾总平面图

华严三圣像　广大宝楼阁图　六道轮回图　护法神龛　猛虎下山图　牧牛图　圆觉洞　石狮　柳本尊正觉像　鲁班仓　地母玉皇龛　道祖山君龛

0　5　10　15m

（四）牧牛图（亭）

牧牛图龛雕凿于南宋。造像依山崖自然取势，图文并茂，呈连环画式布局，铺陈了 10 个牧童分别放牧十头耕牛的 10 组雕像，再现了古代劳动人民的生活情景。

石刻之上的牧牛亭窟檐建筑建于 1956 年，建筑因山就势，随崖壁蜿蜒布局，采用悬挑结构，外不立柱，造型优美独特。为保护石狮不受风雨侵蚀，在牧牛图末端转角处建半亭一座；与该亭呼应对称，在牧牛图首端又建半亭一座。两亭中间的窟檐之上建一单层檐歇山式殿宇，其平面呈长方形，面阔 5 间计 13.6m，进深 6.24m。该组建筑虽是现代修建，仍不失为因地制宜、随意赋形的山地传统建筑佳品。

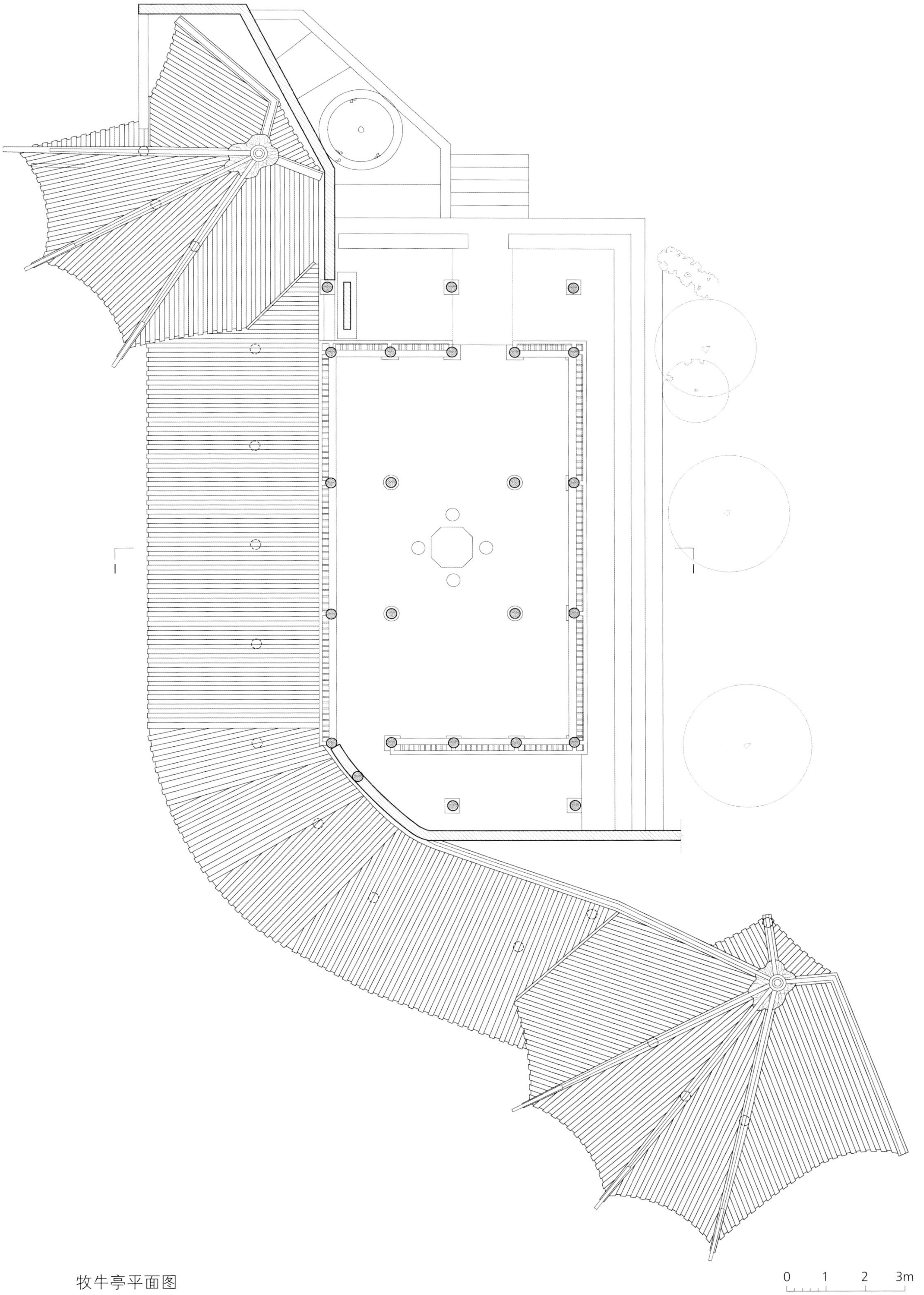

牧牛亭平面图

牧牛亭立面图

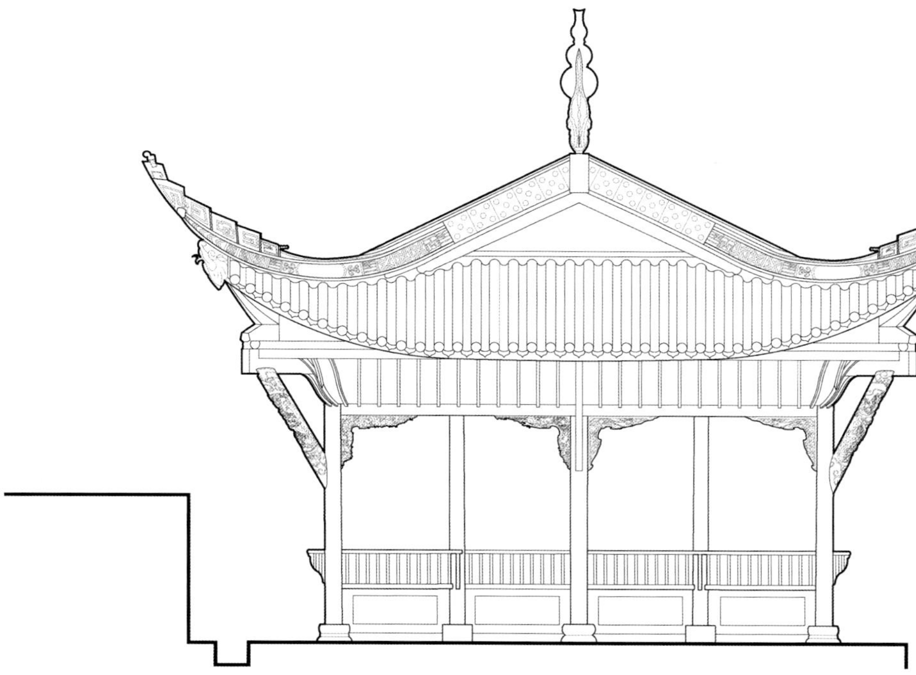

牧牛亭侧立面图

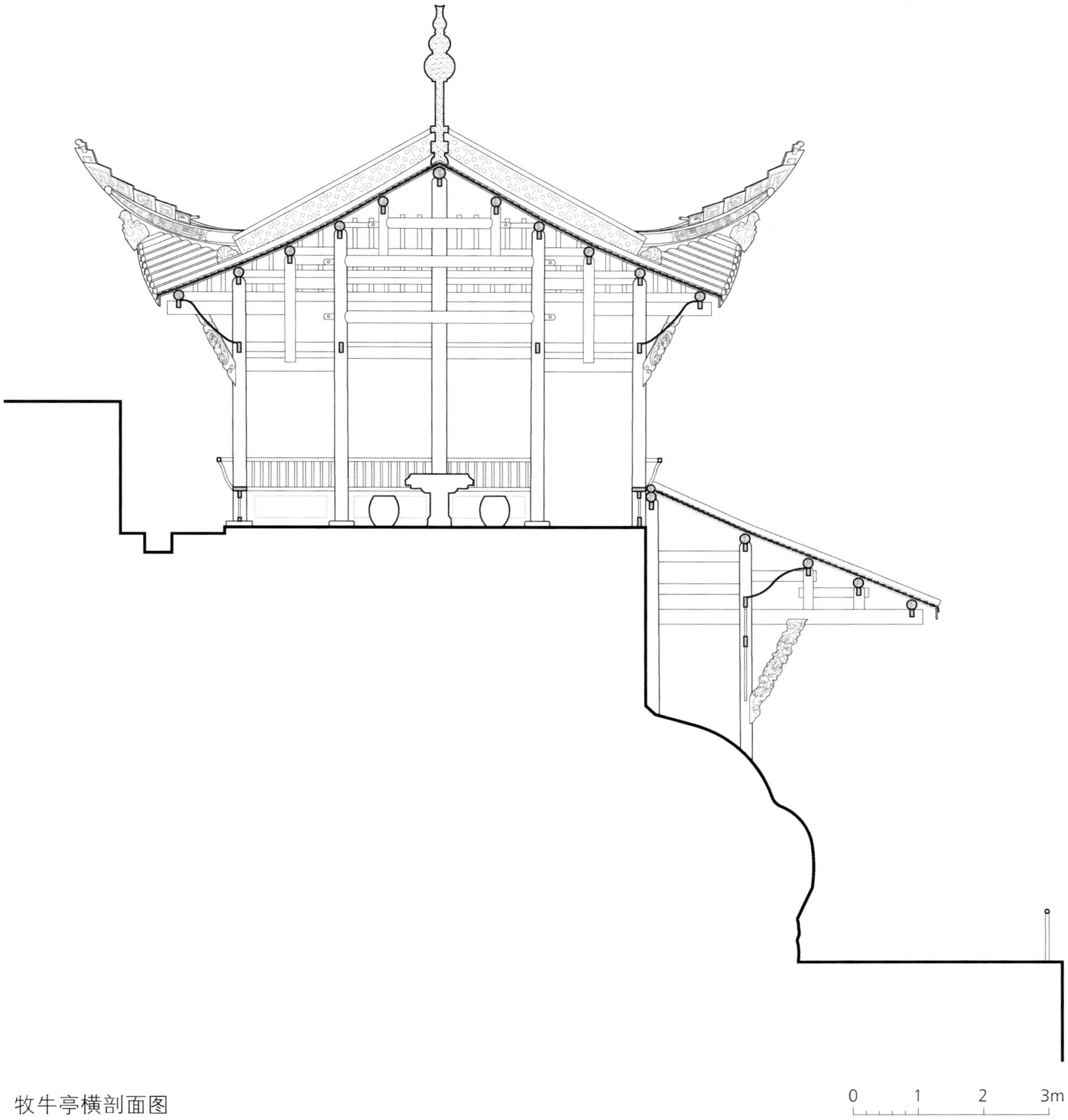

牧牛亭横剖面图

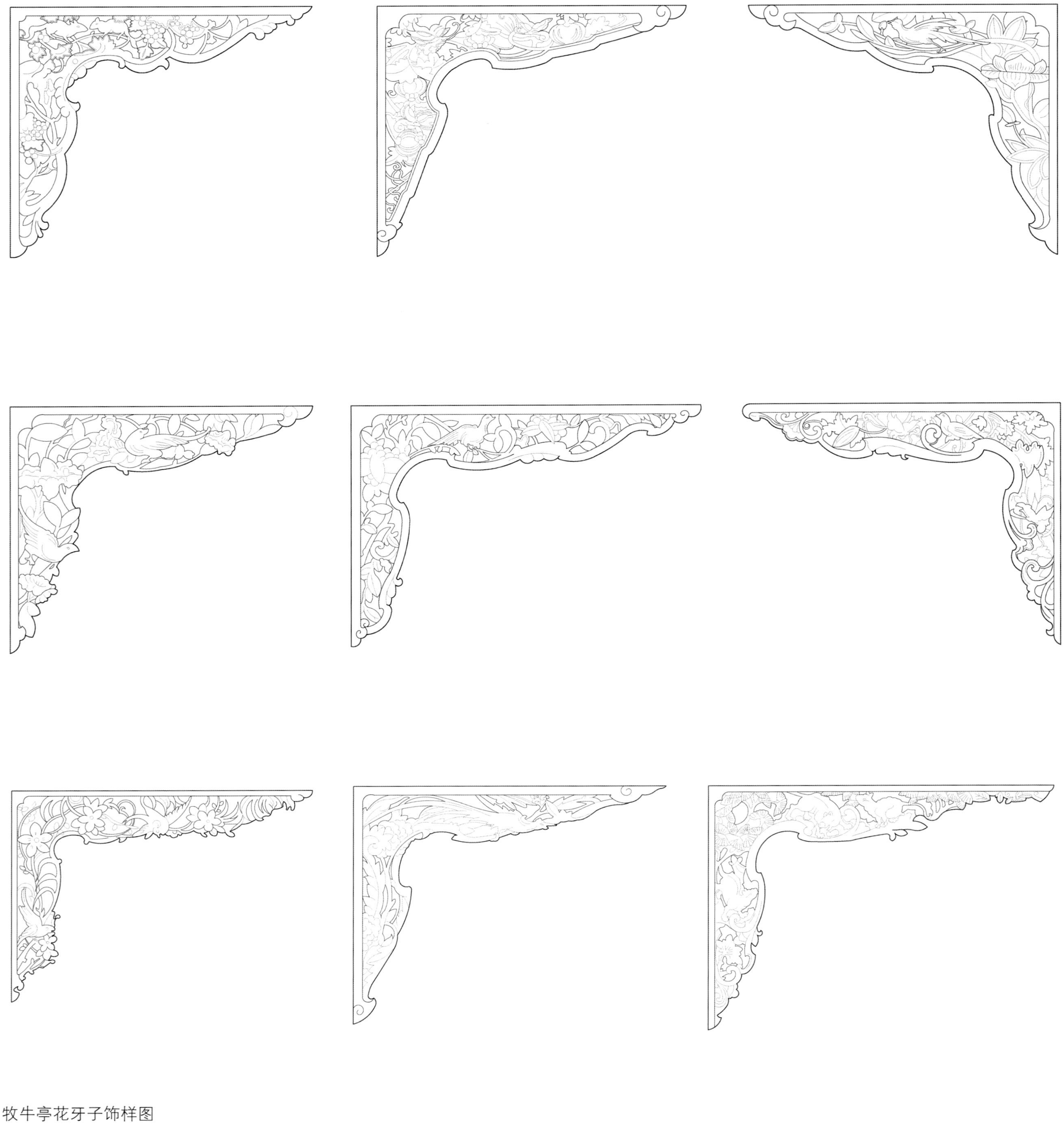

牧牛亭花牙子饰样图

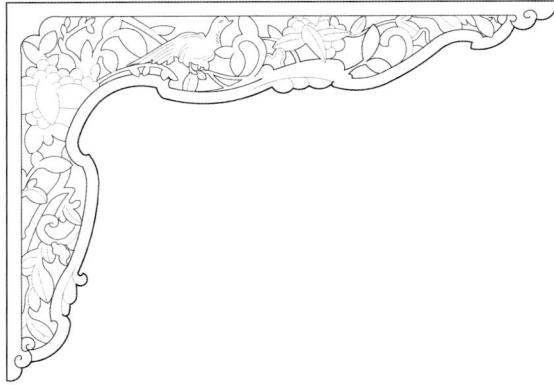

牧牛亭撑拱饰样图

牧牛亭脊饰饰样图

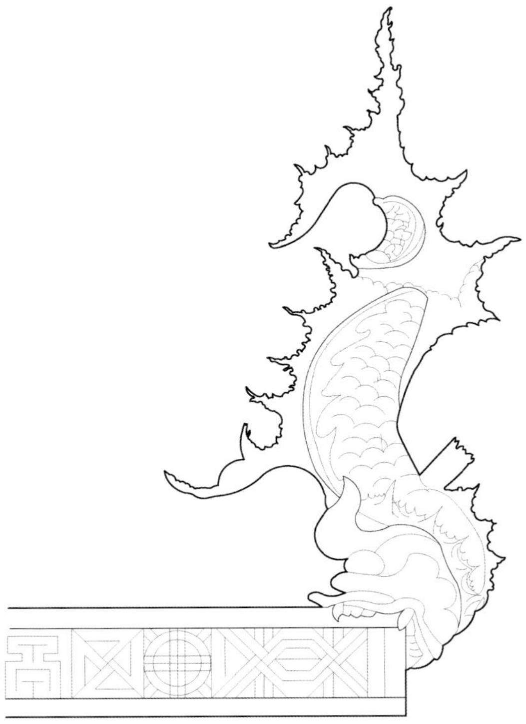

牧牛亭鱼龙吻饰样图

（五）万岁楼

明永乐十年（1412 年），蜀献王朱椿朝香大足宝顶山，大足县为纪念此而修建了万岁楼。现存万岁楼为木穿斗结构三层楼阁，平面呈八角形，外观为四重檐攒尖顶，楼体逐渐上收，翘角飞檐，造型优美，甚为壮观。底层每边宽 3.9 米，周设外廊廊柱间距 4.8 米。楼阁中雕梁画栋，有几十幅反映风俗民情、世俗生活的水墨壁画；花牙子、撑拱雕刻精美，技法娴熟，反映了巴渝地方传统建筑的营建特色。

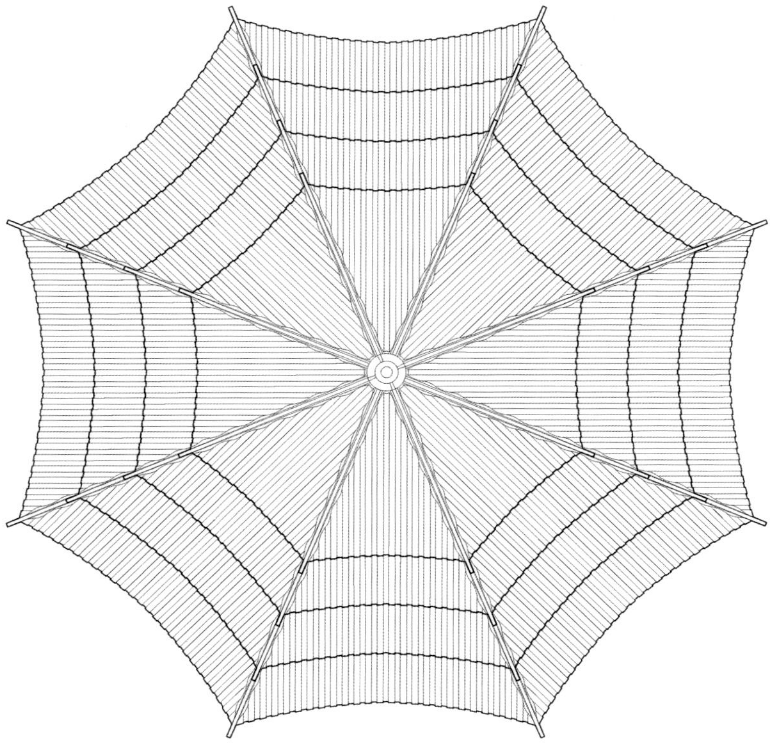

万岁楼屋顶平面图

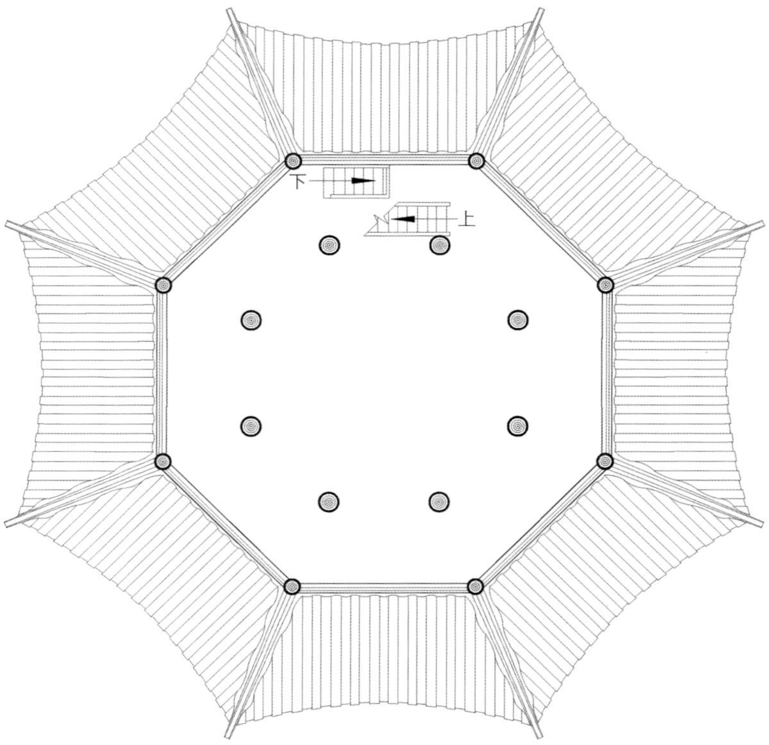

万岁楼二层平面图

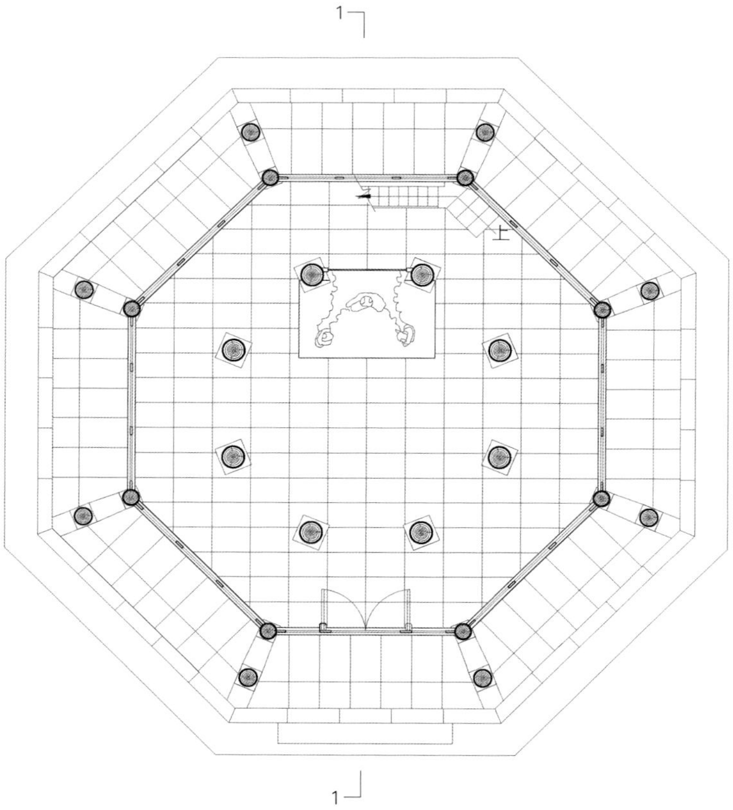

万岁楼首层平面图

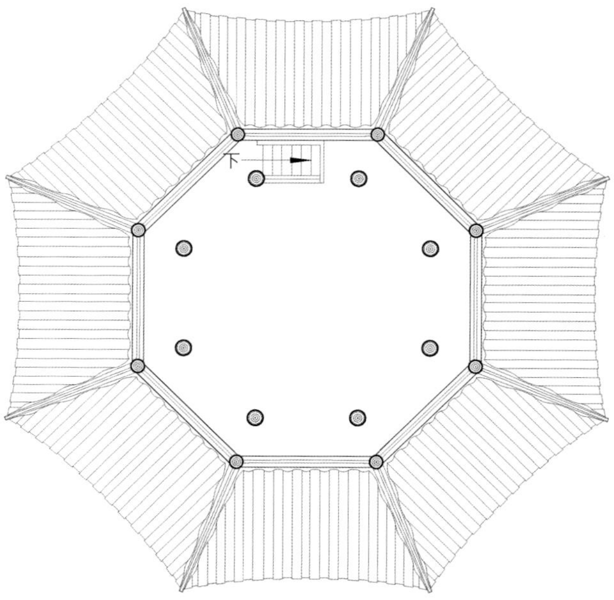

万岁楼三层平面图

0 1 2 3m

万岁楼立面图

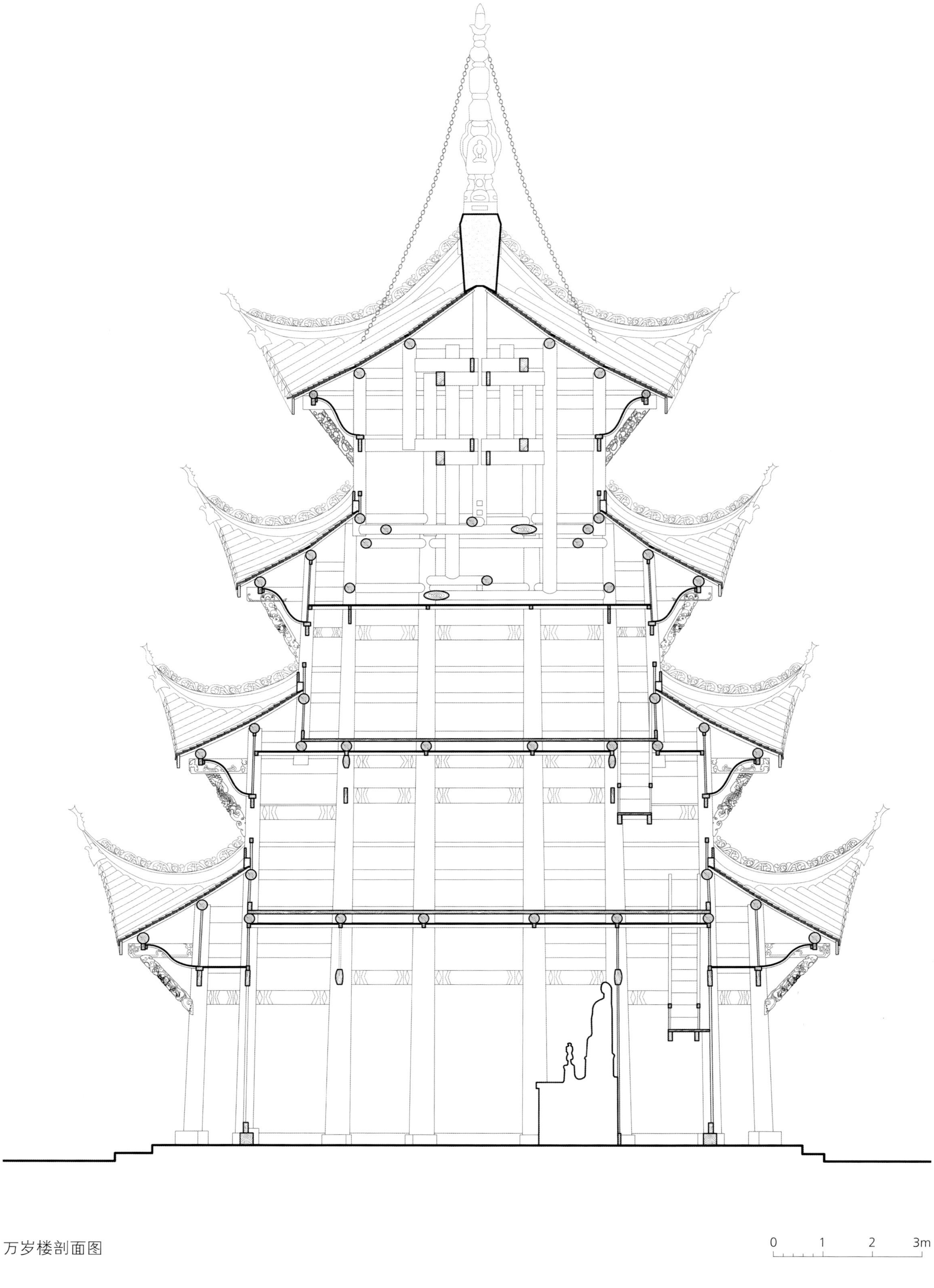

万岁楼剖面图

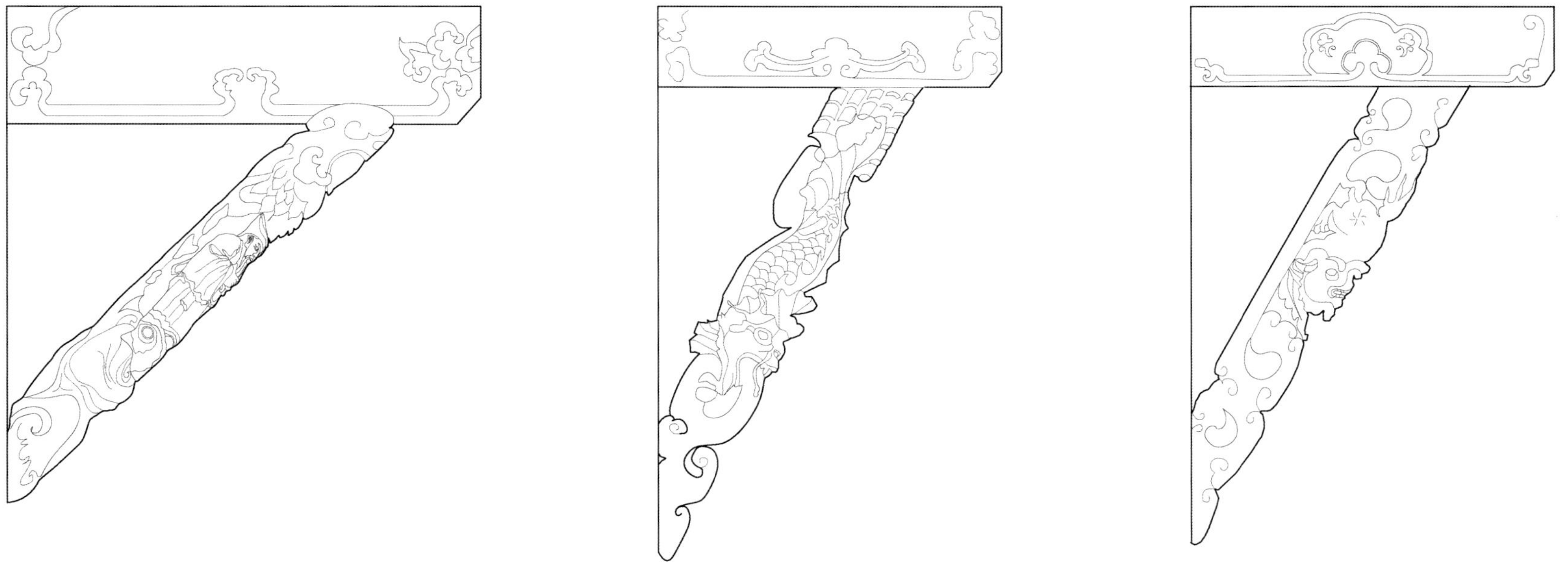

万岁楼撑拱饰样图

万岁楼花牙子与梁枋彩画饰样图

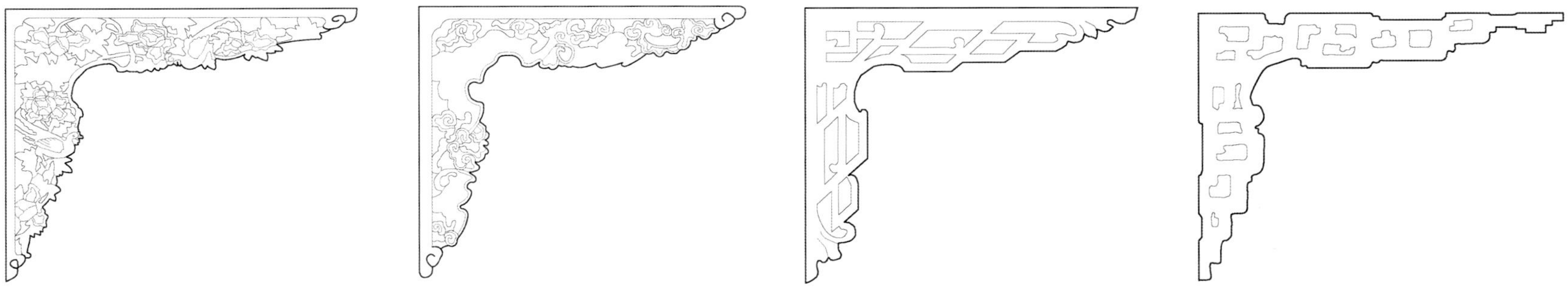

花牙子饰样图

（六）灵官殿

灵官殿建于清代，平面呈长方形，面阔 3 间，计 9.28 米，进深 5.30 米，明间为单层檐歇山式，两端次间为悬山式坡屋顶。其正下方的崖壁凿有释迦牟尼涅槃图。

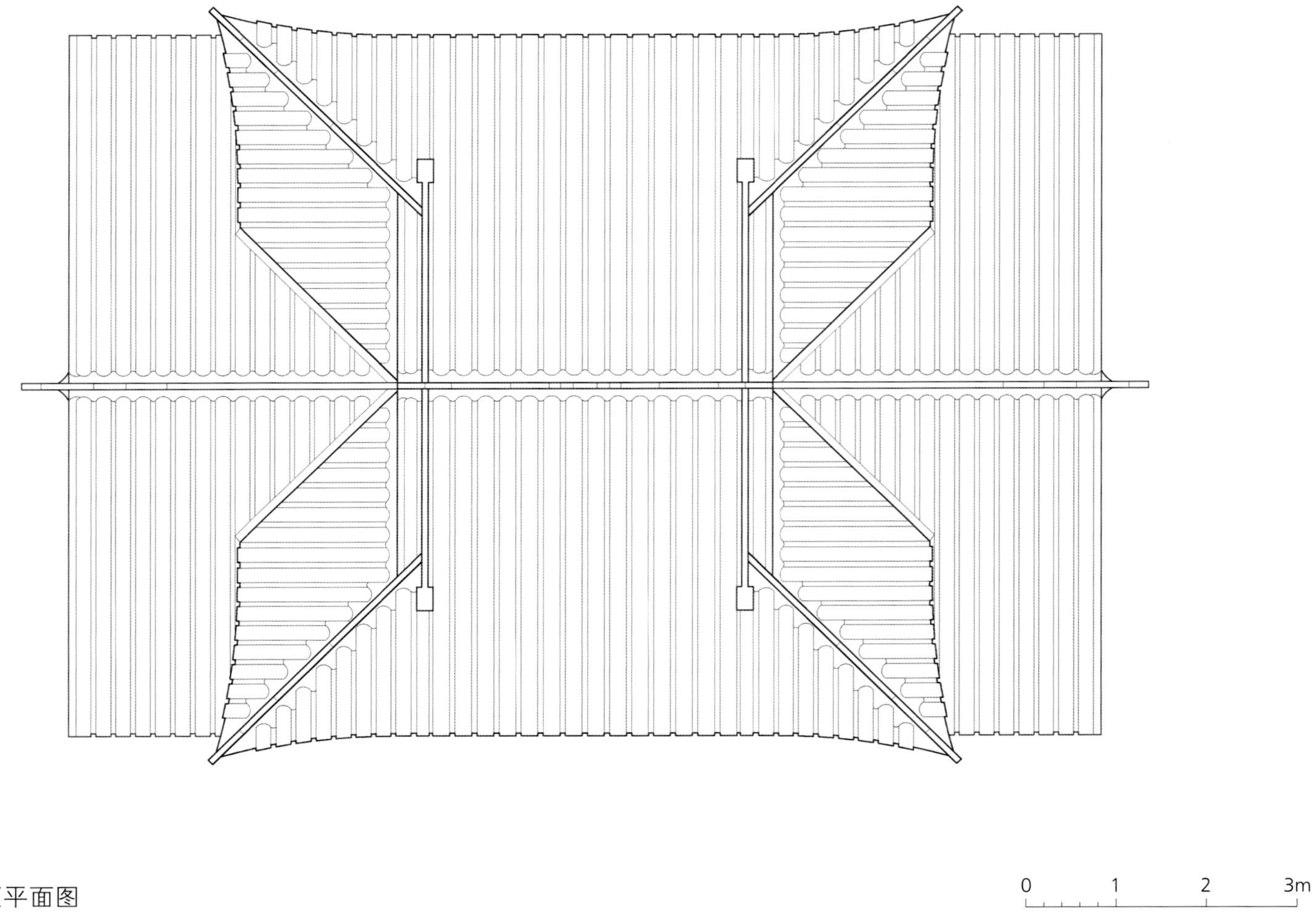

灵官殿屋顶平面图

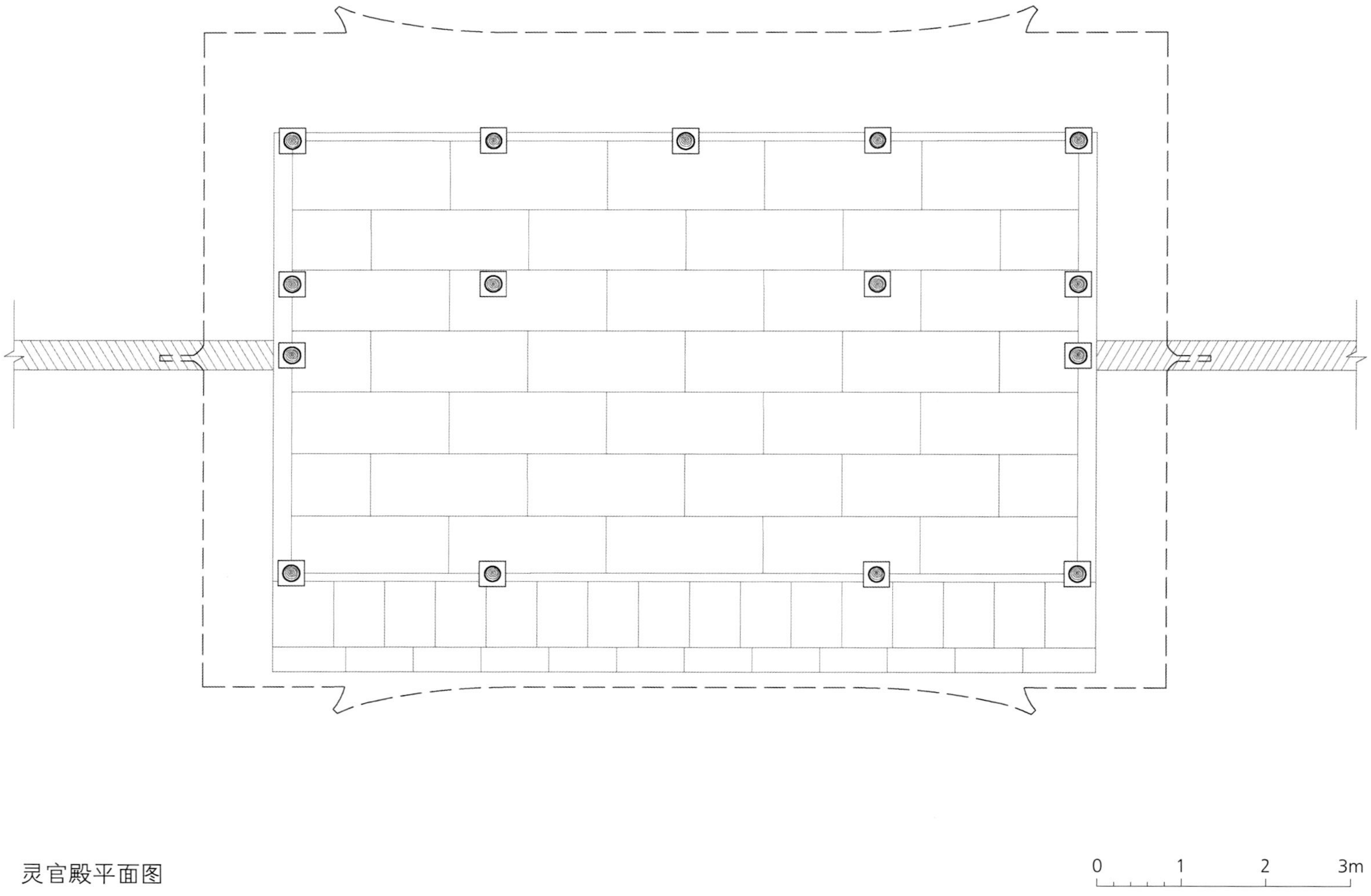

灵官殿平面图

灵官殿正立面图

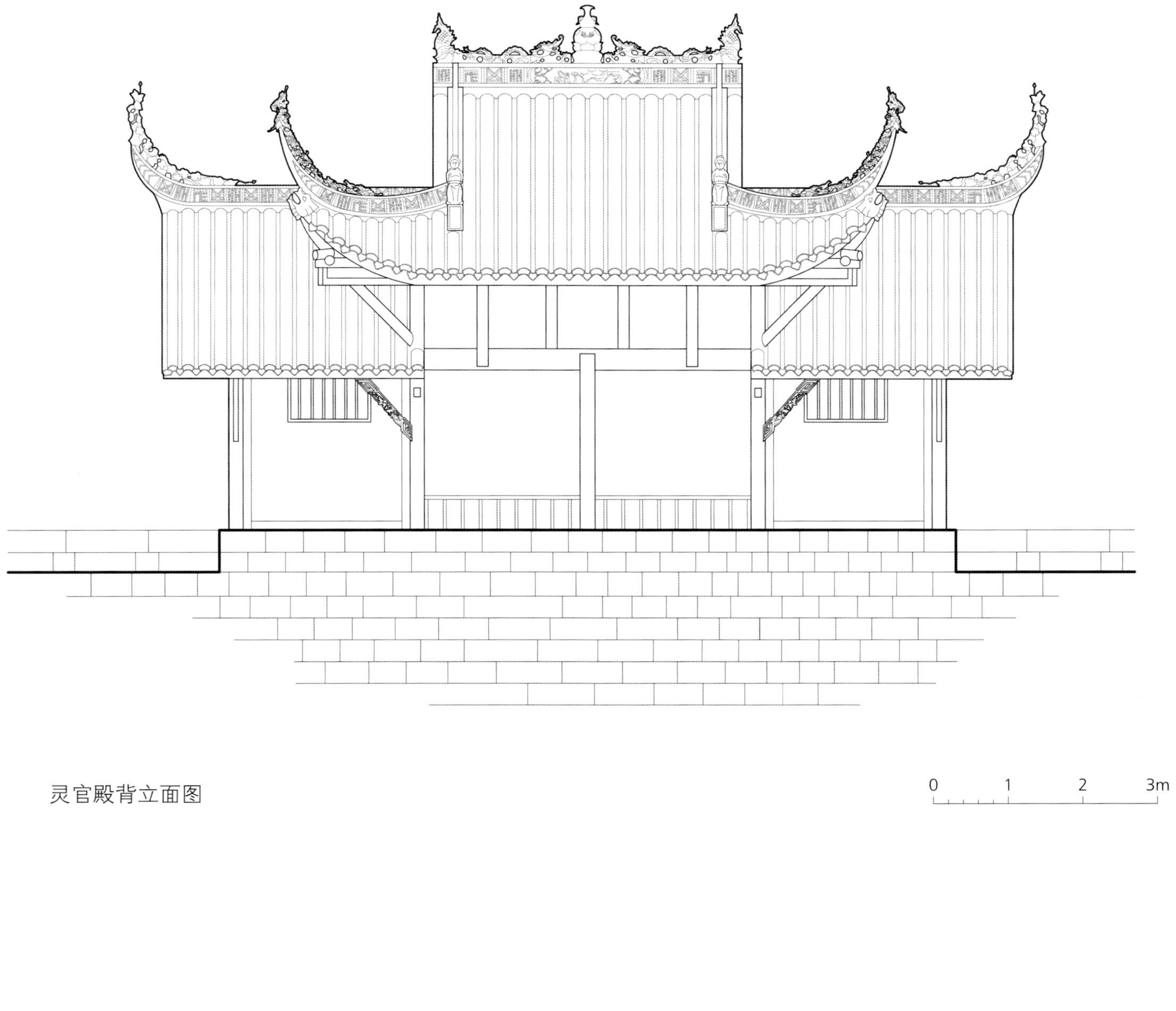

灵官殿背立面图

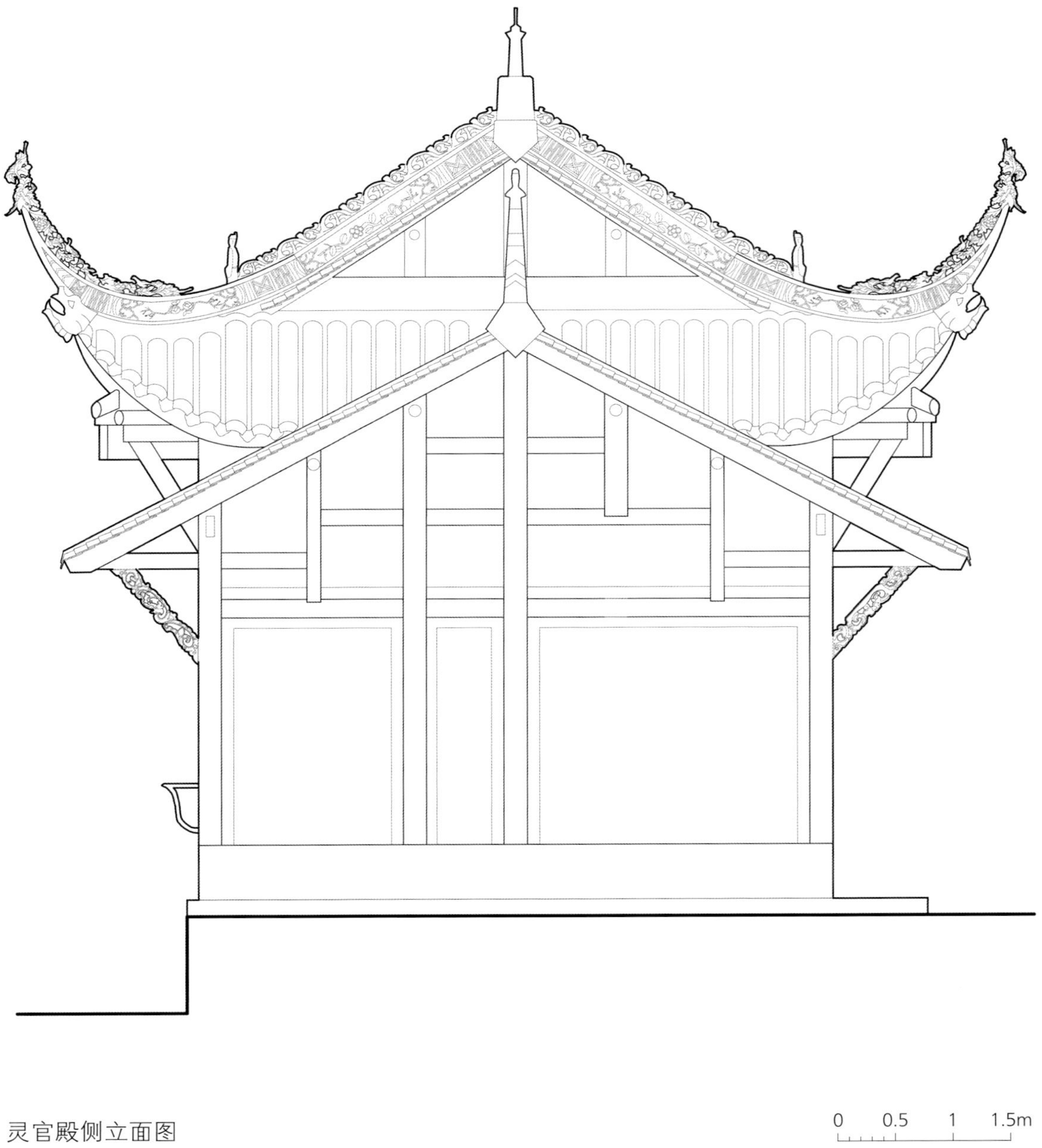

灵官殿侧立面图

灵官殿正脊饰样图

灵官殿撑拱饰样图

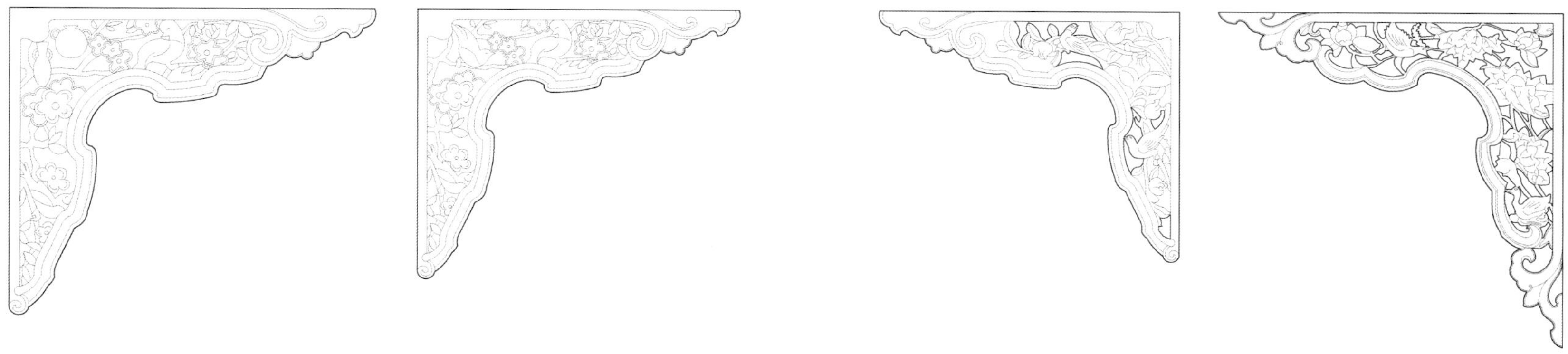

灵官殿花牙子饰样图

（七）大悲阁、千手观音

现存大悲阁为清代重建，为重檐歇山靠崖式建筑，面阔 7 间，计 19.95 米，进深 11.52 米。

其室内石壁上凿有千手观音像，龛高约 720 厘米、宽约 1250 厘米，刻像 72 尊。千手观音像高约 300 厘米，坐于仰莲上，头顶 48 佛宝冠，镂刻近千只手、眼，占岩面积约 88 平方米。

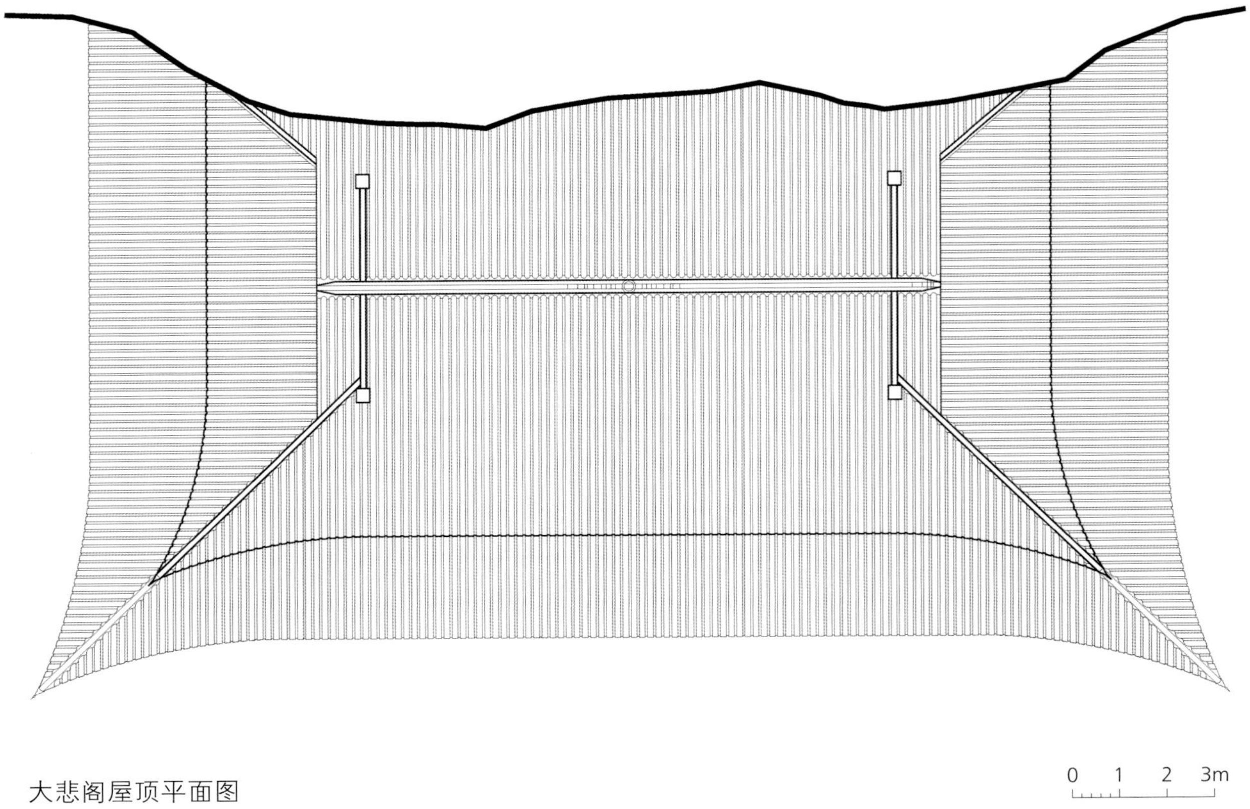

大悲阁屋顶平面图

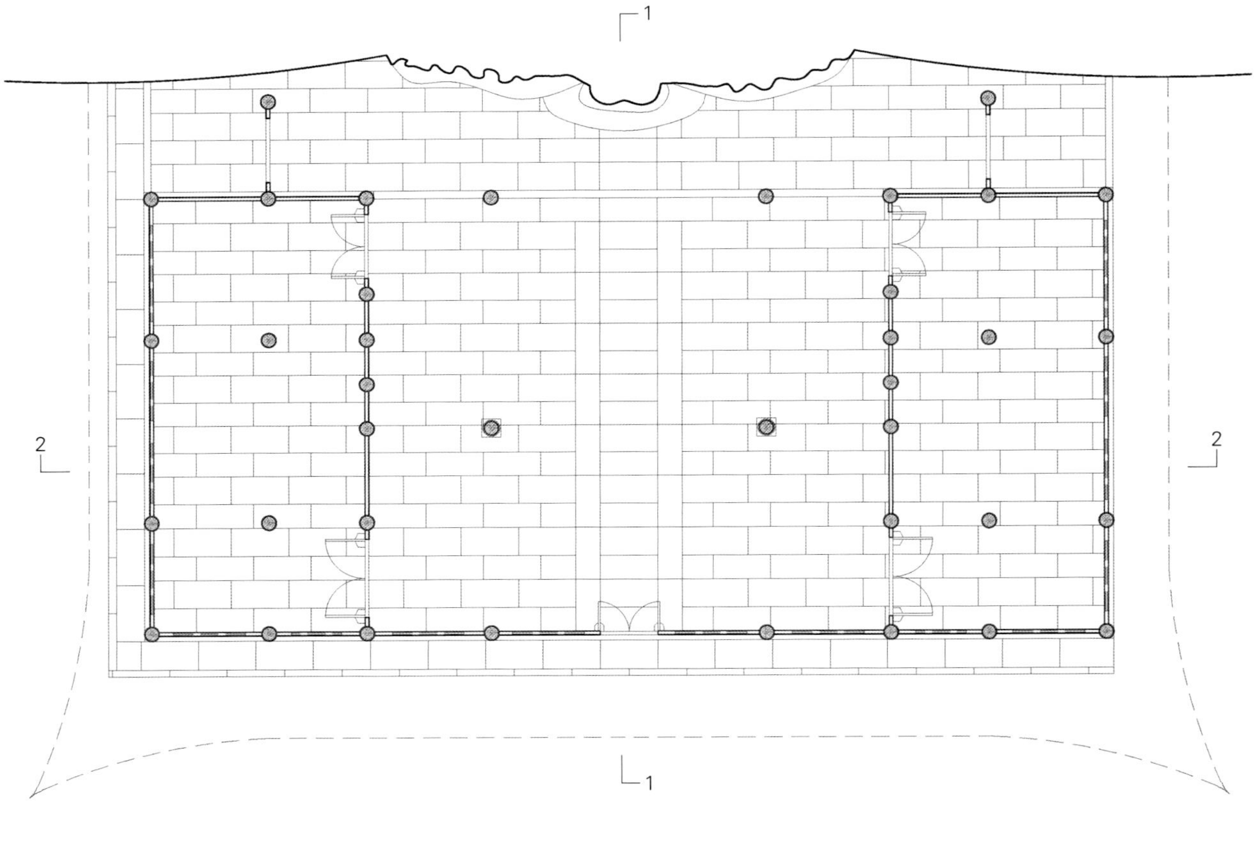

大悲阁平面图

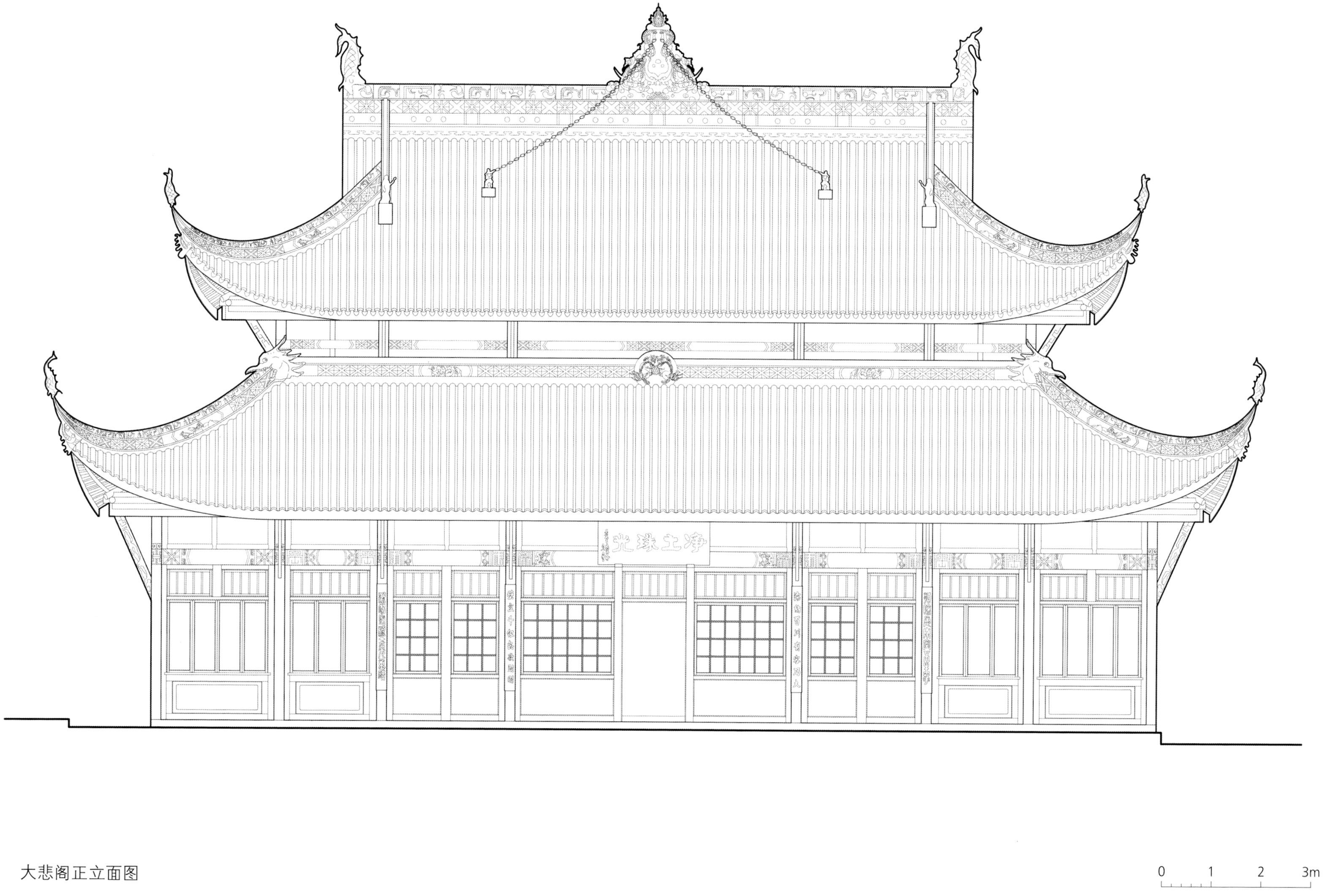

大悲阁正立面图

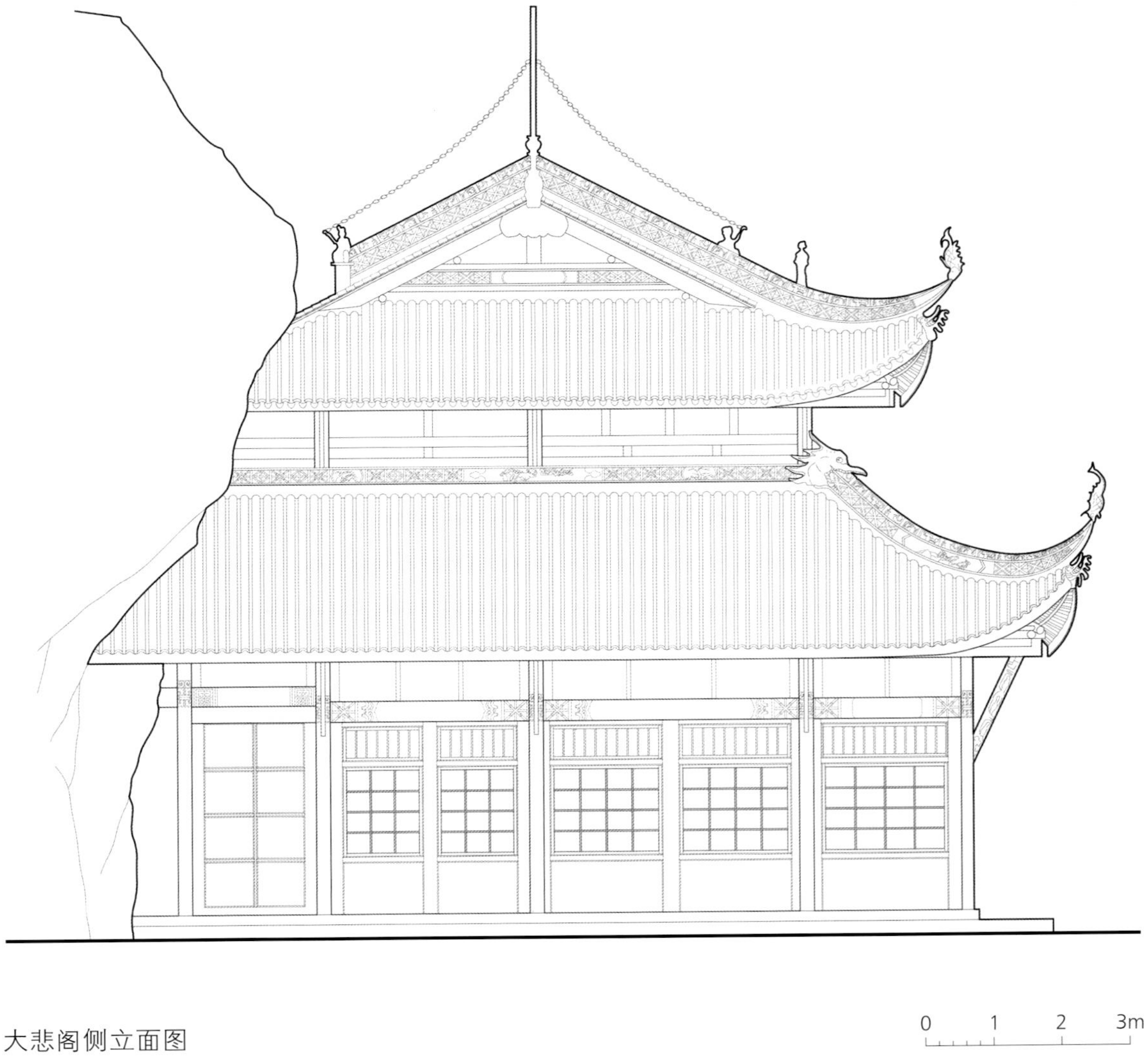

大悲阁侧立面图

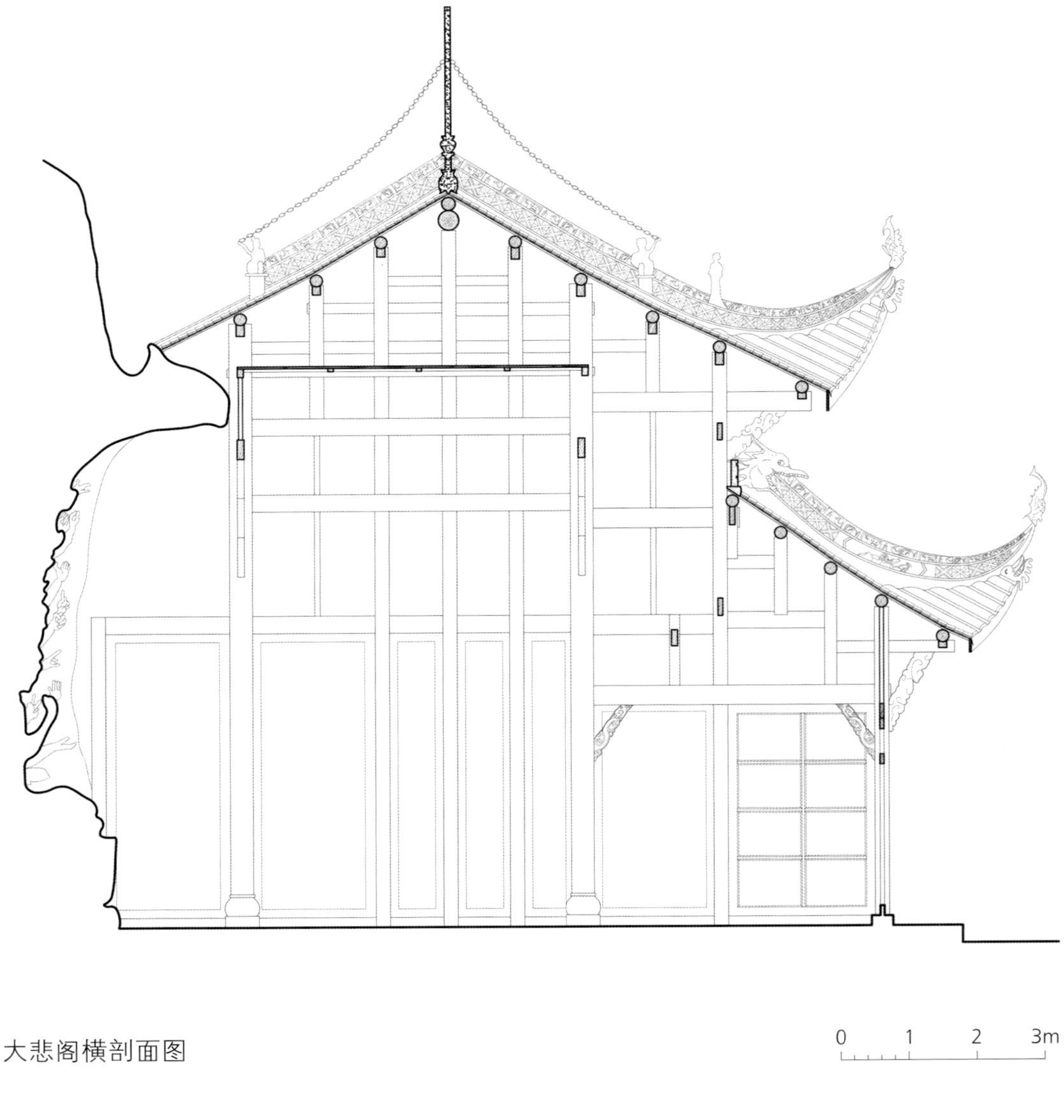

大悲阁横剖面图

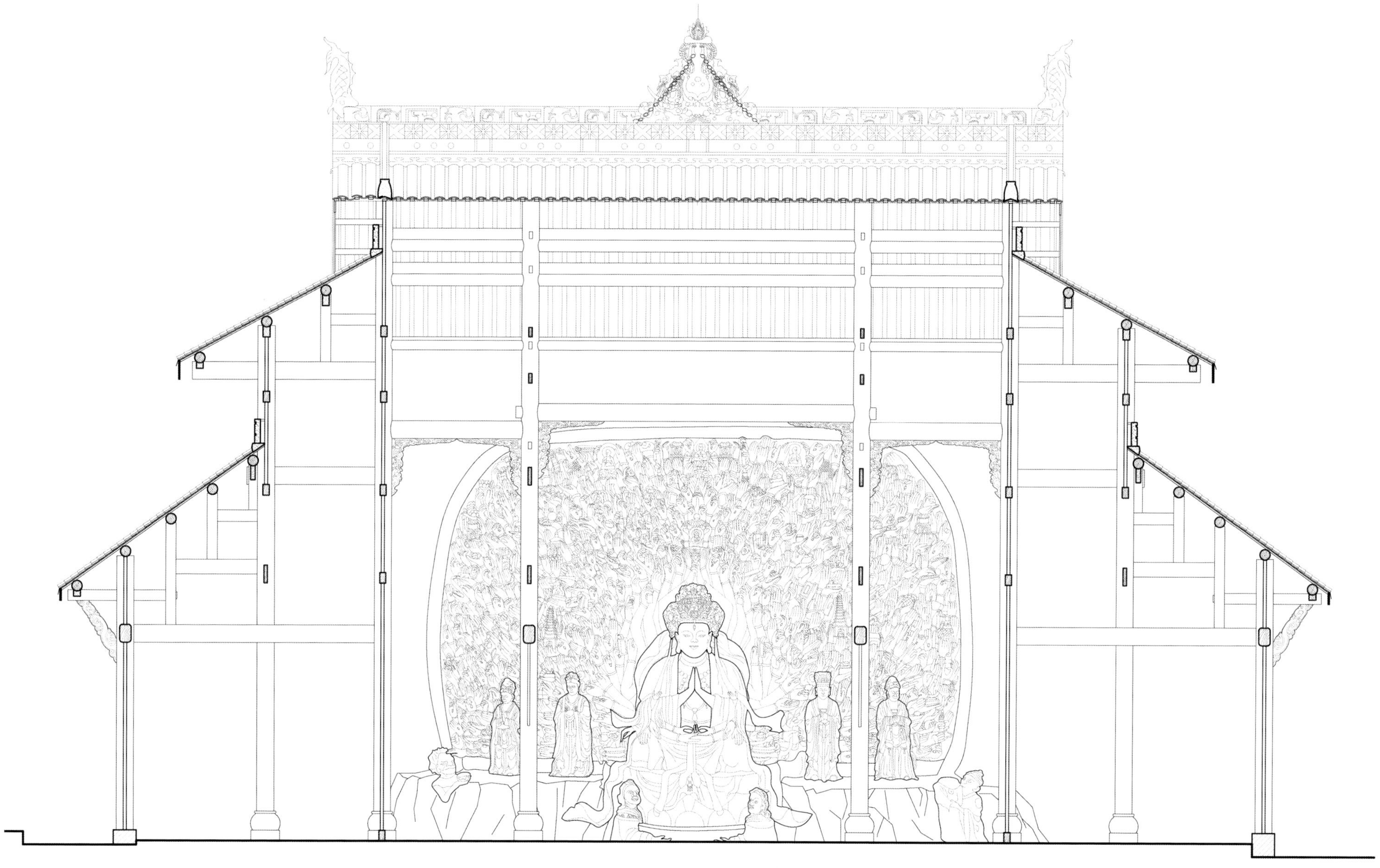

大悲阁纵剖面图

大悲阁围脊饰样图

大悲阁脊饰饰样图

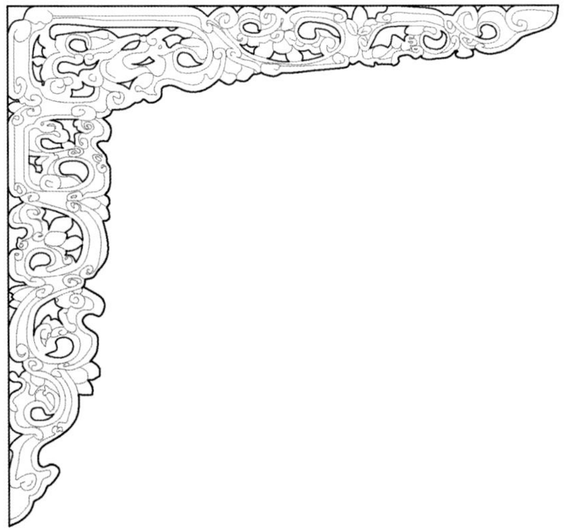

大悲阁花牙子饰样图

大悲阁撑拱饰样图

大悲阁千手观音

（八）大佛湾其他主要造像

猛虎下山龛第 1 号（南宋）

龛高 125 厘米、宽 420 厘米、深 67 厘米。龛内刻一虎，虎身长 300 厘米、背宽 50 厘米、高 100 厘米、尾长 80 厘米、腿长 107 厘米、直径 22 厘米。

护法神龛第 2 号（南宋）

龛高 430 厘米、宽 1280 厘米、深 120 厘米。龛内分上、下两层，共刻神像 35 尊、四只老鹰和两条毒蛇。上层造像占岩面高 245 厘米，正壁刻九大护法神主像，其头肩上方刻护法神的化身像，主像两边刻六通神；下层造像占岩面高 155 厘米，刻七尊护法神像和一条蛇。

六道轮回图龛第 3 号（南宋）

平顶高方龛，高 780 厘米、宽 480 厘米、深 360 厘米，刻人像 90 尊，动物 24 尊。图中无常大鬼长舒两臂抱“六道轮回图”，像高 520 厘米、轮回图直径 270 厘米。这是中国石窟群中仅有的一处石刻六道轮回图。

广大宝楼阁龛第 4 号（南宋）

平顶龛，高 780 厘米、宽 370 厘米，深 170 厘米，位于大佛湾南岩中部。下部凿朝廷大员杜孝书“宝顶山”为台座，台上并列三行者全跏趺坐像，三像顶光上各一佛；三佛身后各饰一笼金竹，竹顶上各刻一座重檐楼阁，楼门内均设坐佛像，正中楼额题名“广大宝楼阁”。

华严三圣像龛第 5 号（南宋）

龛高 805 厘米、宽 1545 厘米、深 380 厘米，刻像 119 尊。龛中并立大日如来、协侍文殊、普贤菩萨，合称华严三圣像，高 700 厘米；龛壁刻 81 个小圆龛，内坐佛像；龛内下部刻一龛台长 1545 厘米、宽 205 厘米、高 110 厘米。

舍利宝塔第 6 号（南宋）

摩崖，呈四方形，通高 800 厘米。塔正面向北，现东、北、西三面，南面与岩壁相接，隐没不现；现五级塔身，四层塔檐，最上一层塔身与最下一层塔身现出半截，最上一层塔身与顶岩石壁相接，最下一层与地面相接。

毗卢庵第 7 号（南宋）

该龛造像由毗卢庵和妙智宝塔两部分构成。龛左边为毗卢庵亭建筑。亭由亭身和亭顶、亭刹构成，通高 160 厘米，亭身高 80 厘米，下部隐没在祥云中不现。在毗卢庵碑的“庵”字左上方，饰刻两朵祥云，祥云之上刻二像，皆现半身。妙智宝塔刻于棺犟之上方，共刻四层塔身，每层塔身上刻一重飞檐，通高 183 厘米。妙智宝塔前下刻一香炉，香炉刻两只脚支撑，炉上刻两只护耳，耳高 12 厘米，香炉高 24 厘米、宽 27 厘米、厚 11 厘米。

化城品图龛第 9 号（佛传故事）（南宋）

该龛风化剥落非常严重，渗水不断，潮湿不堪，占岩面高 716 厘米、宽 350 厘米。从上至下刻“化城”“正觉院”“净土宫”宫殿式建筑。“院”内设赵本尊，“宫”内设有大日如来像，城廓、院、宫门外或行或立世俗行者像数十身，图为不设像的“舍利宝塔”化城，寓意众生修行到达成佛宝所。

释迦牟尼涅槃图龛第 11 号（南宋）

龛呈平顶，高 672 厘米、宽 3160 厘米、深 446 厘米，刻像 37 尊。释迦佛右侧横卧东岩，长达 31 米，仅现大半个身躯。这是古代匠师采取意到笔伏之手法，以示佛大不可度量，为中国石窟艺术群中所罕见。另刻有四天王及菩萨帝释诸天像等。

太子降生图龛第 12 号附 1 号（南宋）

龛高 224 厘米、宽 212 厘米、深 89 厘米。龛内刻三像，从左至右分别为波阇波提夫人立像、摩耶夫人立像、释迦牟尼像。

九龙浴太子图第 12 号（南宋）

龛高 620 厘米、宽 450 厘米，刻像 3 尊及九龙头。左右为力士像，面身相向，现半身，头戴盔，盔饰护耳，盔带兜住下巴，身着铠甲，肩饰坎肩，头后饰祥云。龛前存半圆形水池，外径 420 厘米、内径 360 厘米、深 120 厘米。

大佛母孔雀明王经变相龛第 13 号（南宋）

龛高 628 厘米、宽 930 厘米、深 246 厘米。窟正中刻孔雀明王坐于孔雀背负之莲台上，其左、右壁刻帝释天战阿修罗的场面，左侧壁上部刻莎底比丘破薪图。

父母恩重经变相龛第 15 号（南宋）

龛高 690 厘米、宽 1450 厘米、深 182 厘米，刻像 44 尊。龛内上层刻七佛，中层刻投佛祈求嗣息和十恩图，下层刻七则经文和阿鼻地狱图。

“雷音图”龛第 16 号（南宋）

龛呈平顶，高 700 厘米、宽 680 厘米。龛内上部刻六尊天神像；龛下壁上部，摩崖通龛刻石面高 65 厘米、宽 550 厘米，从左至右横刻“雷音一震驚天地萬物生芽别是春”14 字，字径 31 厘米；中层图右俯卧一人像，其身四周及岩壁上刻有烈焰。

大方便佛报恩经变相龛第 17 号（南宋）

龛高 730 厘米、宽 1560 厘米、深 182 厘米，刻像 68 尊。其顶上刻忉利天宫，左右刻五趣众生，身下前刻《三圣（造三个王字）御制佛牙赞》碑；其左、右壁上部刻榜题，榜题下刻三层造像。

西方净土经变相龛（观无量寿佛经变相）第 18 号（南宋）

平顶，龛高 815 厘米、直线宽 2020 厘米、曲线宽 2160 厘米、深 300 厘米，刻像 169 尊。上部刻“西方极乐净土”盛况；正中为西方三圣像，高 345 厘米；下部及其左右刻“三品九生”、莲花化身童子和“十六观”图像等。堪称中国石窟艺术同类题材造像之最。

锁六耗图龛第 19 号（南宋）

摩崖，位于大佛湾北崖西部。坐北面南，左（东）连“观经变”，右接“地狱变”，摆布在“天堂”与“地狱”之间。图面分上、下层，龛高790厘米。上层上宽下窄梯形状，高480厘米、上宽360厘米、下宽233厘米；下层高310厘米、宽190厘米。全龛造像14尊，动物8身。

地狱变相龛第20号（南宋）

龛高1260厘米、宽1995厘米、深286厘米，刻像133尊。全龛造像分上、下部：上部正中刻地藏菩萨坐像，高273厘米，地藏像顶上并列坐十佛，左右并列坐“十王”和现报司、速报司官像；下部分上下层刻刀山、截膝等十八层地狱。

柳本尊行化图龛第21号（南宋）

位于崖壁上部，龛高1257厘米、宽2540厘米、深750厘米，刻像67尊。龛上部正中所坐全身巨像（高520厘米）即柳本尊像。本尊像左右及上下刻柳本尊行化过程中“十炼”事迹图及其侍从像等。崖壁下部为尚未完工的十大明王像。

十大明王龛第22号（南宋）

该龛与柳本尊行化图同龛，位于柳本遵行化图下部，占岩面宽2350厘米。龛中十大明王皆现半身，下半身隐没不现。

三清龛及赵公明夫妇龛第23号（道教）（南宋）

龛呈平顶长方形，高185厘米、宽311厘米、深40厘米。龛内刻玉清、上清、太清三清造像，玉清居中、上清居左、太清居右。赵公明夫妇龛刻于三清龛之右，龛呈平顶长方形，坐北向南，高185厘米、宽189厘米、深47厘米。龛内刻赵公明夫妇，赵公明居左，其妻居右，并排而坐。

道祖、山君龛第24号（道教）（清）

龛高166厘米、宽252厘米、深40厘米。龛内刻道祖和山君坐像，道祖居左、山君居右。

地母、玉皇龛第25号（道教）（民初）

龛高163厘米、宽244厘米、深34厘米。龛内正壁，玉皇居左，地母居右。

鲁班仓第26号（清）

为清代所建，位于大佛湾南崖西段，全壁高600厘米、宽500厘米。该龛因其右壁有一洞口，远看俨然如粮仓，传说为鲁班所建，故名“鲁班仓”；又因其北壁和西壁上刻有题记，故又名“碑塔”。

柳本尊正觉像龛第27号（南宋）

平顶，高388厘米、宽361厘米、深84厘米，位于南崖西端。龛内刻大日如来半身像，高430厘米，头戴五智宝冠，顶上坐柳本尊居士像，身穿通肩袈裟，手结缚定印。该造像与柳本尊行化图呼应，其周围有碑碣。

石狮像龛第28号（南宋）

位于圆觉洞口，石狮像头南尾北，身长575厘米、高190厘米、背宽125厘米。狮头微上仰，张口怒目，颈下系铃结，似欲前跃，雕刻简洁细腻，身体具有一种动势。狮子在佛教中是一种圣物，这里似乎在隐喻佛法如狮吼。

栗呫婆子龛第31号（南宋）

位于大佛湾牧牛道场之崖下，全龛造像共五尊，分上、下两层，上层三尊，下层两尊。栗呫婆子及其侍者位于下层，三身佛像位于上层。

打鱼郎第32号（南宋）

位于宝顶山大佛湾入口处西下崖壁上。打鱼郎身高182厘米、肩宽50厘米、胸厚22厘米，斗笠高19厘米、直径46厘米，鱼篓高22厘米、宽38厘米、厚15厘米，鱼篓口径宽21厘米、高6厘米、厚13厘米。

四、小佛湾

（一）总体布局

小佛湾石窟位于宝顶山圣寿寺右侧，亦名圣寿本尊殿，开凿于南宋，其内容丰富、造像众多，是宝顶山石窟的重要组成部分。

小佛湾主要建筑为一座石砌的坛台，建于宋代，平面呈长方形，单层檐歇山式，面阔5间，计16米，进深11.8米，左、右、后方均由石山墙围合。坛台上用条石砌成石壁、石室，其上遍刻佛、菩萨像。（下图为1992年测绘时的情况，近年来修缮后，入口踏步等局部有所变化。）

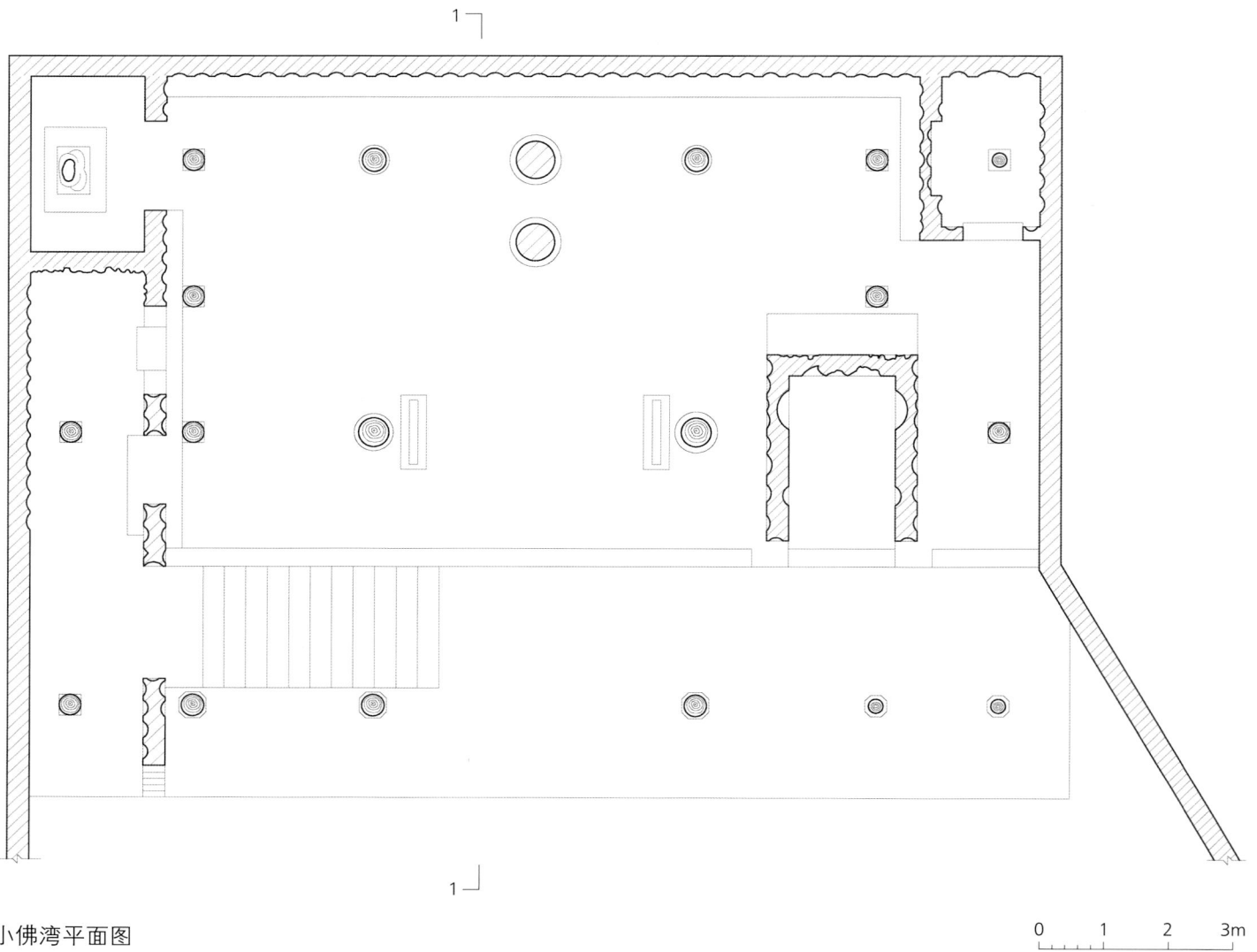

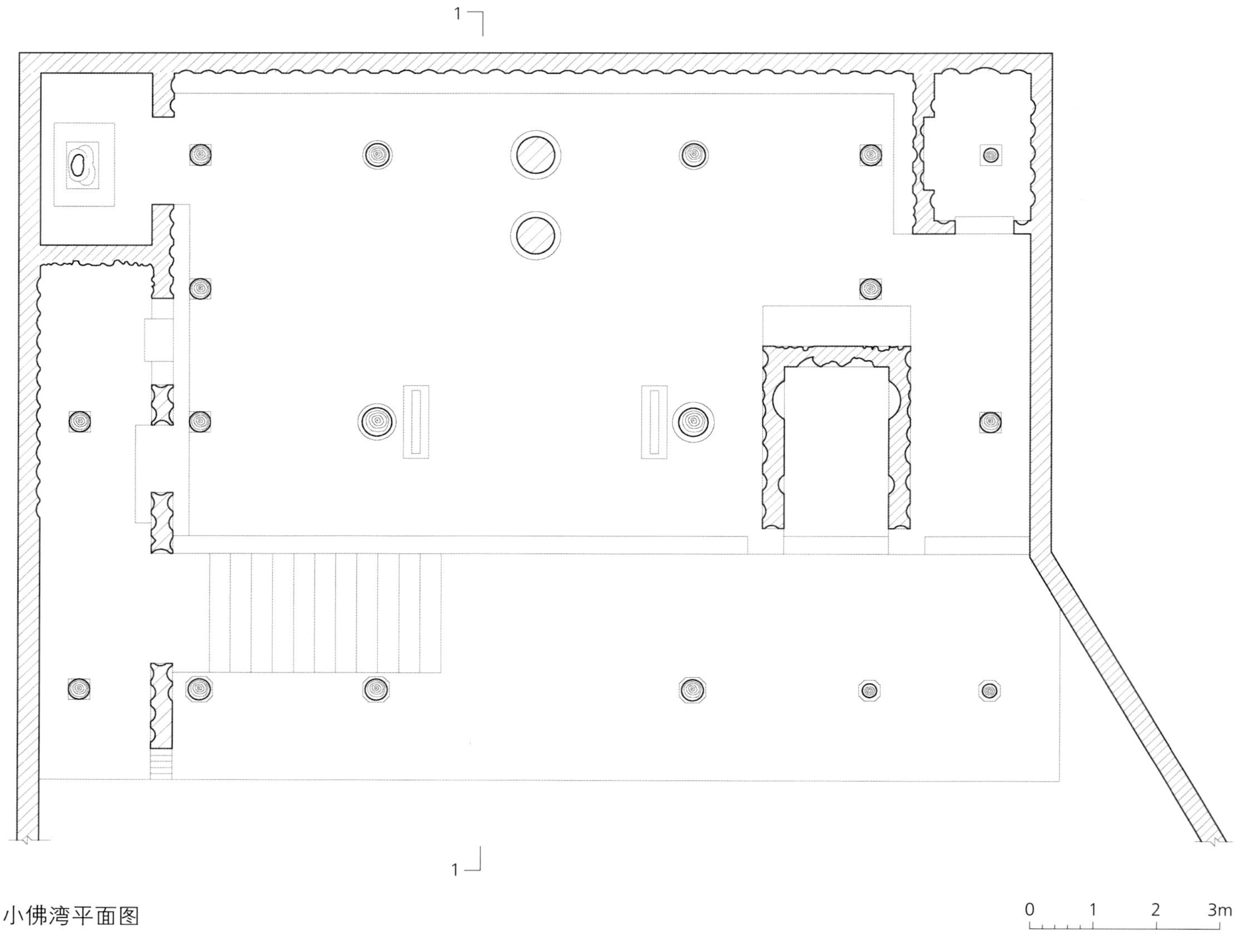

小佛湾平面图

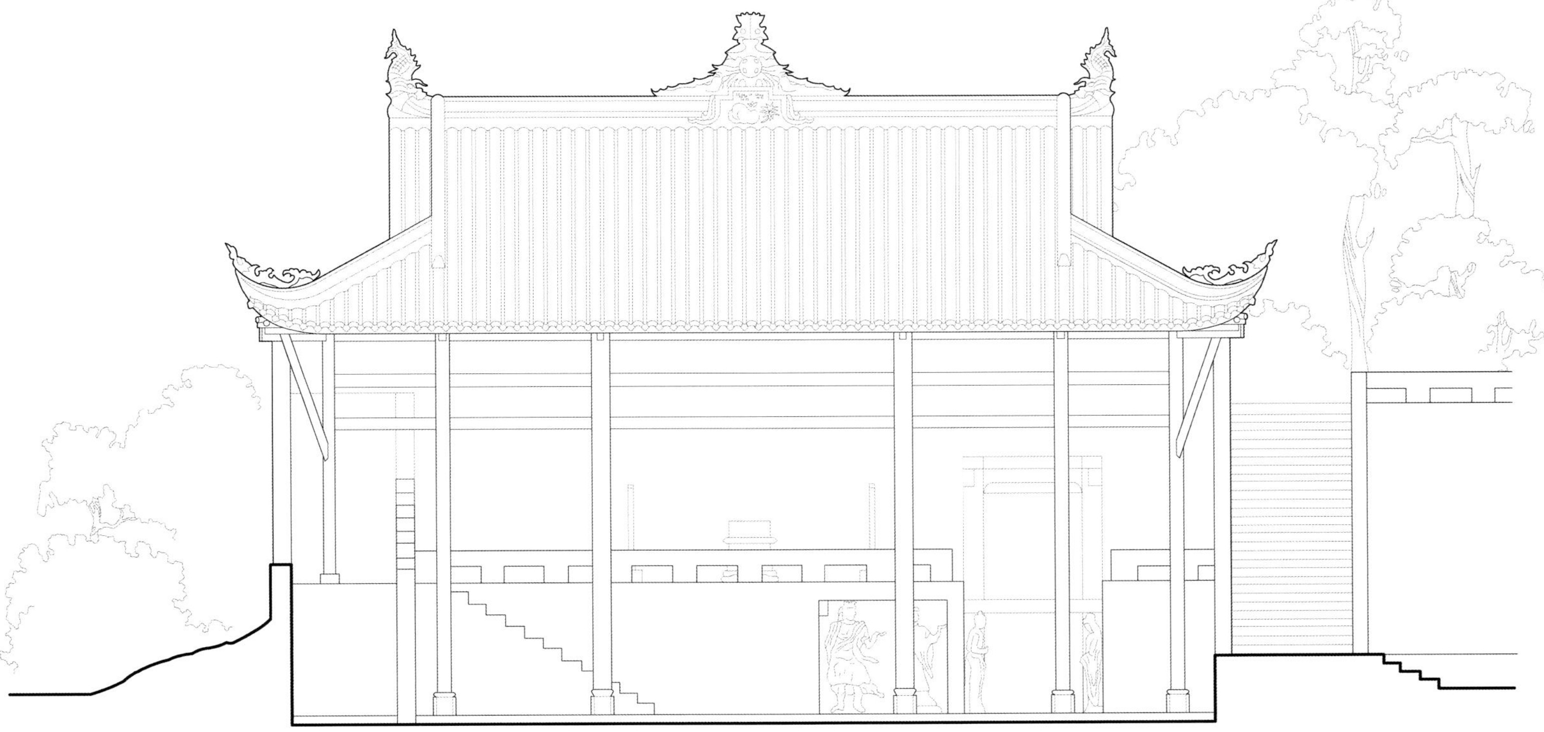

小佛湾立面图

0 1 2 3m

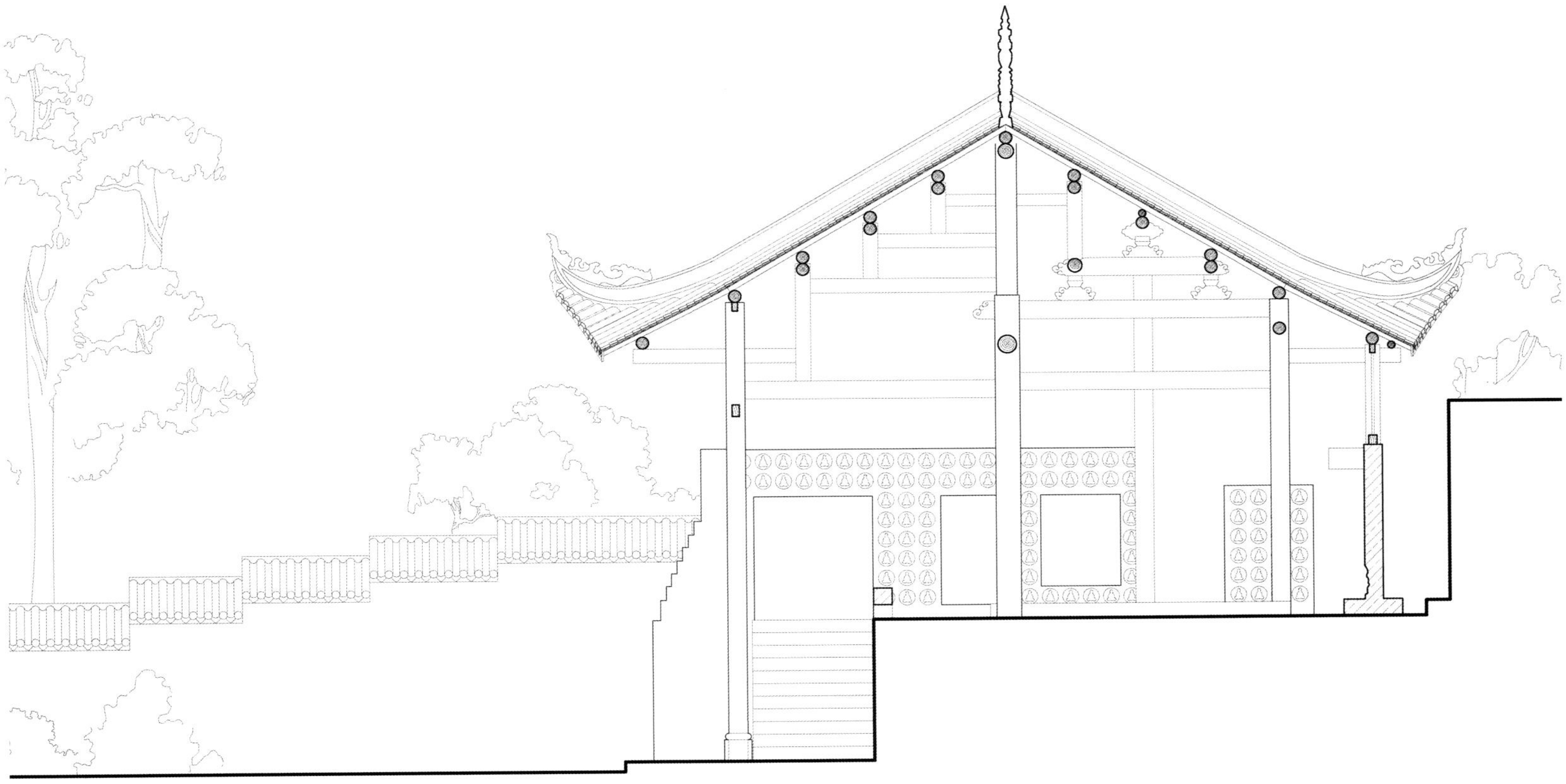

0 1 2 3m

小佛湾剖面图

（二）祖师法身舍利宝塔第 1 号

祖师法身舍利宝塔（又称祖师塔、大藏塔、经目塔）位于宝顶山小佛湾佛教密教内道场北面之前列部位，西北面距大佛湾密教外道场 100 余米，西面距圣寿寺三世佛殿 5.6 米，它是宝顶山密教道场重要的组成部分。

祖师法身塔建于南宋，与宝顶山石窟同时建造，为楼阁式三级石方塔，总高 762 厘米。各级皆由四部分组成，底部为塔座（二、三级为莲座），中部为塔身，上部为飞额，顶部为外檐，顶为塔刹。各级收分比较大，外檐翘角，上覆盖宝珠塔刹，塔身遍刻佛教藏经目录和佛像，乃是佛塔中的瑰宝。

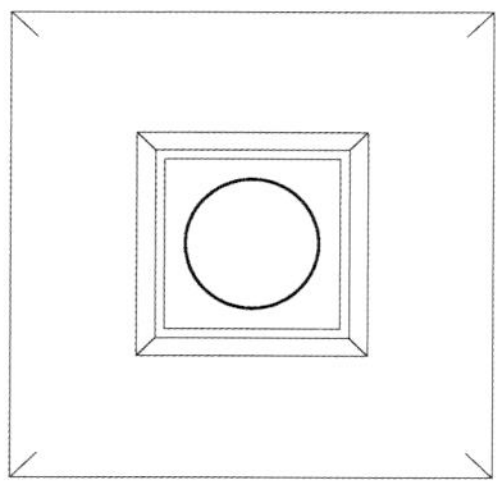

祖师塔顶层平面图

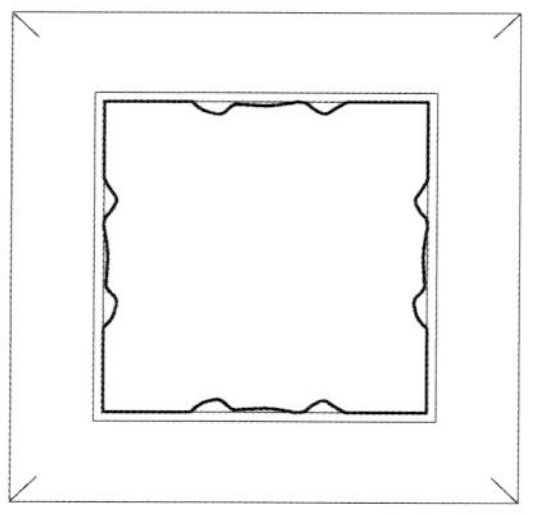

祖师塔三层平面图

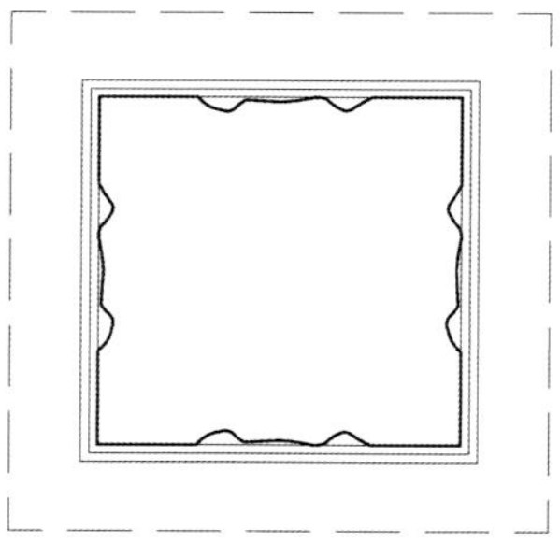

祖师塔一层平面图

祖师塔立面图

祖师塔　0　0.5　1　1.5m　　　0　0.5　1　1.5m

（三）小佛湾主要造像

七佛龛第 2 号（南宋）

高 319 厘米（其中，基石面高 12 厘米、墙身高 280 厘米、飞额即顶额高 27 厘米）、宽 737 厘米。全用条石砌壁造像，共镌 37 身像。正壁凿七佛像；顶部飞额横凿 25 圆龛，每龛一佛；左壁凿 5 圆龛，附经文；右壁刻经偈三则。

报恩经变洞第 3 号（南宋）

窟高 210 厘米、宽 160 厘米、深 270 厘米，顶部为穹隆顶。洞窟左、右壁外侧刻父母恩重经变，内侧刻大方便佛报恩经变相，正壁刻释迦牟尼佛，窟门楷书横刻“古迹石池宝顶山”。今能辨识佛像共计 177 尊。

佛坛龛第 4 号（南宋）

东西宽 1650 厘米、南北进深 790 厘米。佛坛龛分正壁、左右壁及挑梁等部分造像。北面石砌佛坛堡坎，高 231 厘米，形成佛坛台。为僧徒讲经、拜佛的场所。

毗卢庵洞第 5 号（南宋）

高 216 厘米、宽 170 厘米、深 288 厘米，洞窟中部顶高 238 厘米。窟内由横梁、脊梁、门额、左右壁挑梁、顶盖板石构成悬山式屋面，内呈洞窟，外形呈屋形。洞内外六壁及梁架等处，刻佛、菩萨、明王、护法等像 194 身，刻佛语、偈语、颂词等铭文 18 块 413 字。

华严三圣洞第 6 号（南宋）

洞窟正壁高 283.5 厘米、宽 151 厘米，左壁高 343 厘米，洞内宽 272 厘米，右壁高 344 厘米；墙身宽上下不一，上部宽 259 厘米、中部宽 292 厘米、下部宽（洞内）272 厘米。洞内正壁、左右壁、门额门柱皆刻满雕像，共计 66 身。

僧禅窟第 7 号（南宋）

洞窟前后壁及左右壁各高 325 厘米（脊梁条石下）、宽 281 厘米、深 149 厘米，前壁开洞门。洞窟为空石室，为僧徒坐禅修行之所。

金刚神窟第 8 号（南宋）

正壁高 378 厘米、宽 168 厘米，左壁高 124~220 厘米、宽（深）825 厘米，右壁高 310（外）~323（内）厘米、宽（深）795 厘米。洞窟内凿主尊大日如来化金刚护法神、三身佛、七佛、六通神像、五方佛等像，共计 97 身，铭文 5 块 59 字。

五、圣寿寺

（一）建筑群总体布局

圣寿寺是典型的山地寺院建筑，依山建造，殿宇巍峨，雕饰精美。沿中轴线依次布置主要殿堂有山门、天王殿、帝释殿、大雄宝殿、三世佛殿、燃灯殿、维摩殿。禅寺现存寺院为明、清建筑，古建筑群占地面积5000平方米。诸殿与两廊寮房依山建构，分布有致，飞檐翘角，气势宏伟；殿宇中有镂雕彩绘数千幅，形态各异，栩栩如生，典雅清丽。寺内园林曲径通幽，古木参天，四时峥嵘。圣寿寺在明、清时香火鼎盛，如今更是游人如织，每至二月香会，人如潮涌，香如巨薪，史有“上朝峨眉，下朝宝顶”之盛誉。

圣寿寺现状鸟瞰图

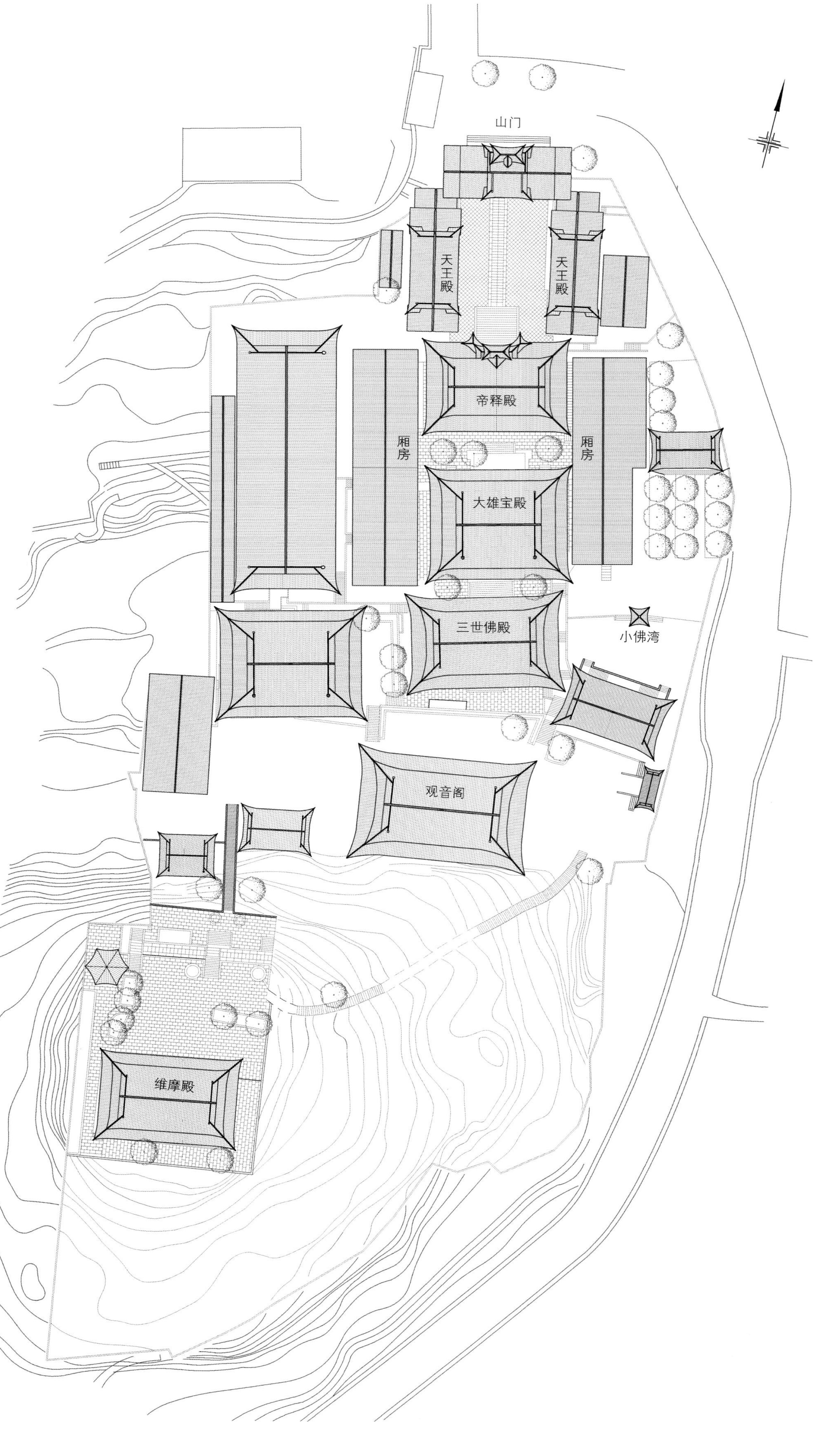

圣寿寺建筑群总平面图

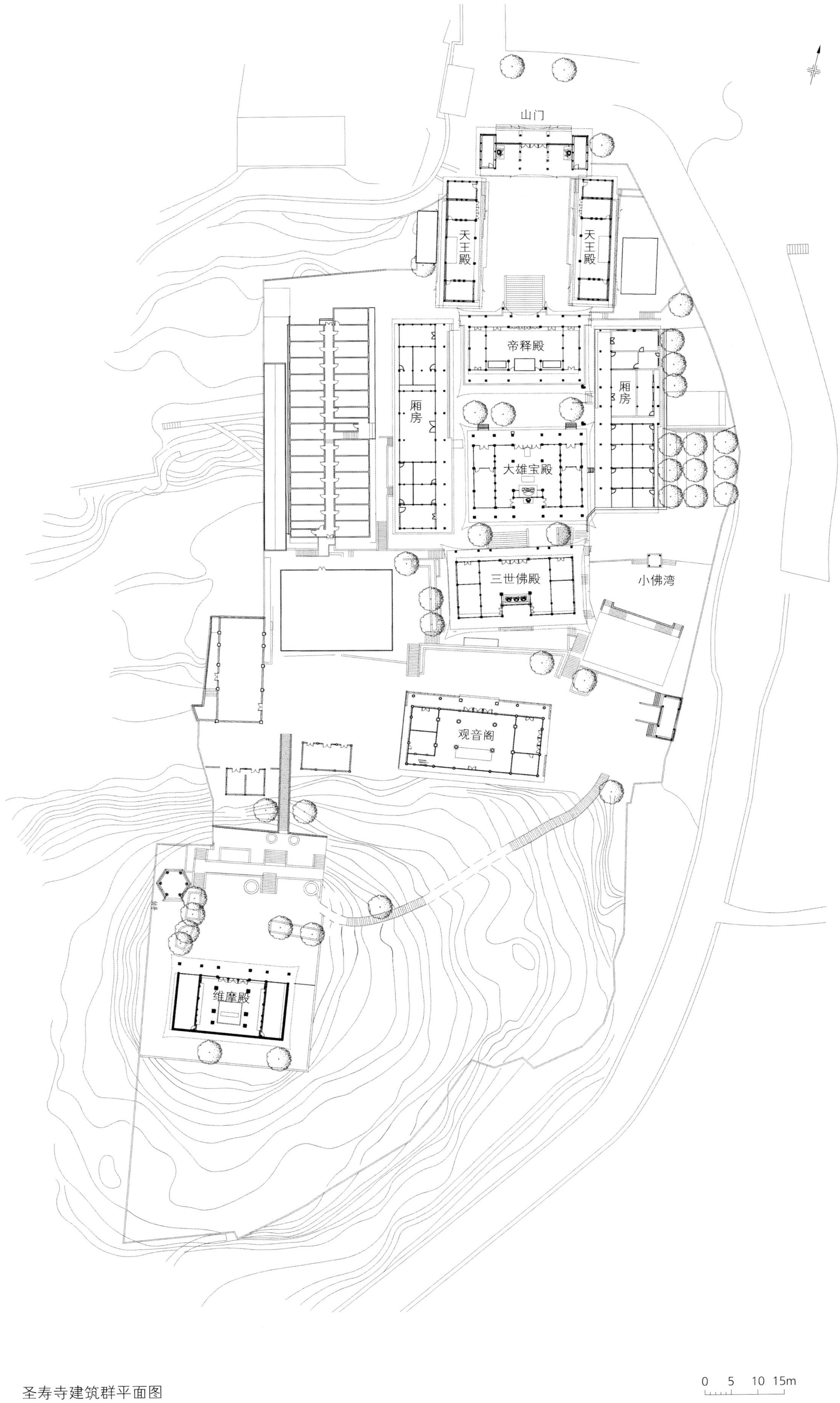

圣寿寺建筑群平面图

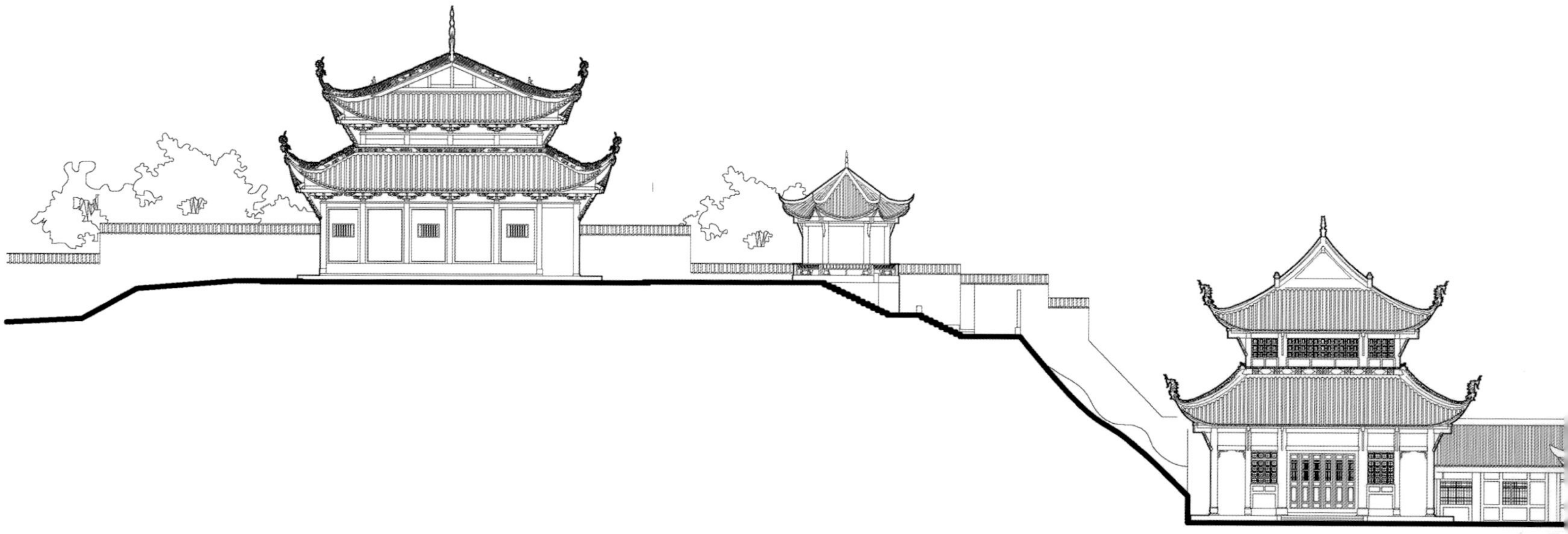

圣寿寺建筑群展开侧立面图

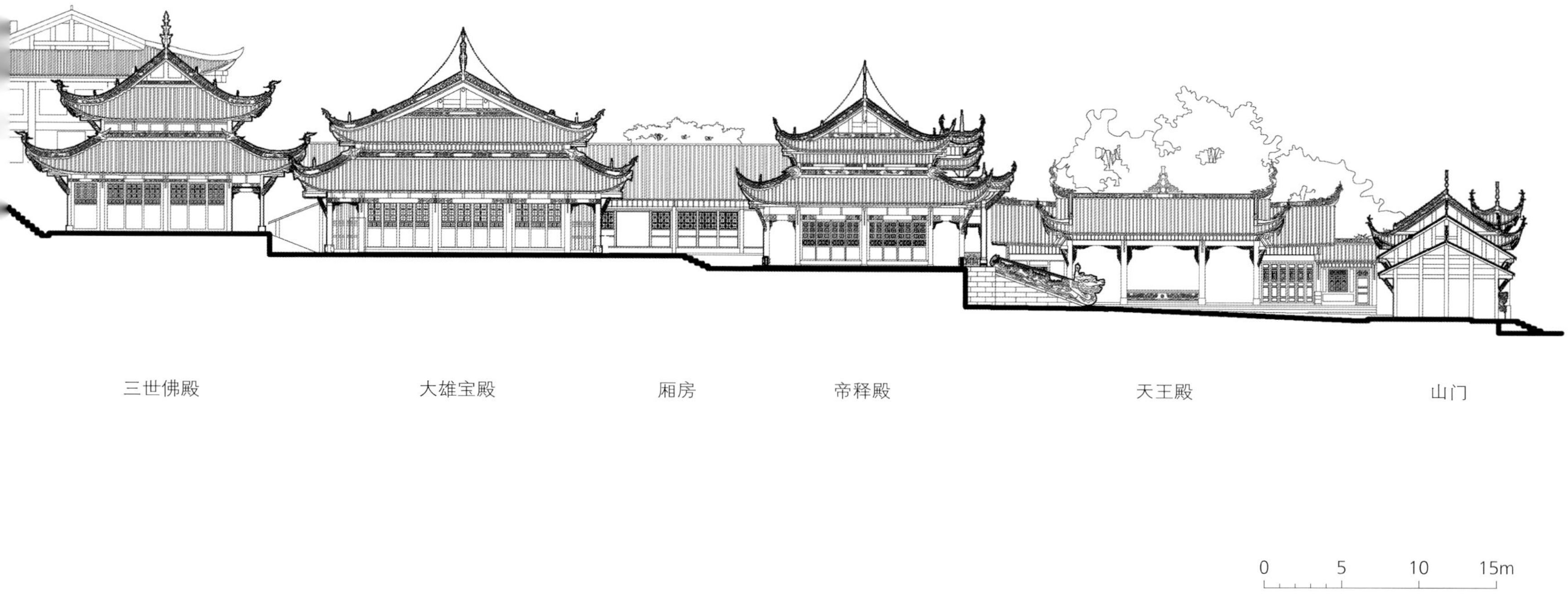
三世佛殿
大雄宝殿
厢房
帝释殿
天王殿
山门
0 5 10 15m

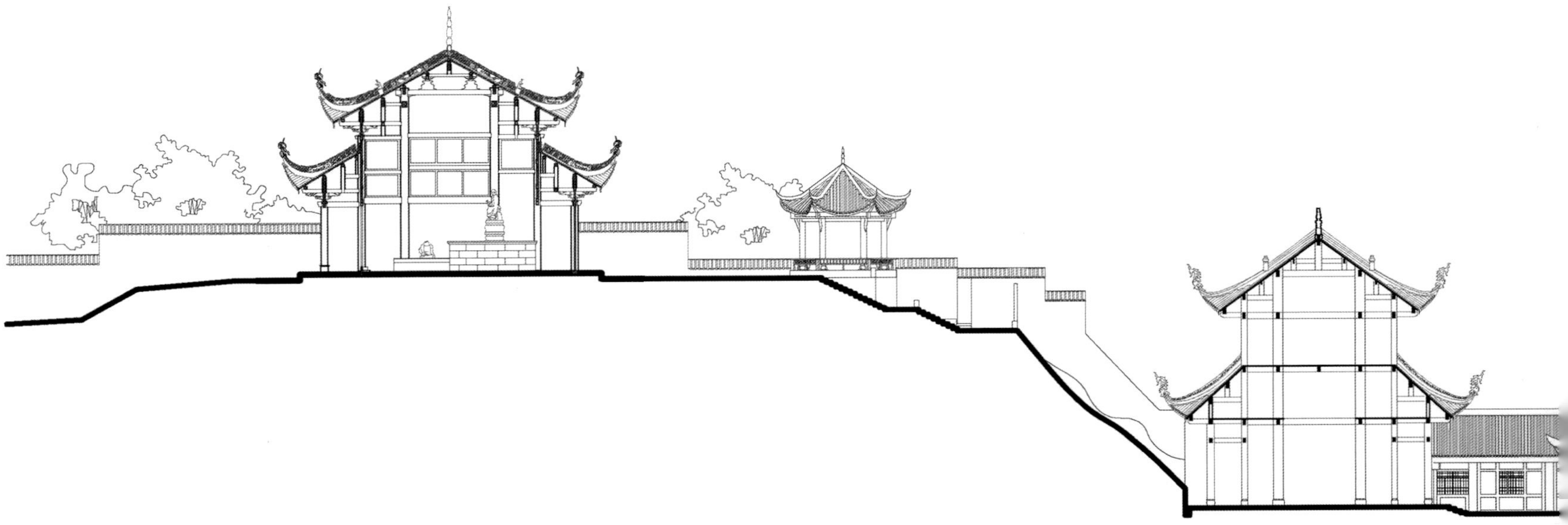

圣寿寺建筑群纵剖面图

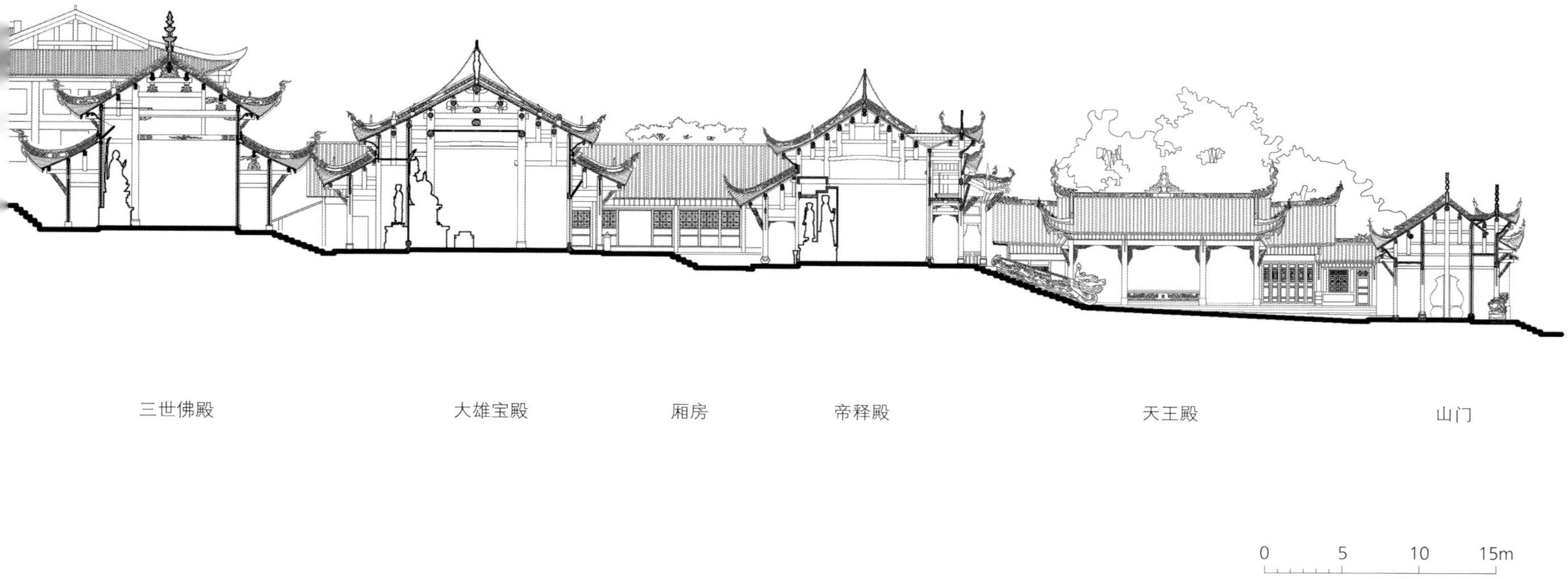
三世佛殿
大雄宝殿
厢房
帝释殿
天王殿
山门
0
5
10
15m

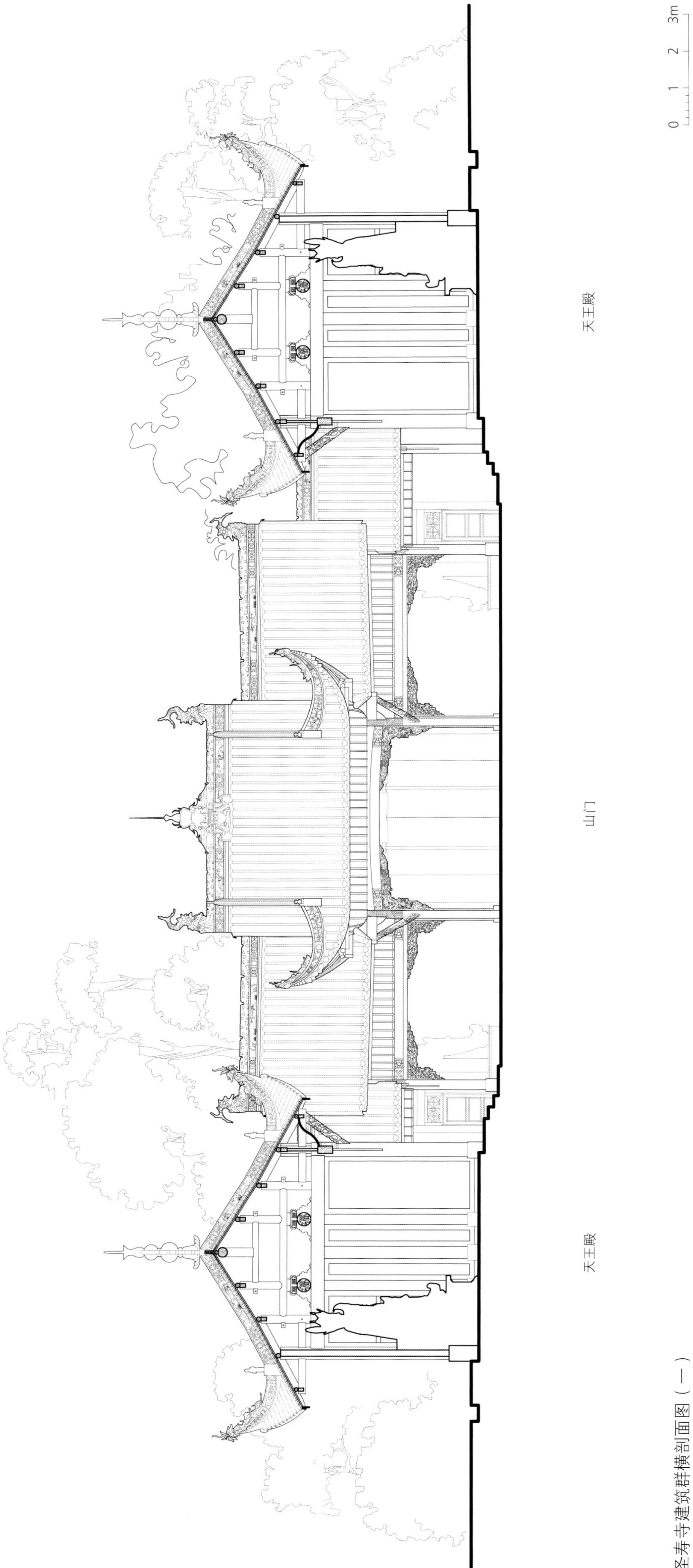

圣寿寺建筑群横剖面图（一）

0 1 2 3m

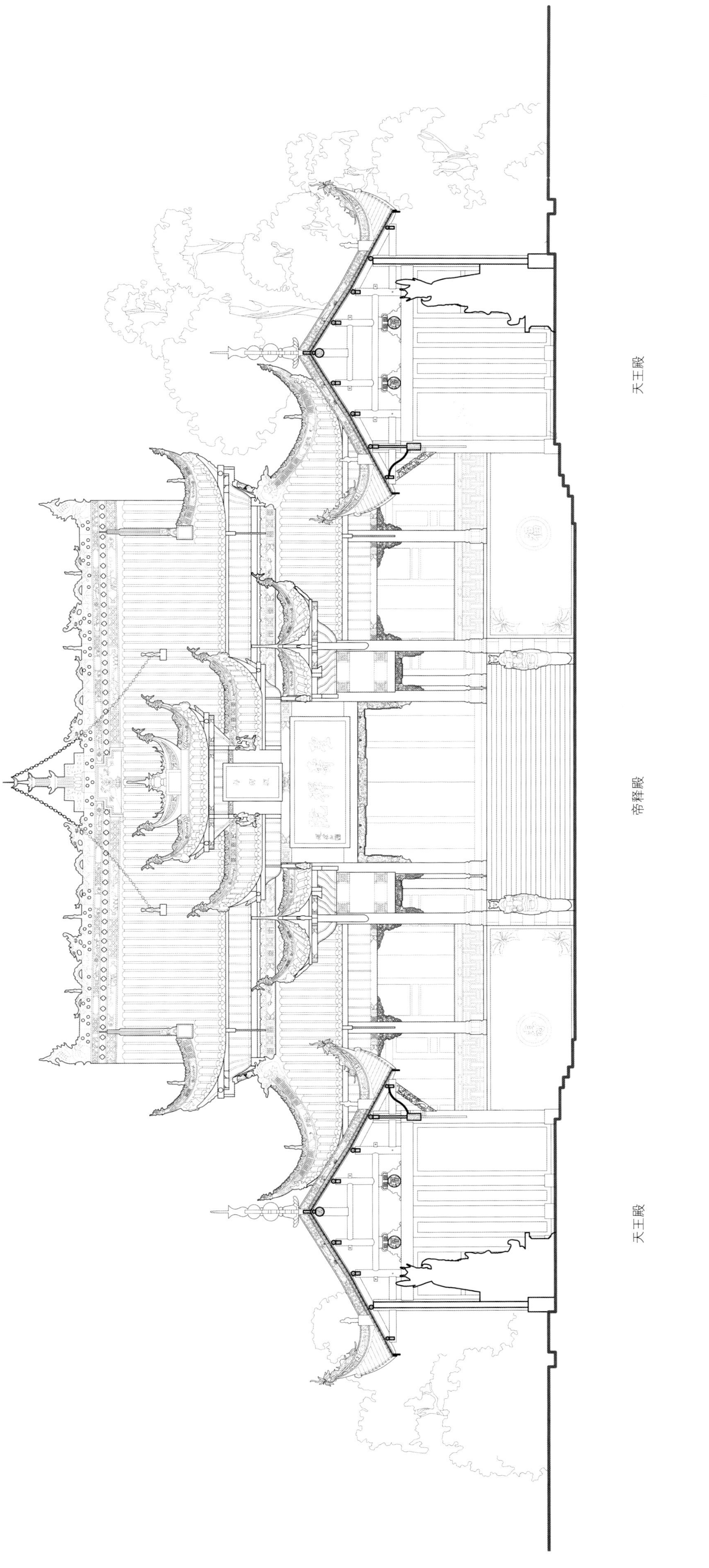

圣寿寺建筑群横剖面图（二）

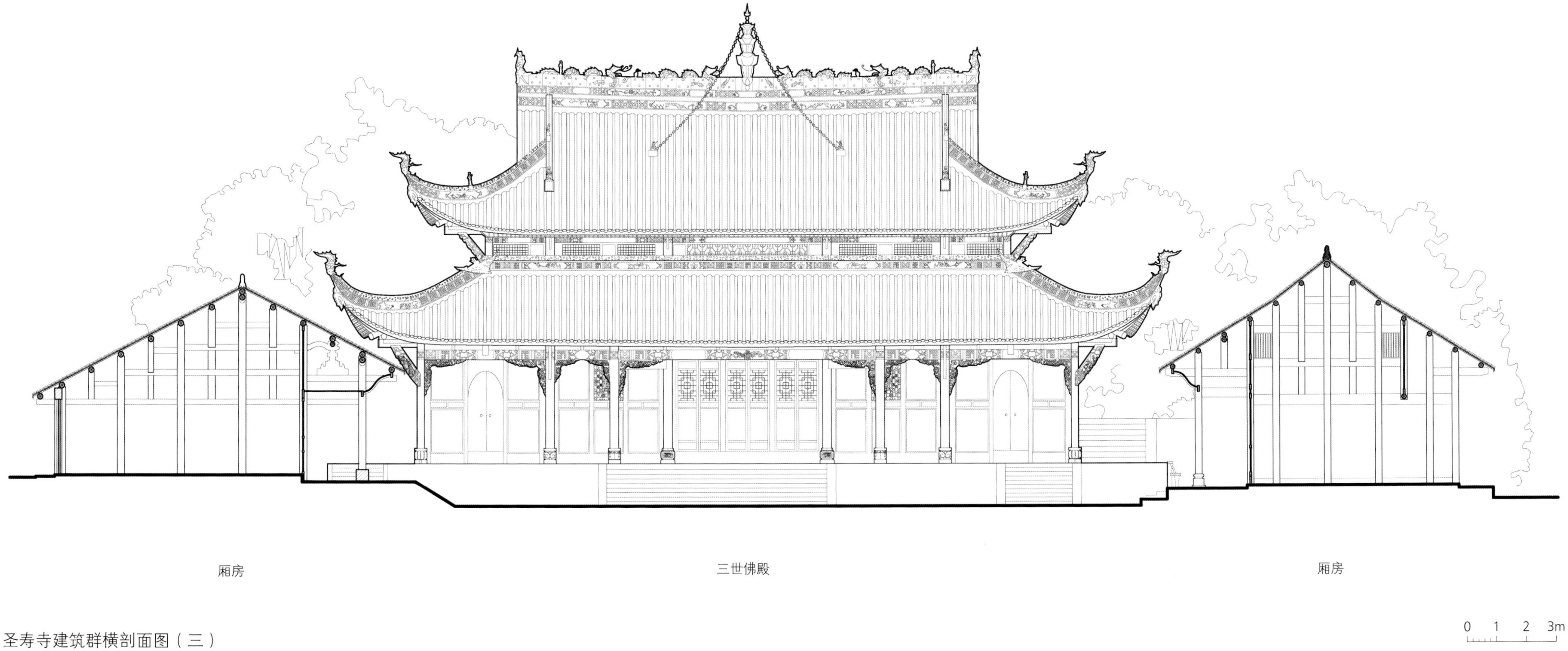

圣寿寺建筑群横剖面图（三）

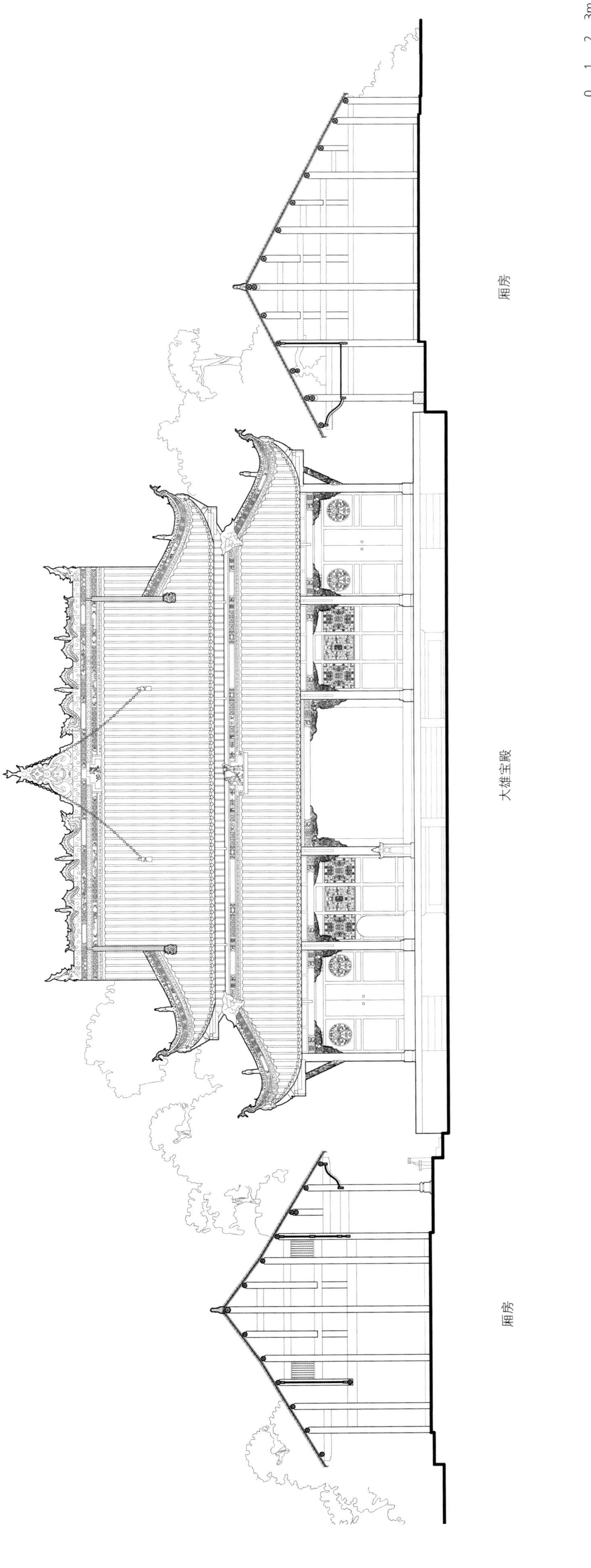

圣寿寺建筑群横剖面图（四）

（二）山门

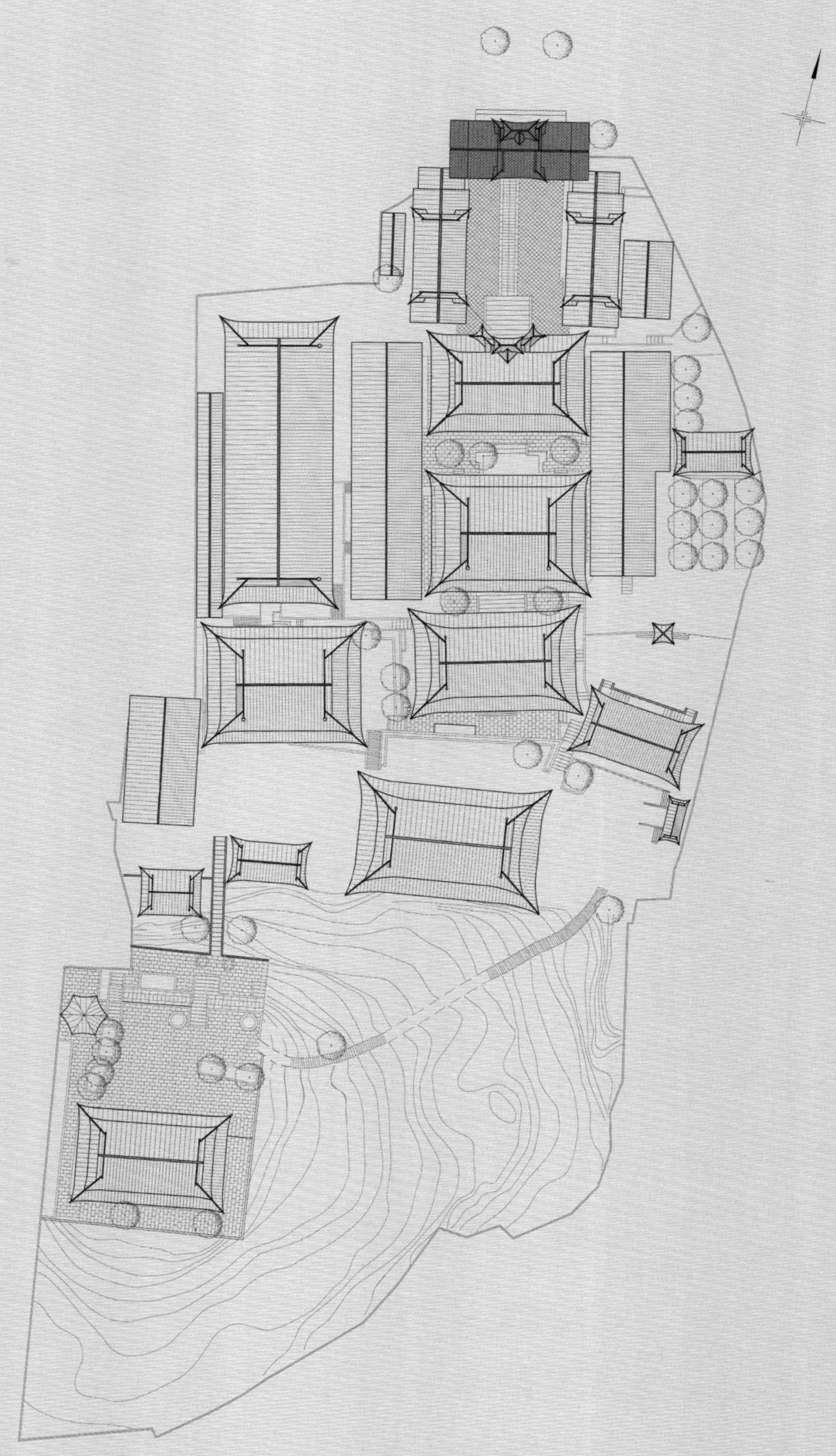

山门建于清代，平面呈长方形，面阔5间，计20.2米，进深4间，计6.33米。明间为单檐歇山顶，正立面做双层牌坊，牌坊上立“圣寿寺”牌匾一方，牌坊柱脚处各立石狮子一座，兼做柱础；两端次间及尽间为悬山式坡屋顶。

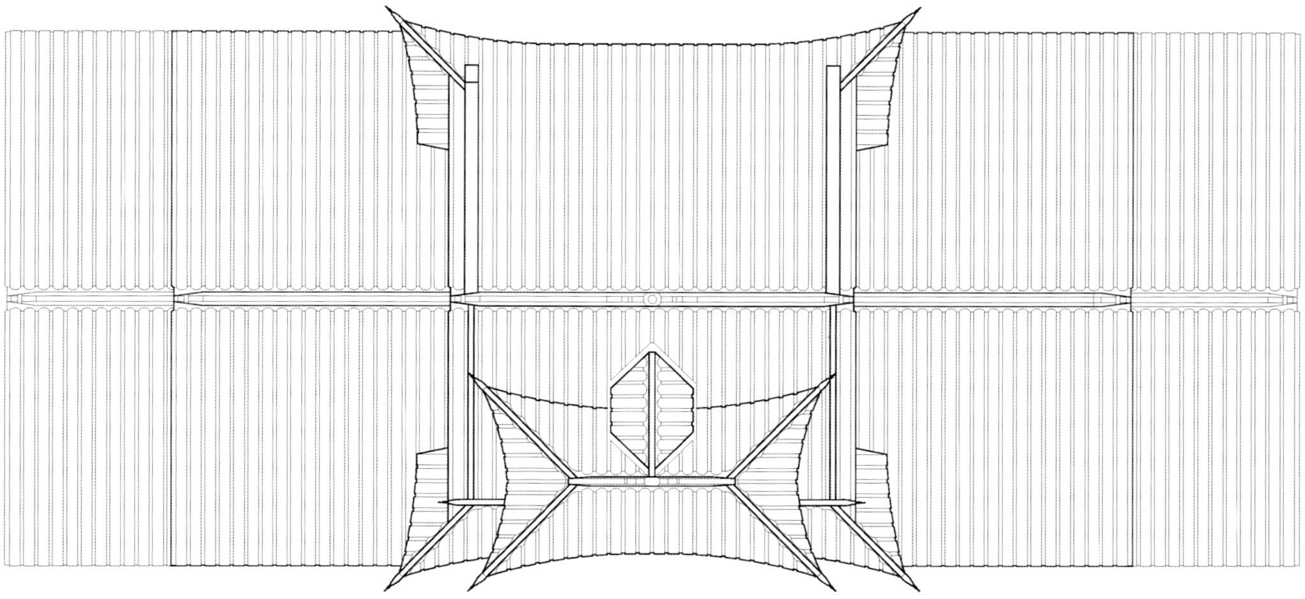

山门屋顶平面图

0 1 2 3m

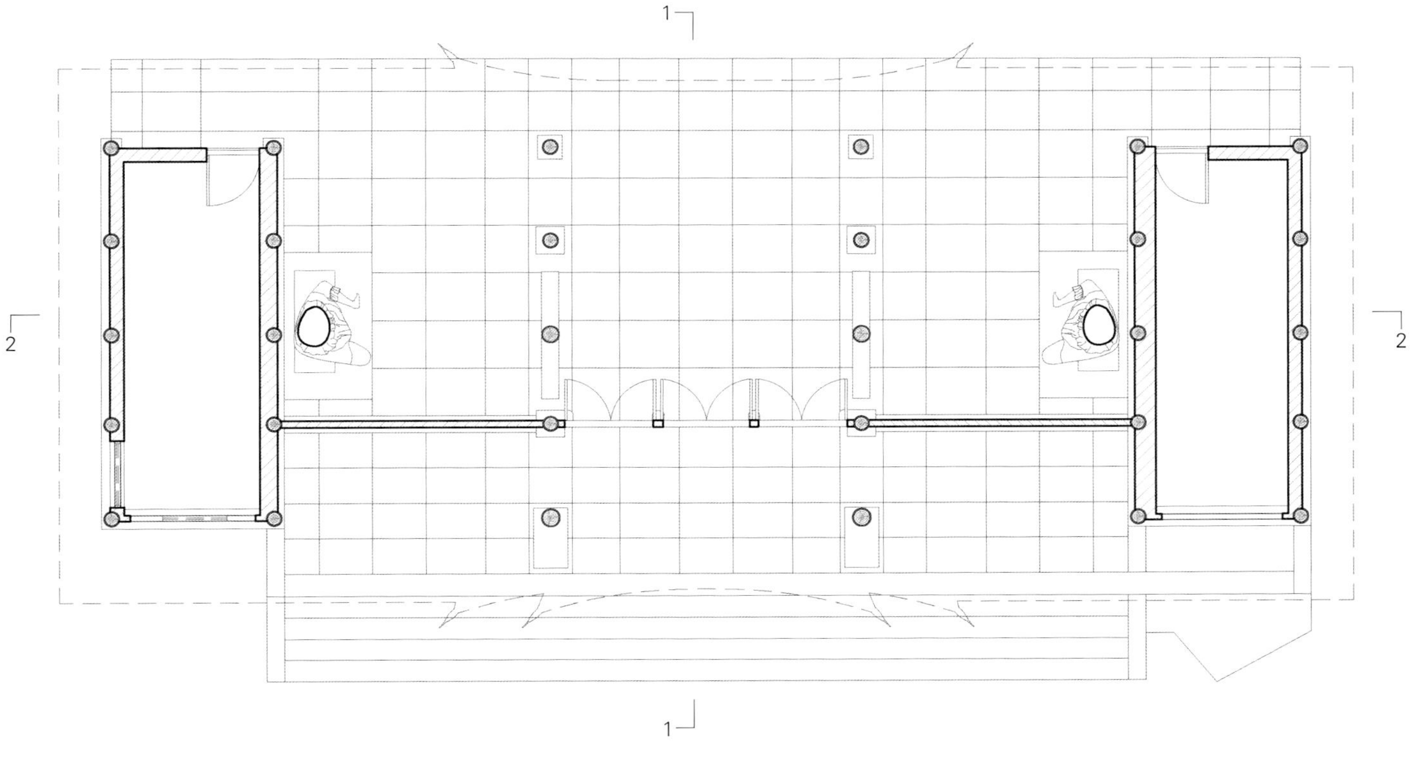

山门平面图

0 1 2 3m

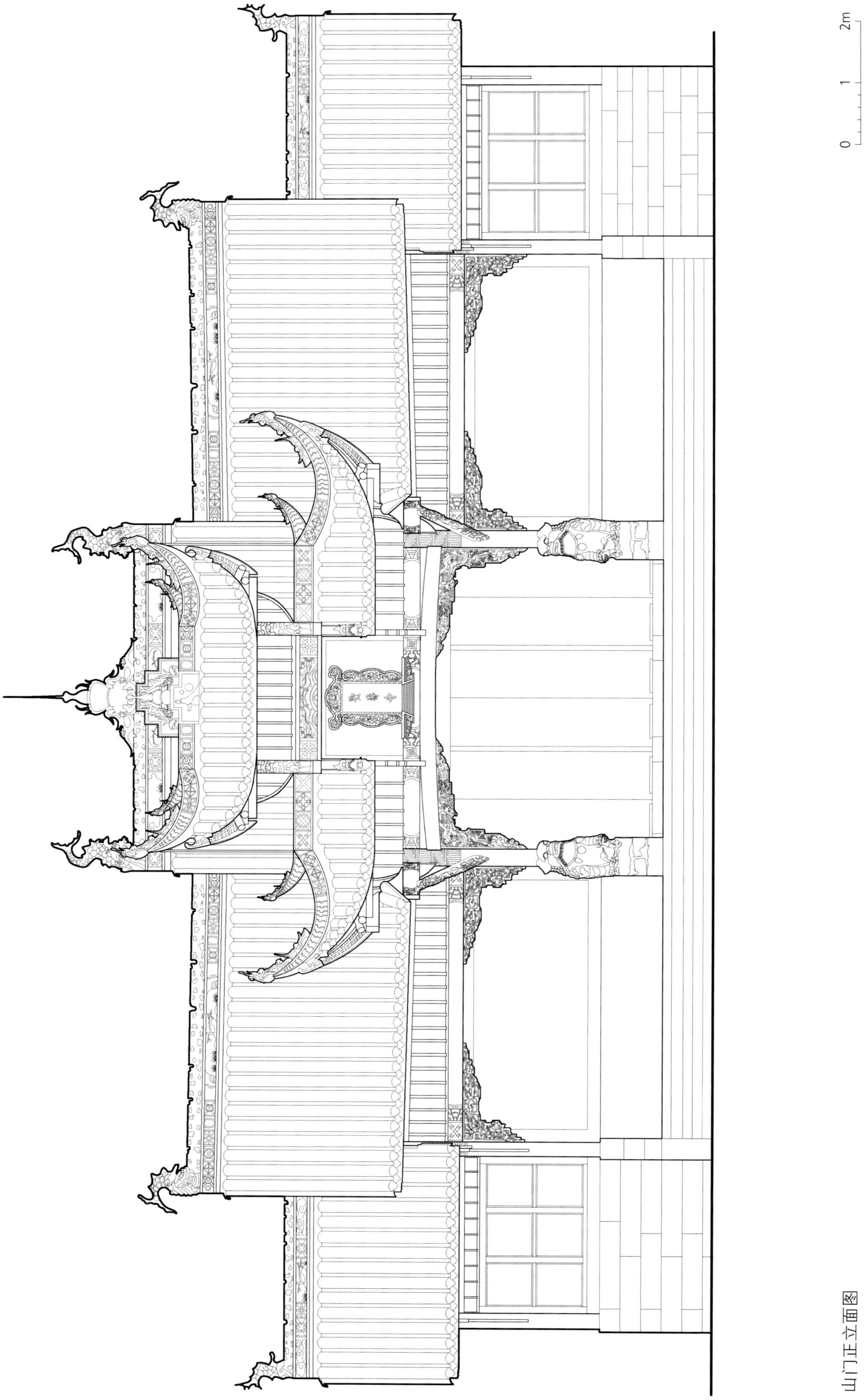

山门正立面图

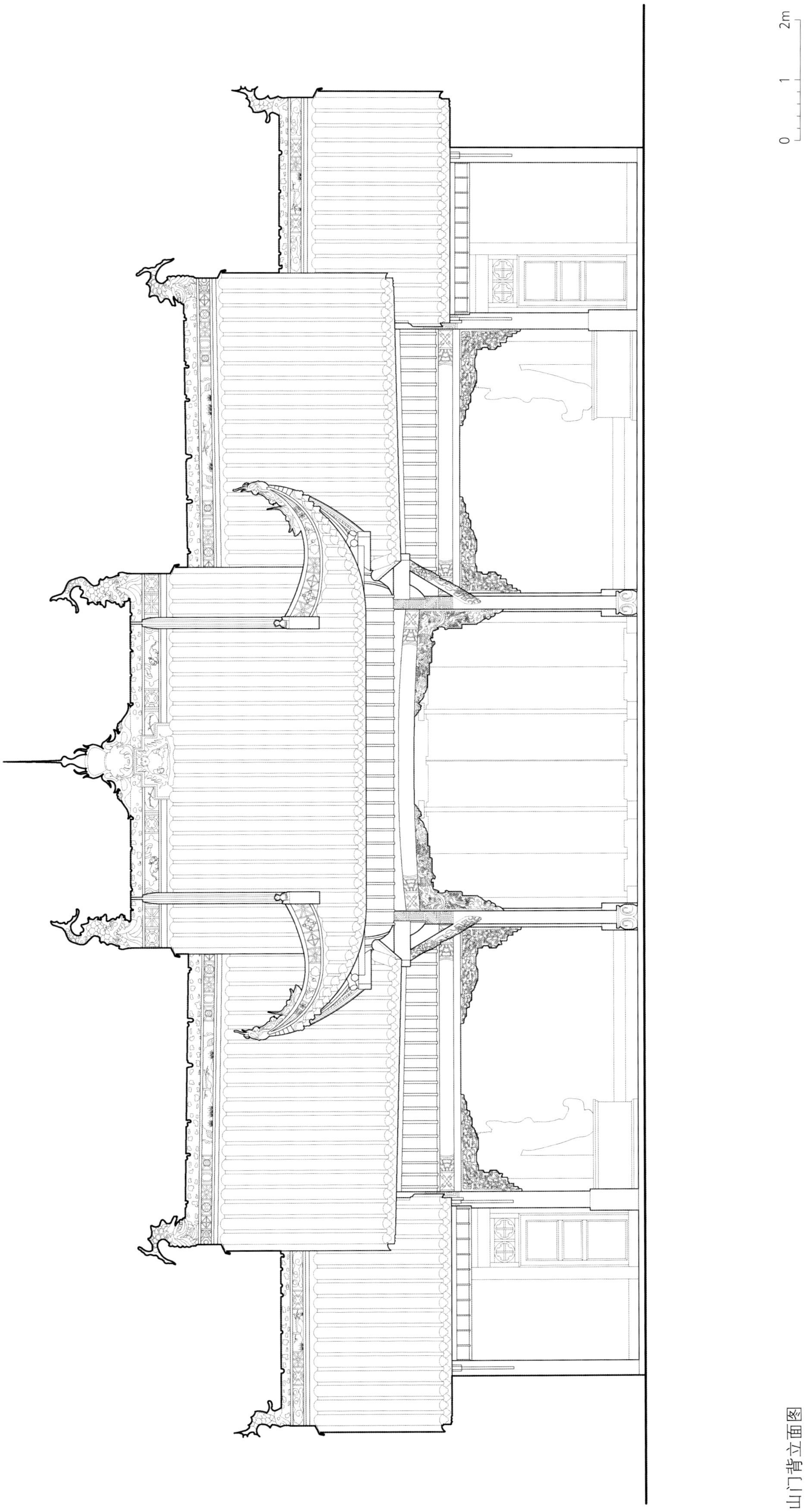

山门背立面图

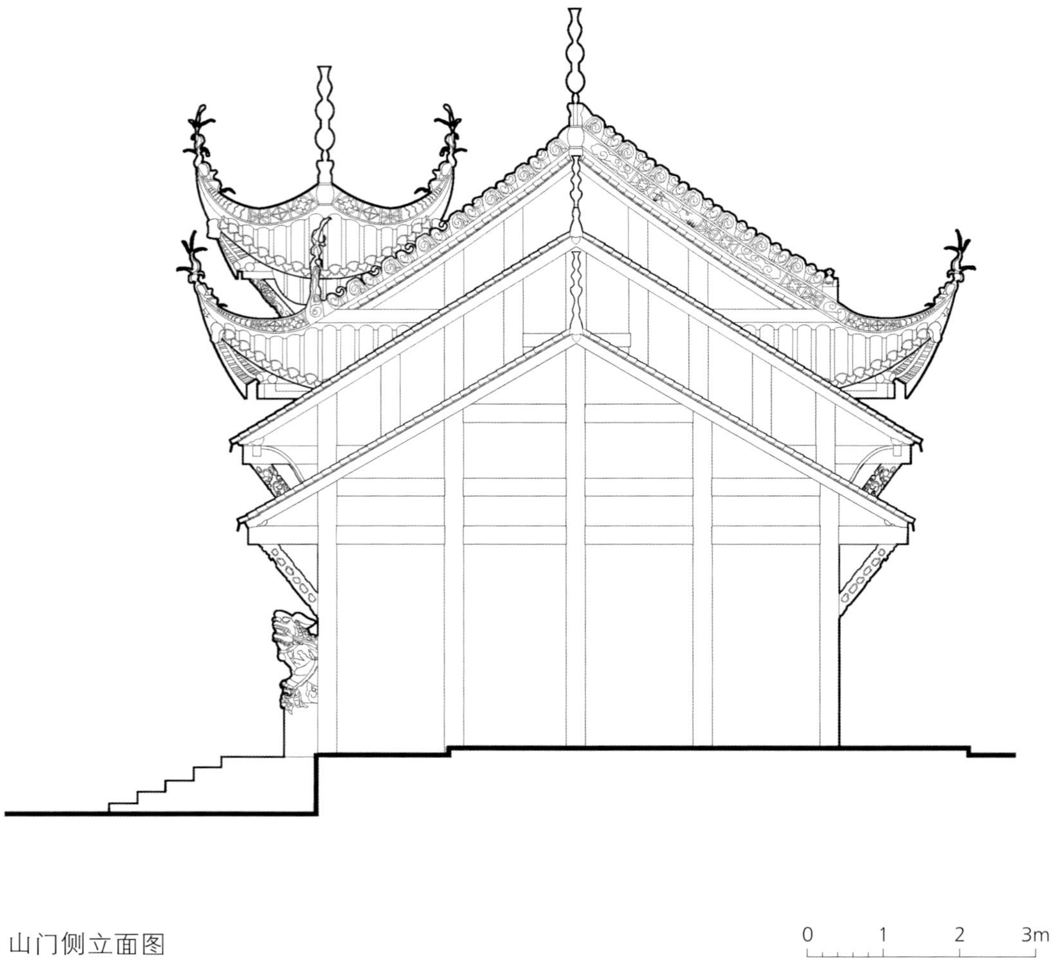

山门侧立面图

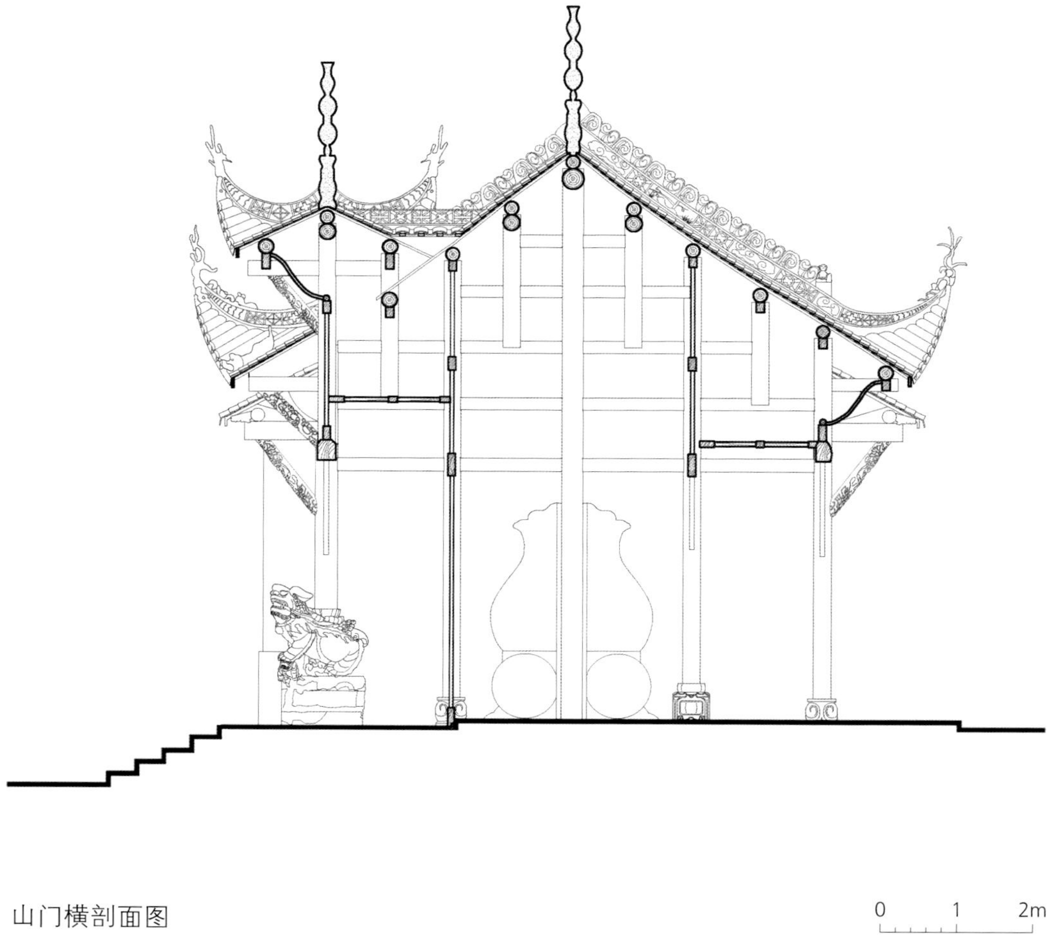

山门横剖面图

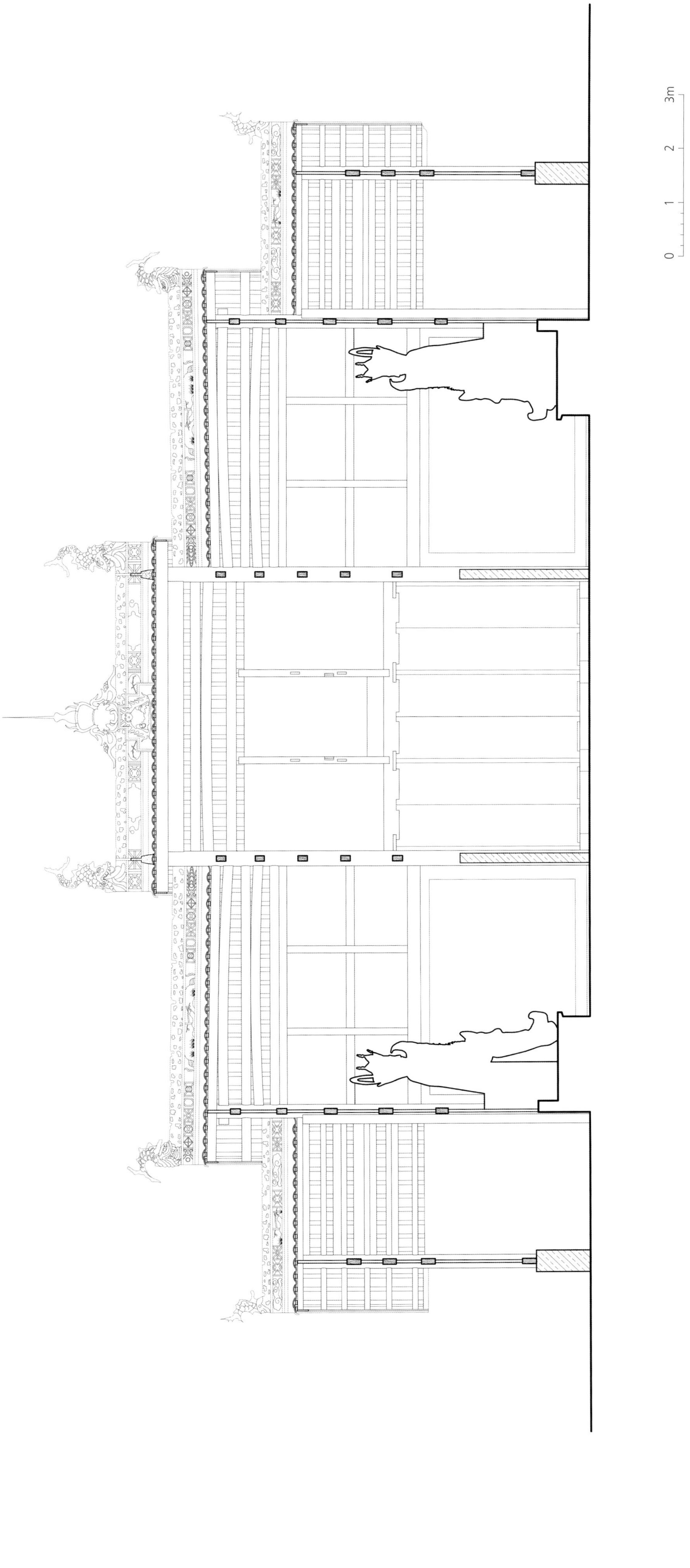

山门纵剖面图

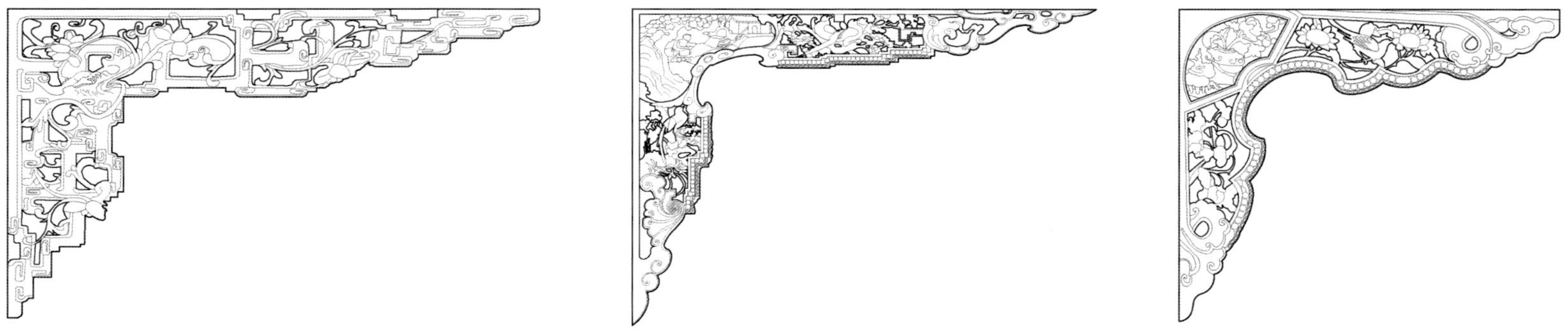

山门花牙子饰样图

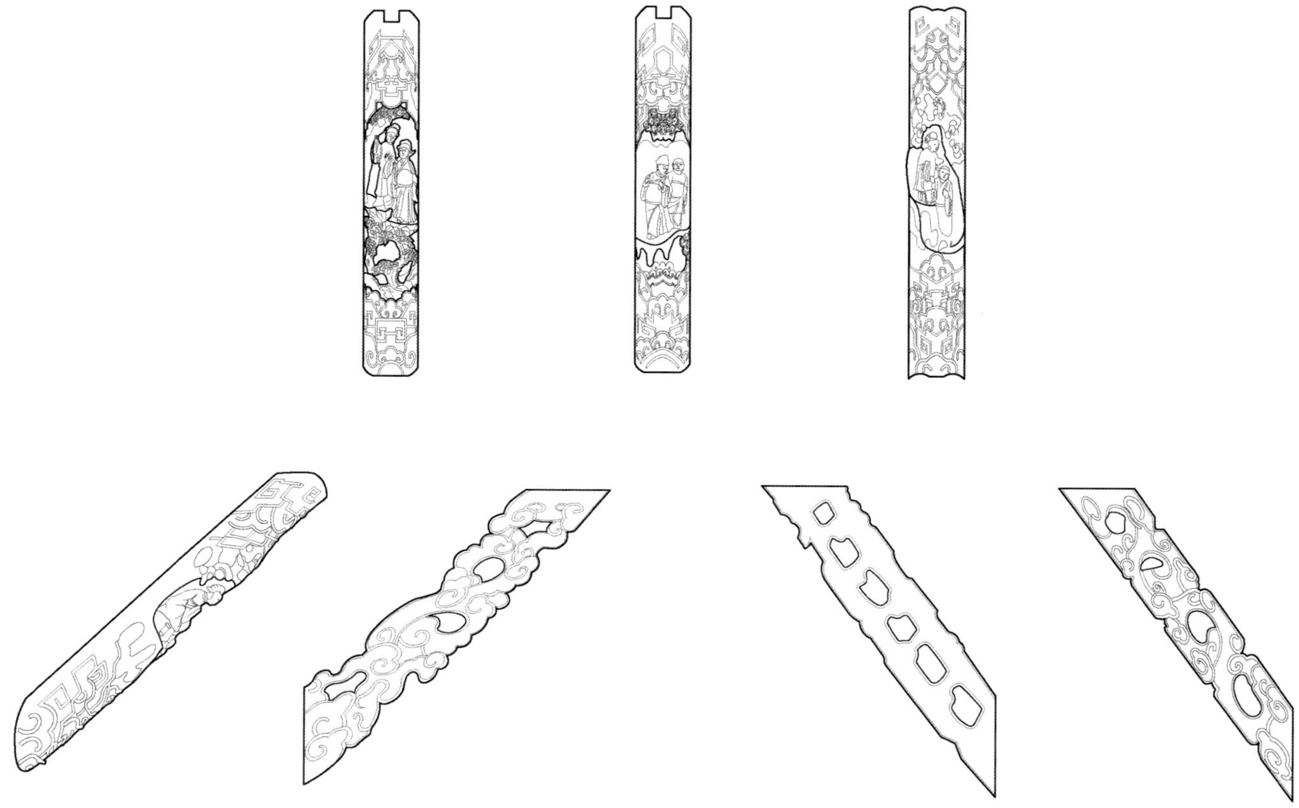

山门撑拱饰样图

山门匾额饰样图

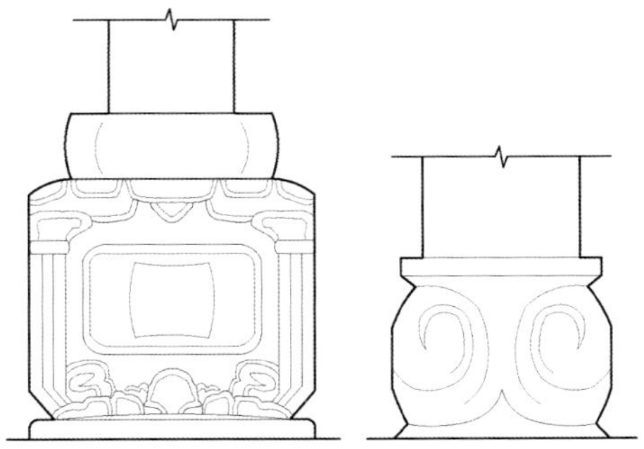

山门柱础饰样图

山门吻兽饰样图

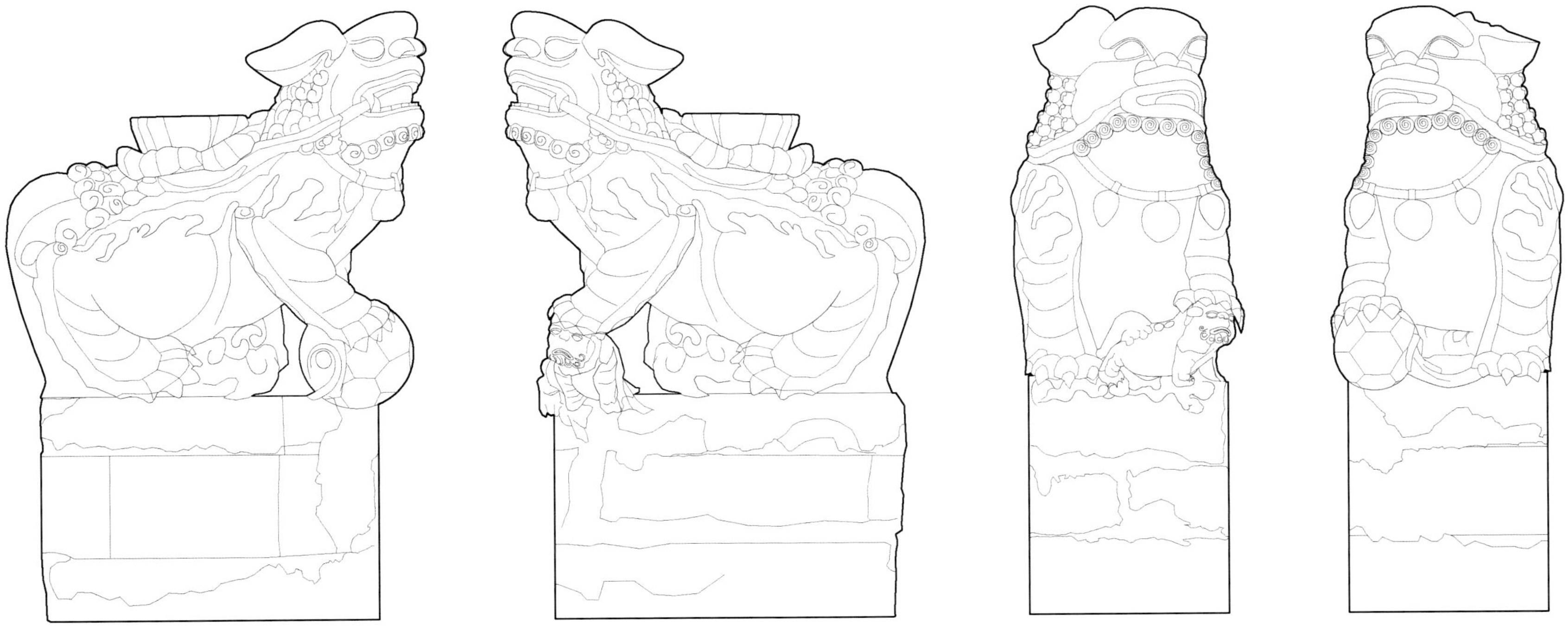

山门石狮饰样图

（三）天王殿

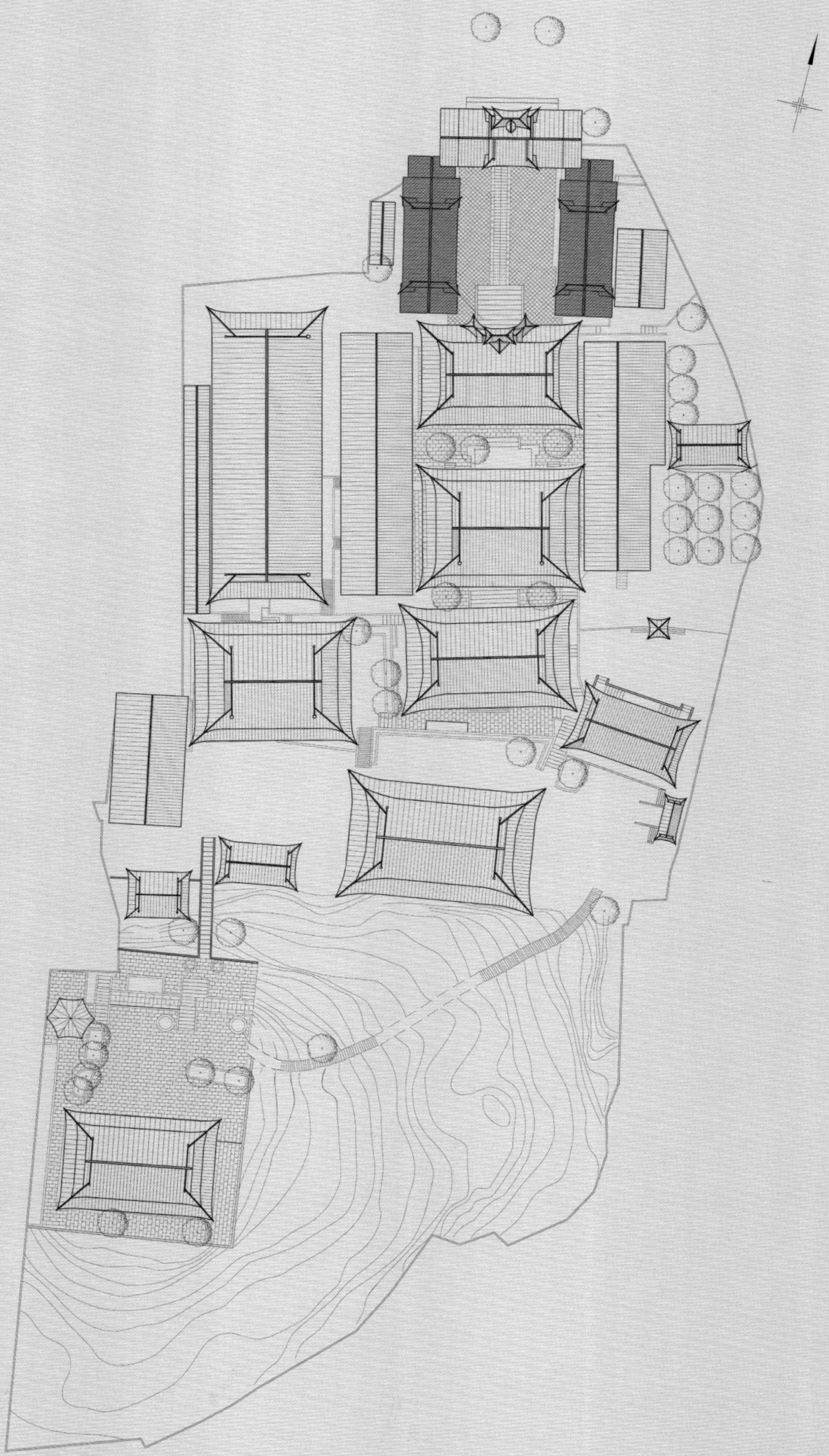

天王殿始建于清，后毁于“文革”。现存天王殿为20世纪80年代初重建，分立山门两边。平面呈长方形，面阔5间，计20米，进深5.4米。中间三开间为敞殿，单檐歇山顶；两端次间为悬山式坡屋顶。殿内供奉持国天王、增长天王、广目天王、多闻天王。

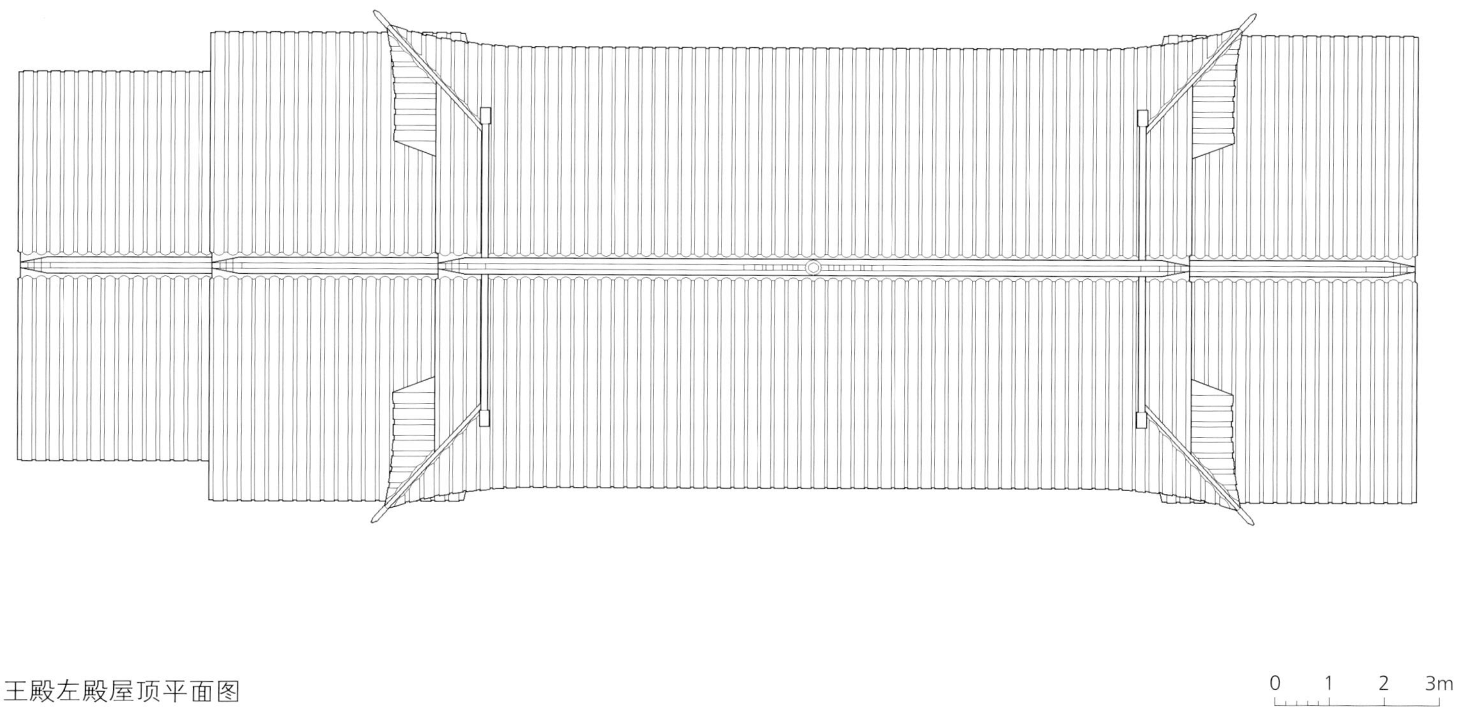

天王殿左殿屋顶平面图

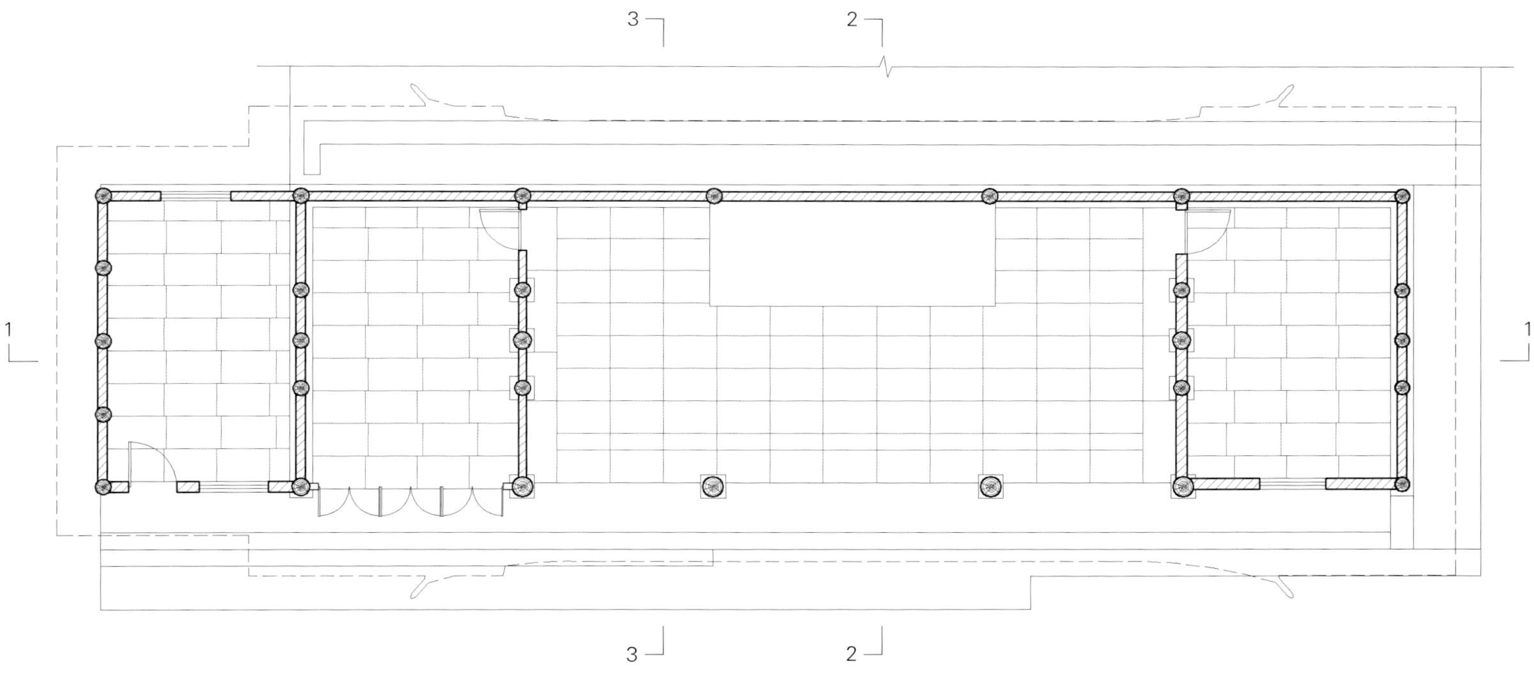

天王殿左殿平面图

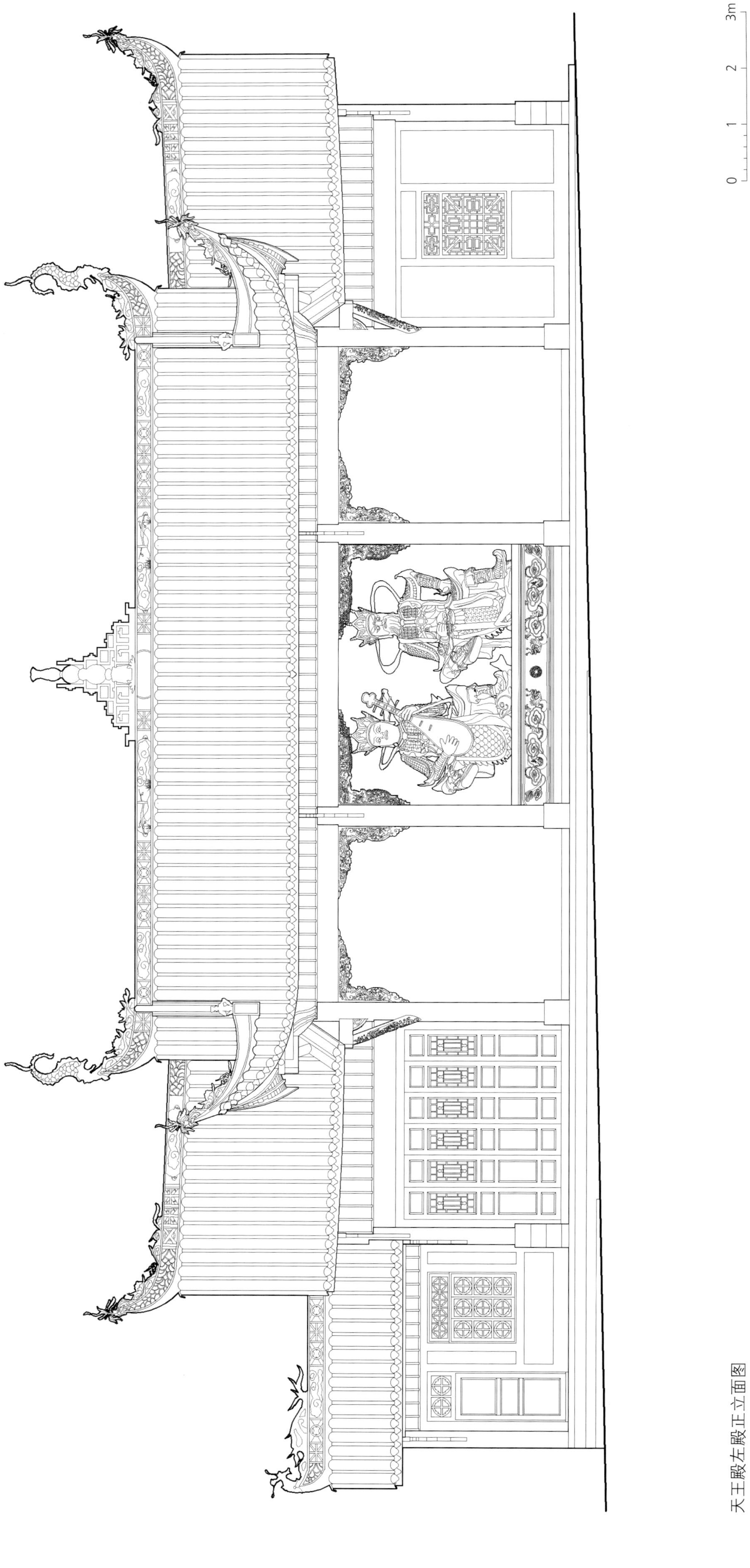

天王殿左殿正立面图

天王殿左殿南立面图

天王殿左殿北立面图

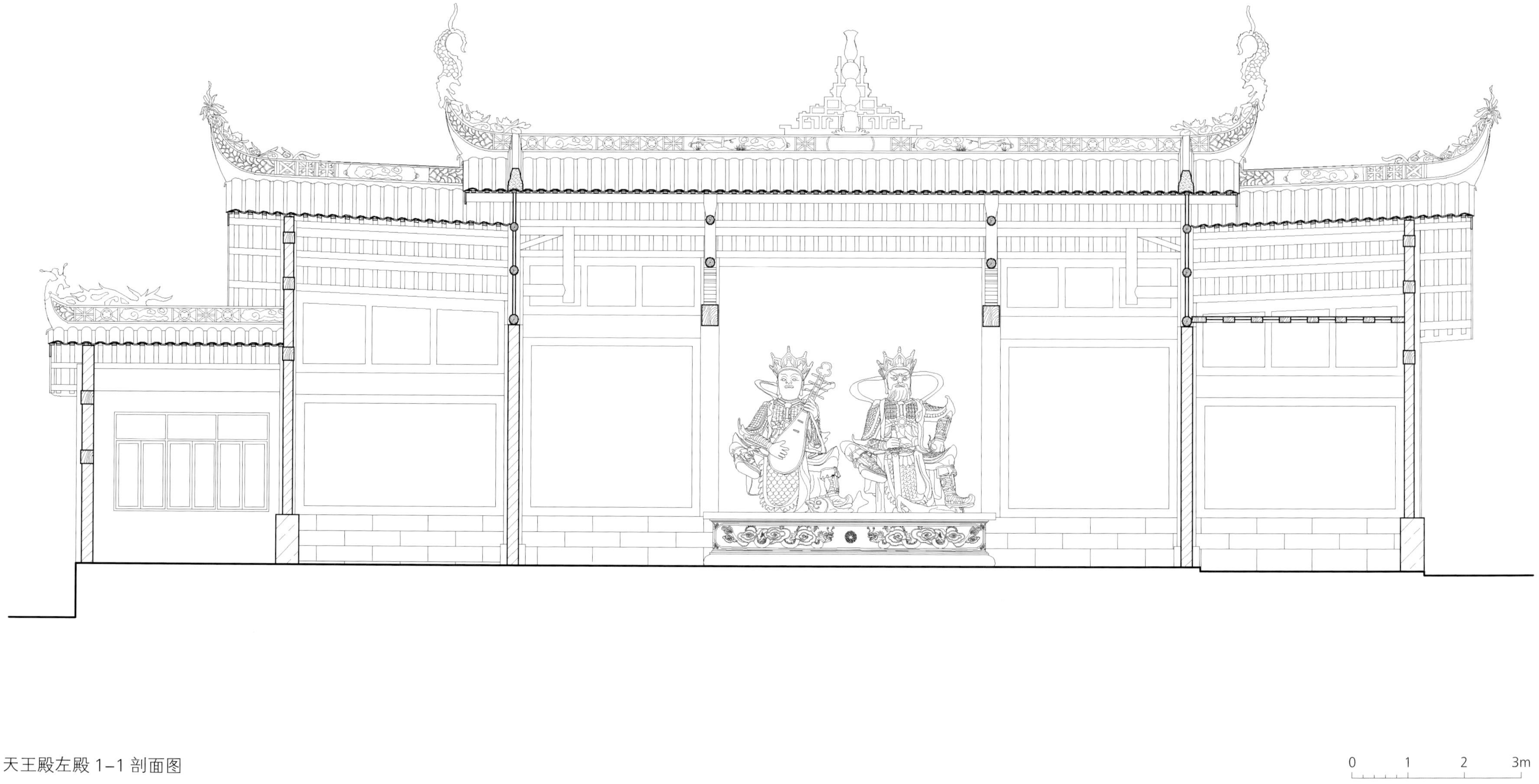

天王殿左殿 1–1 剖面图

天王殿左殿明间剖面图

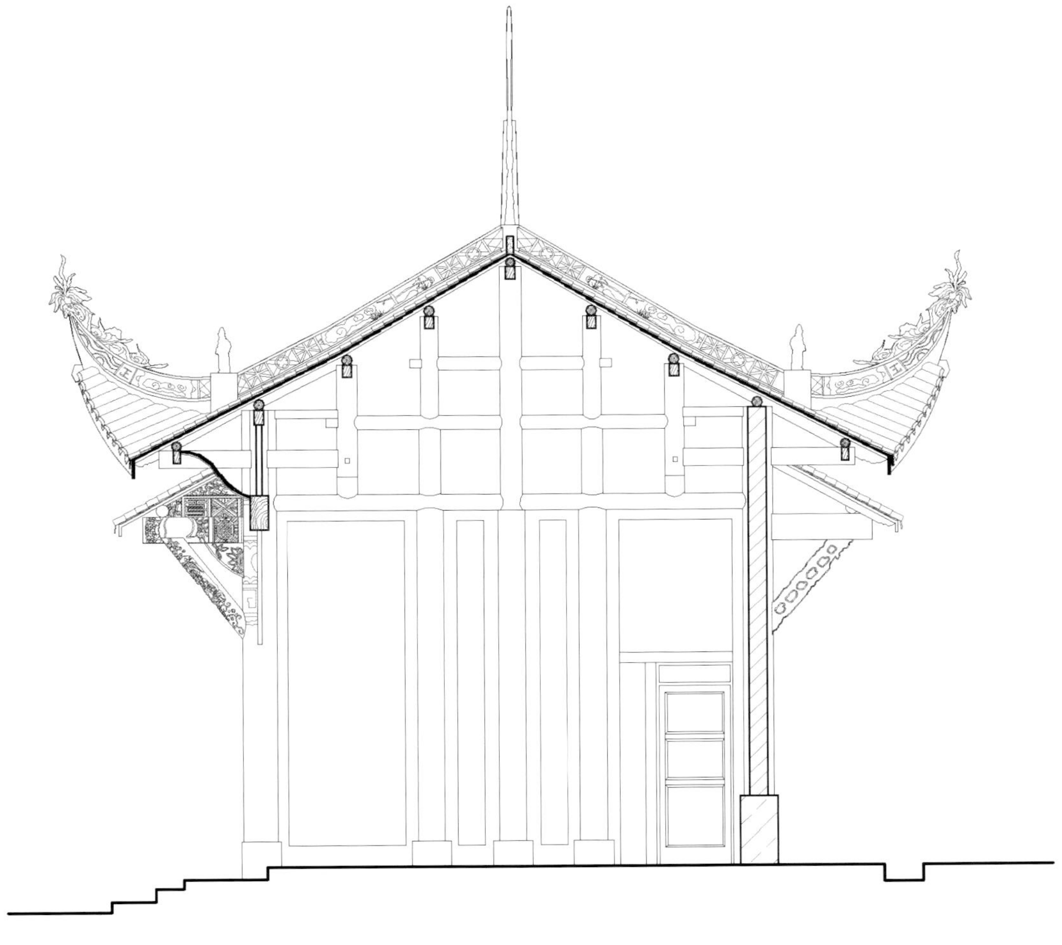

天王殿左殿次间剖面图

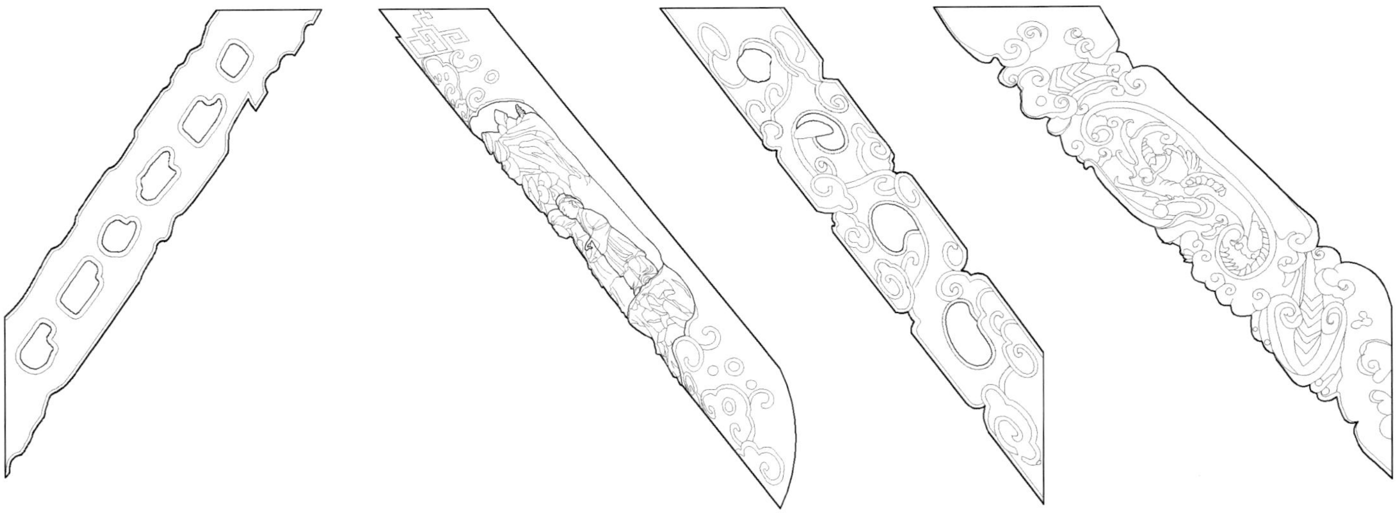

天王殿左殿撑拱饰样图

天王殿左殿驼峰饰样图

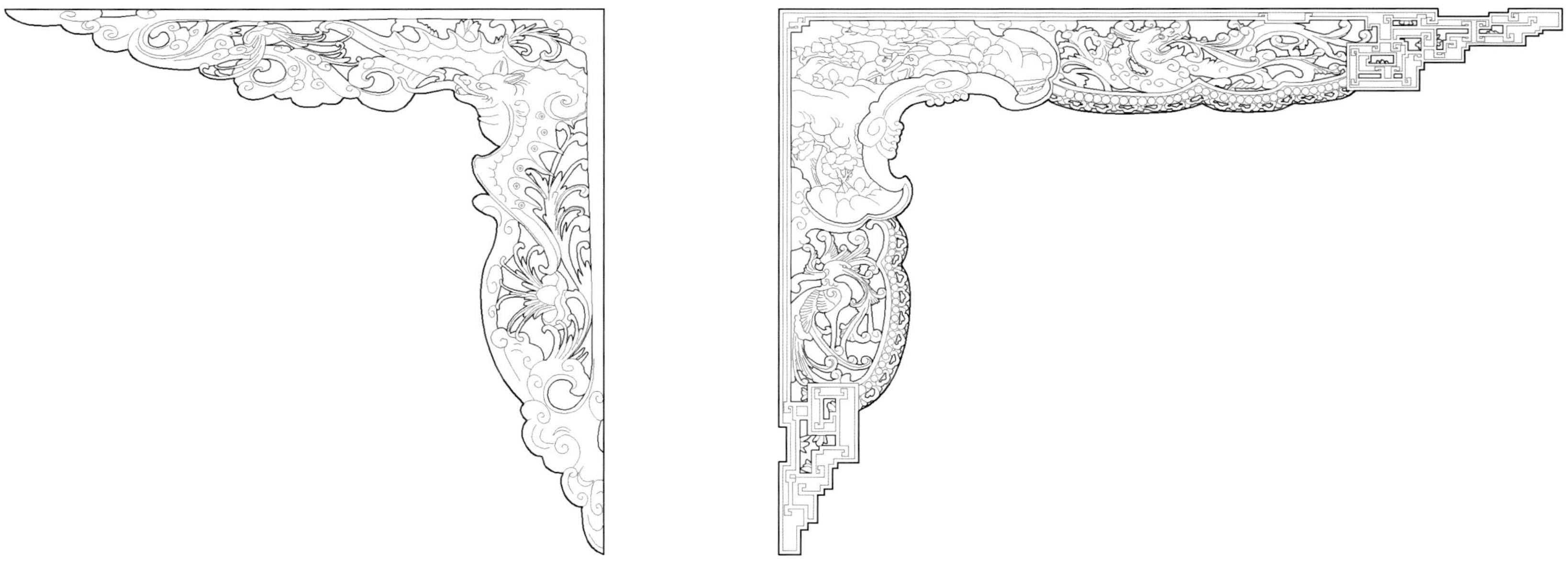

天王殿左殿花牙子饰样图

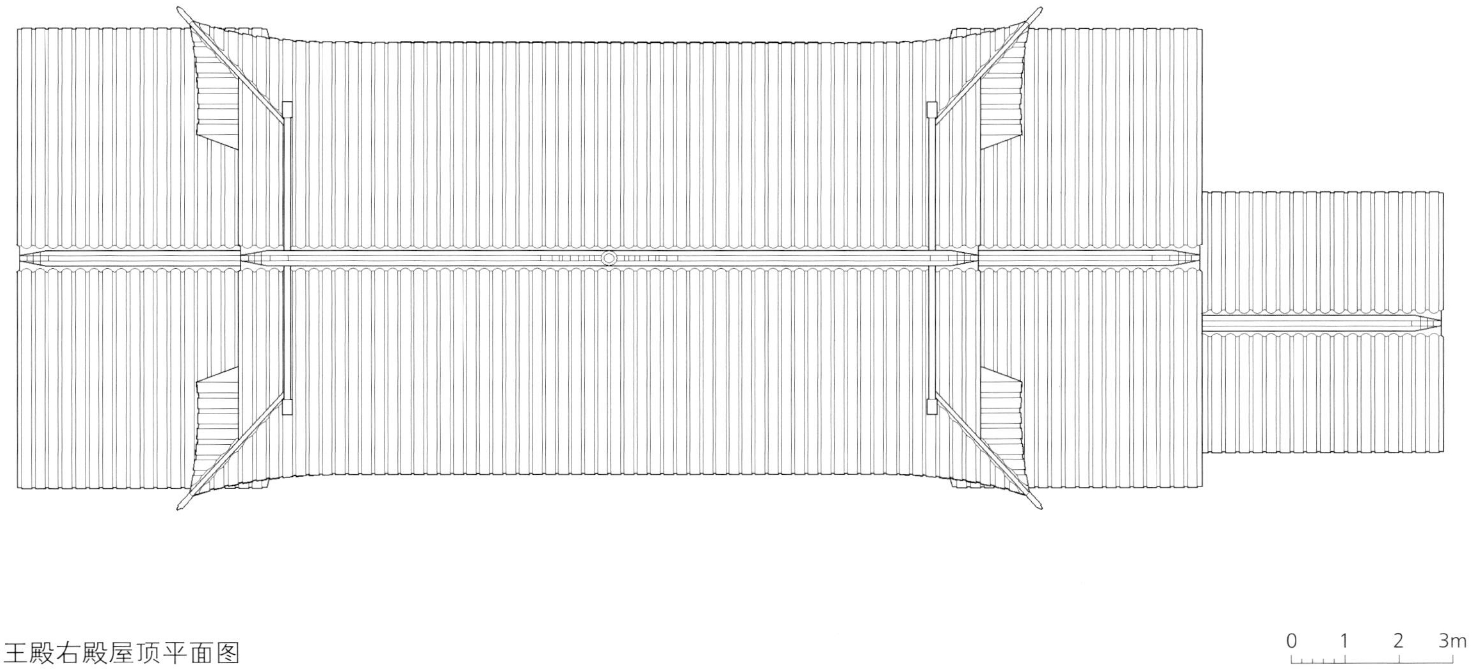

天王殿右殿屋顶平面图

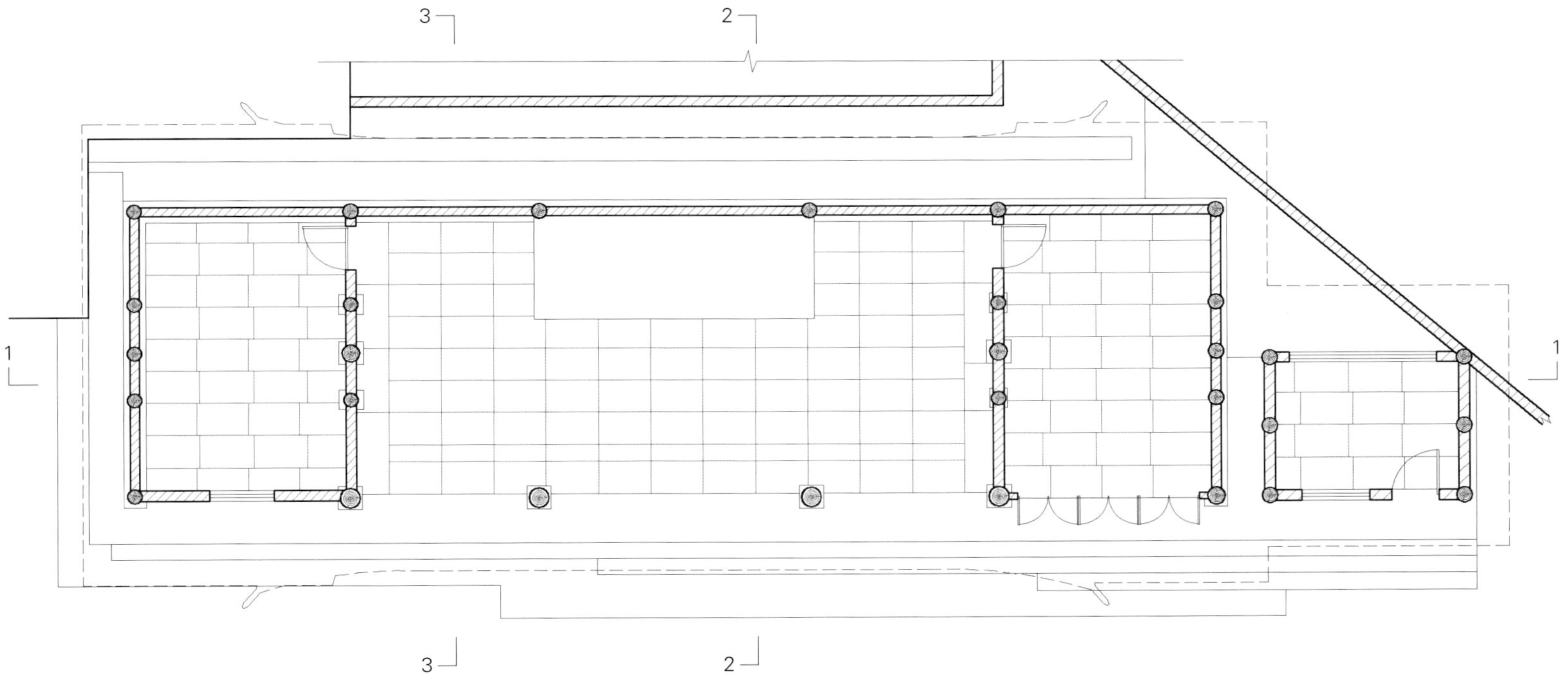

天王殿右殿平面图

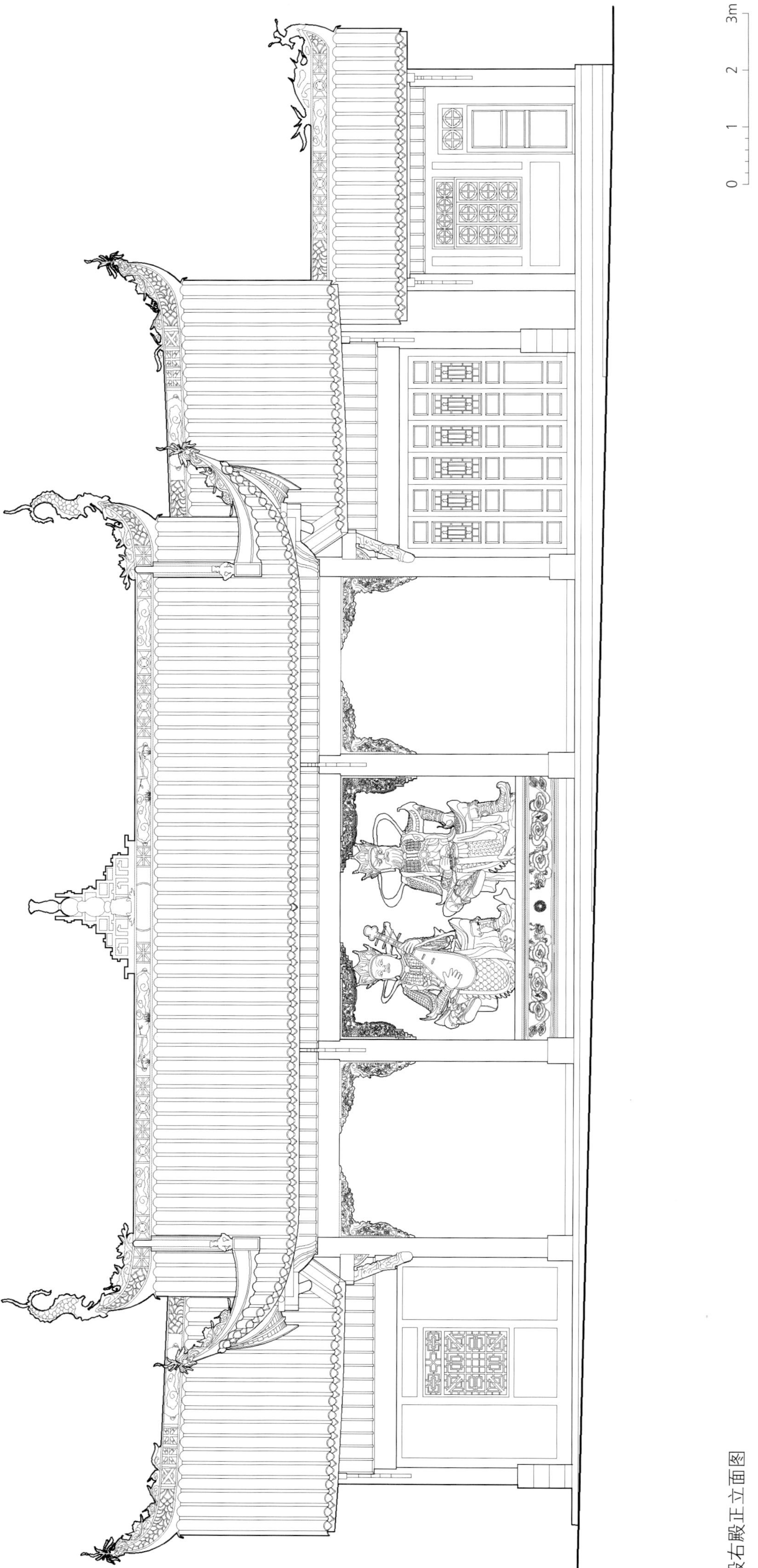

天王殿右殿正立面图

天王殿右殿北立面图

天王殿右殿南立面图

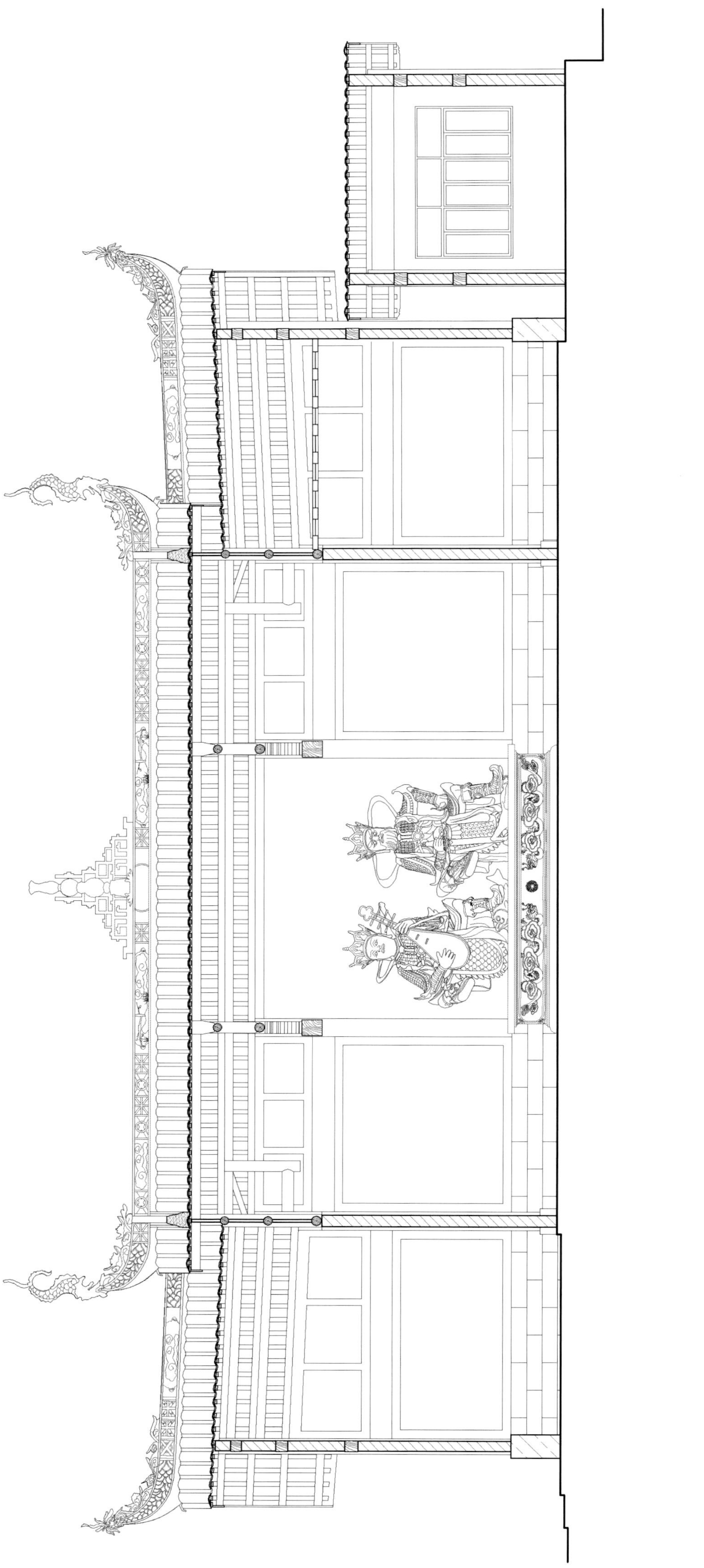

天王殿右殿纵剖面图

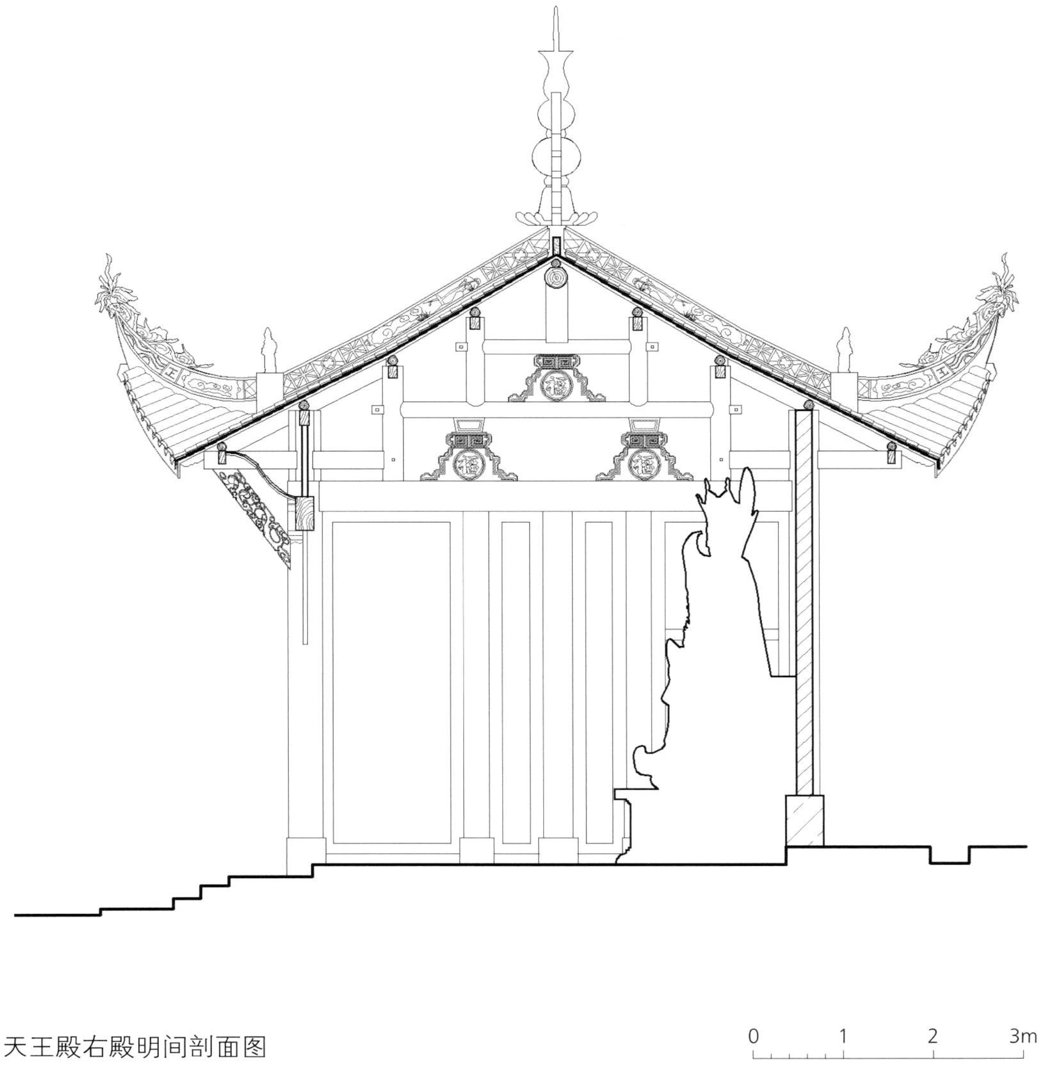

天王殿右殿明间剖面图

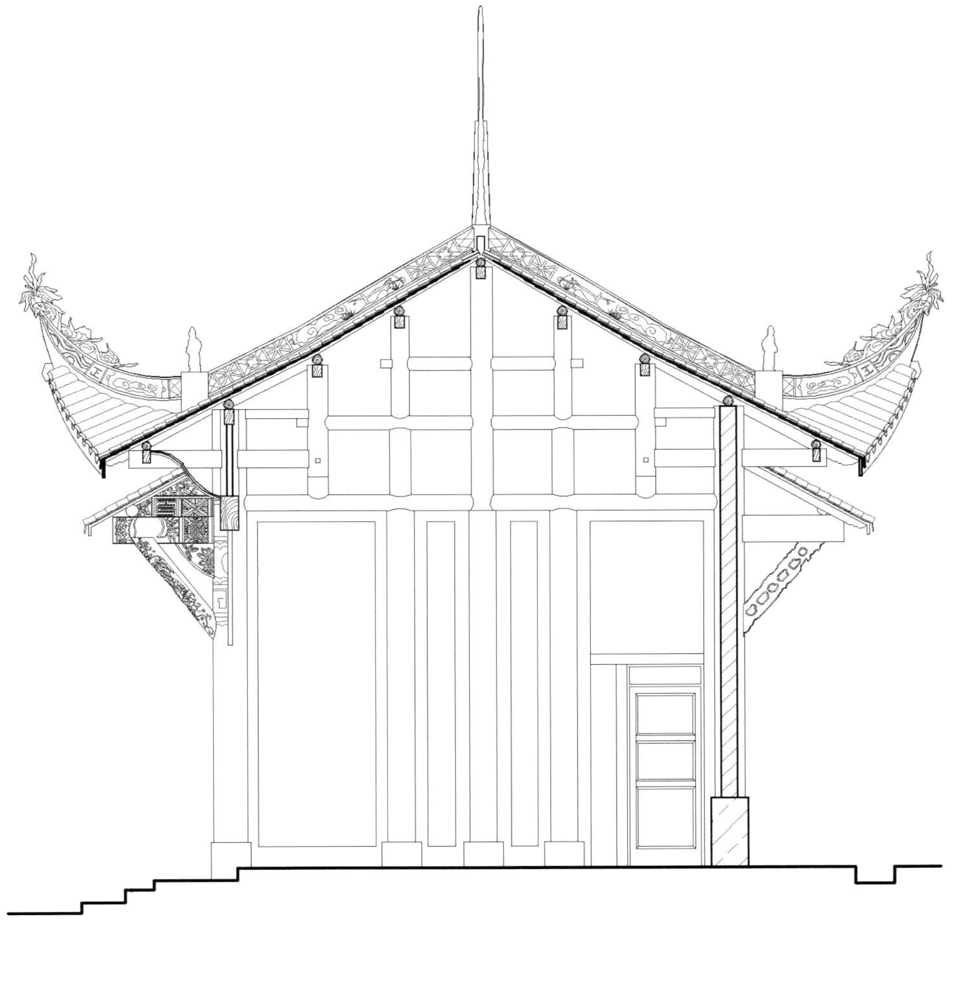

天王殿右殿次间剖面图

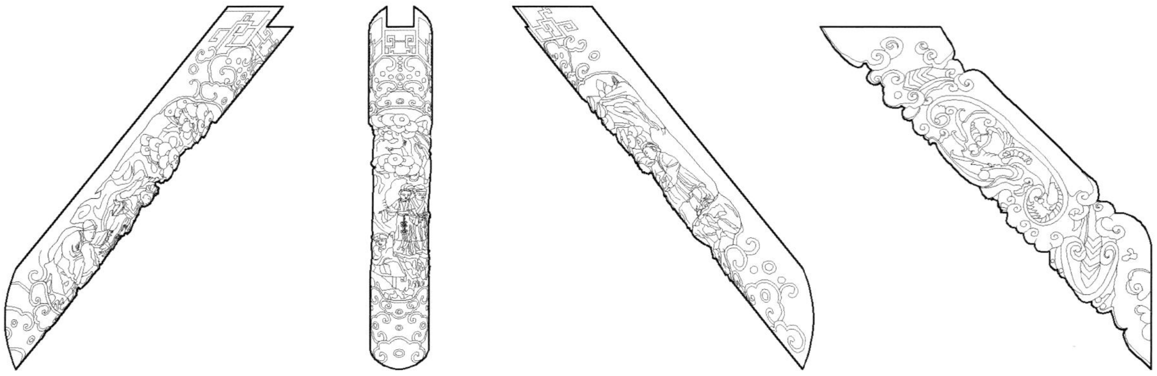

天王殿右殿撑拱饰样图

天王殿右殿驼峰饰样图

天王殿右殿花牙子饰样图

（四）帝释殿

帝释殿又名灵霄殿，建于清代，平面呈长方形，面阔5间，计20.82米，进深14.1米，单层重檐歇山顶。正立面做三层牌坊，第一层平面呈“八”字形分走两边，牌坊上立“帝释殿”匾额一方，其下书“圣寿禅院”四字。殿内中龛坐帝释，左龛坐关羽、文昌，右龛坐川主、火神。帝释背后有韦驮像，手持宝杵，身披甲胄，威武庄严，乃重庆老艺人杨北海于1984年新塑。殿后天井中两株古桂、翠柏，幽雅清静。

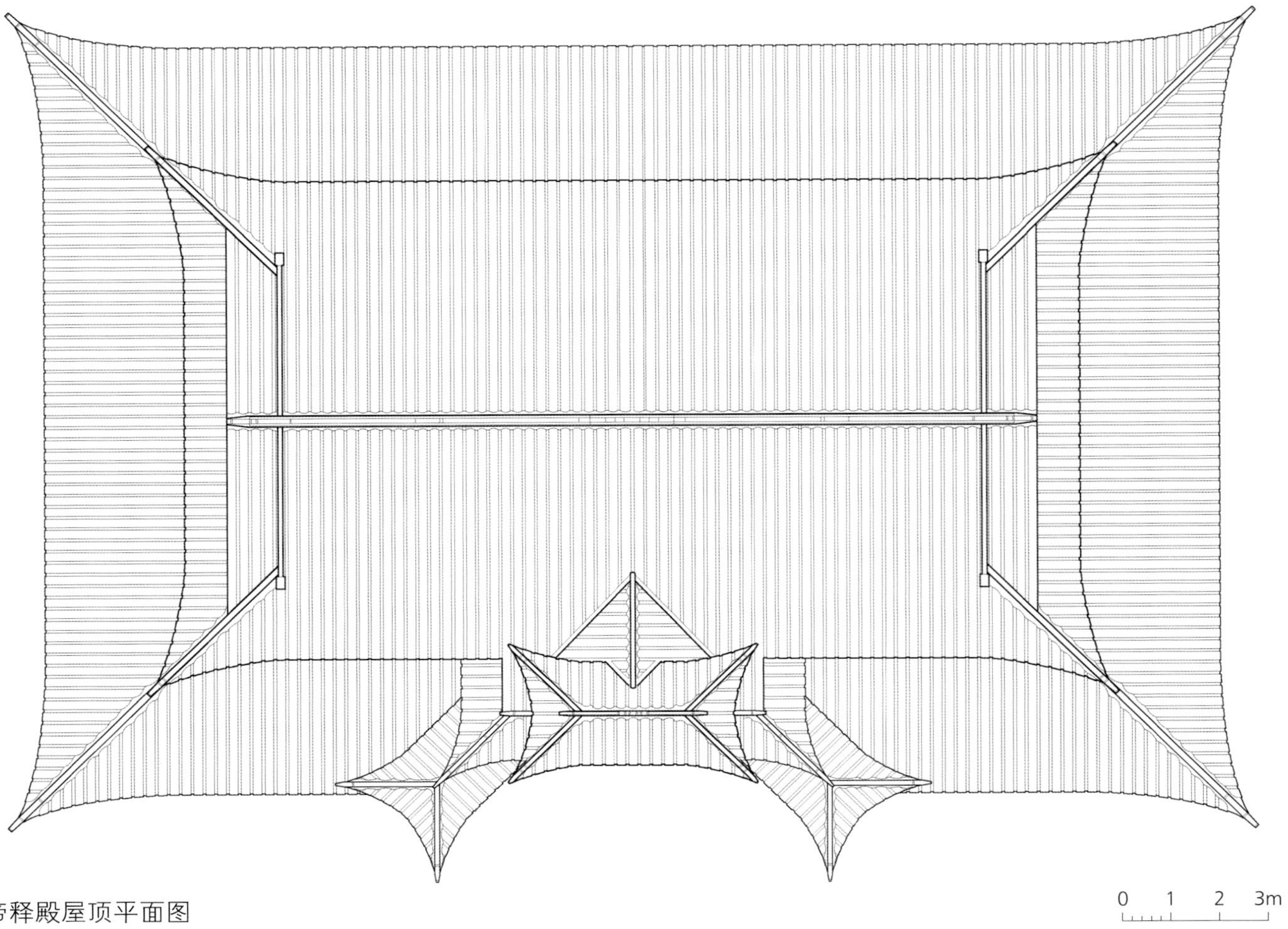

帝释殿屋顶平面图

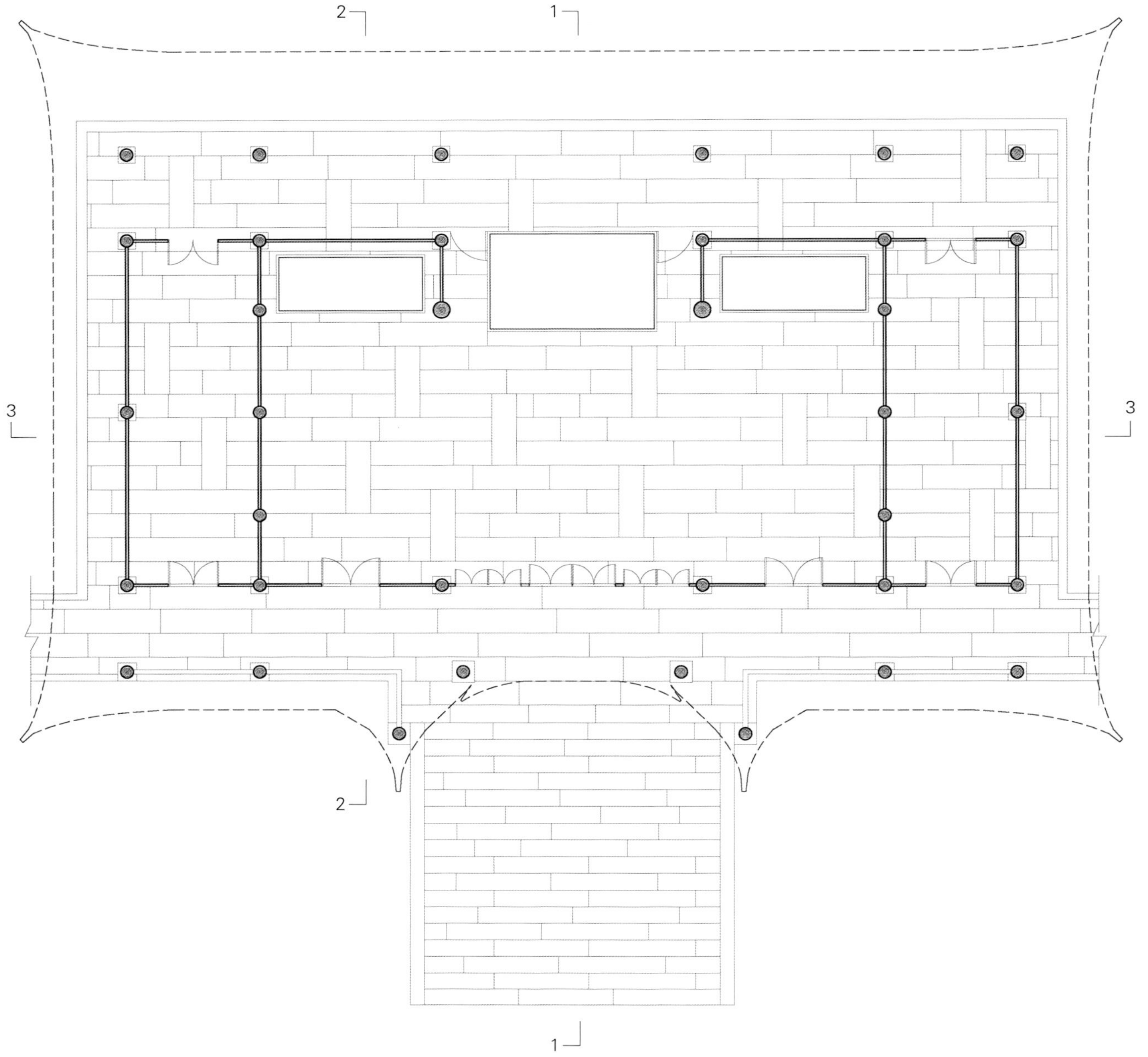

帝释殿平面图

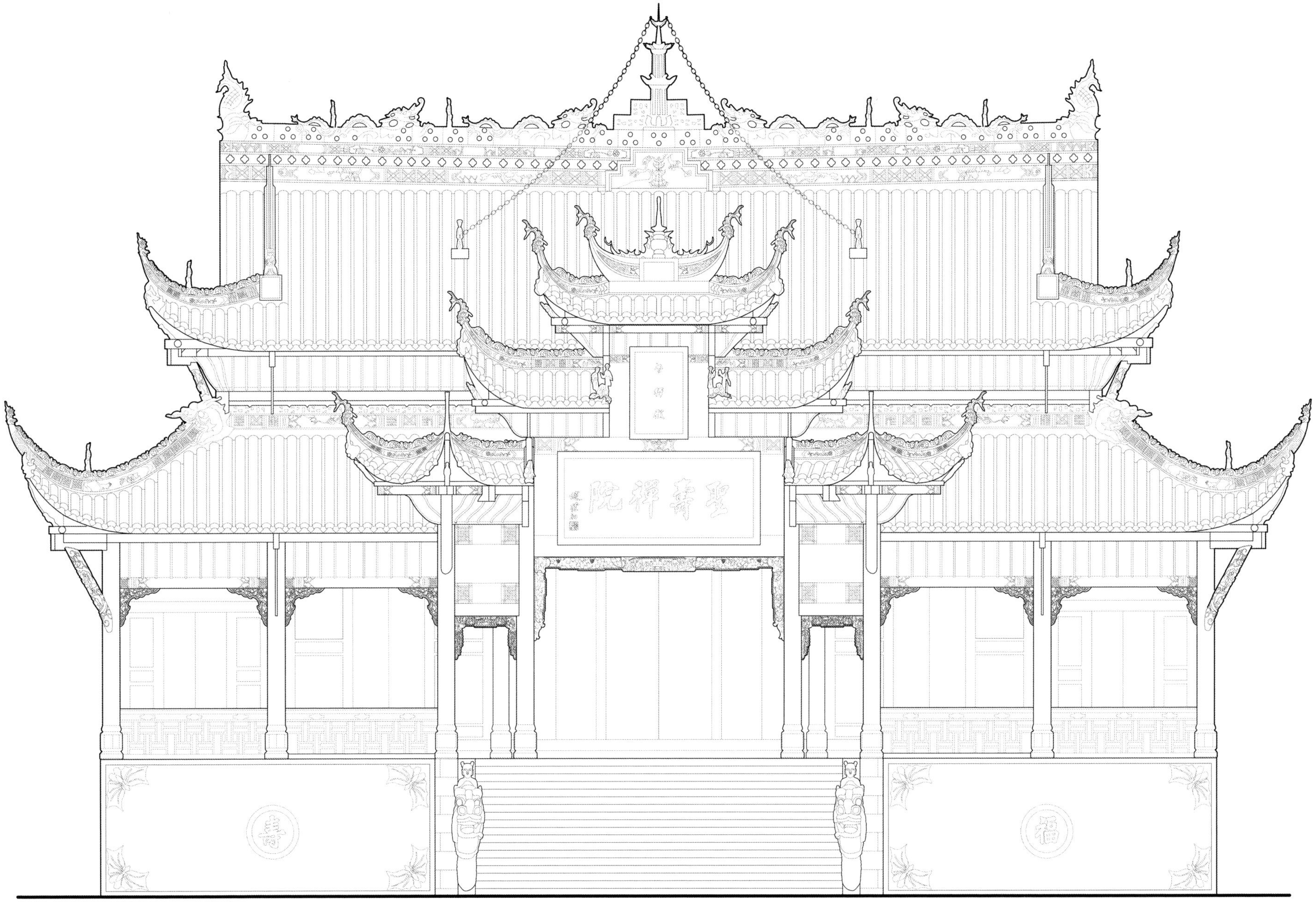

帝释殿正立面图

0 1 2 3m

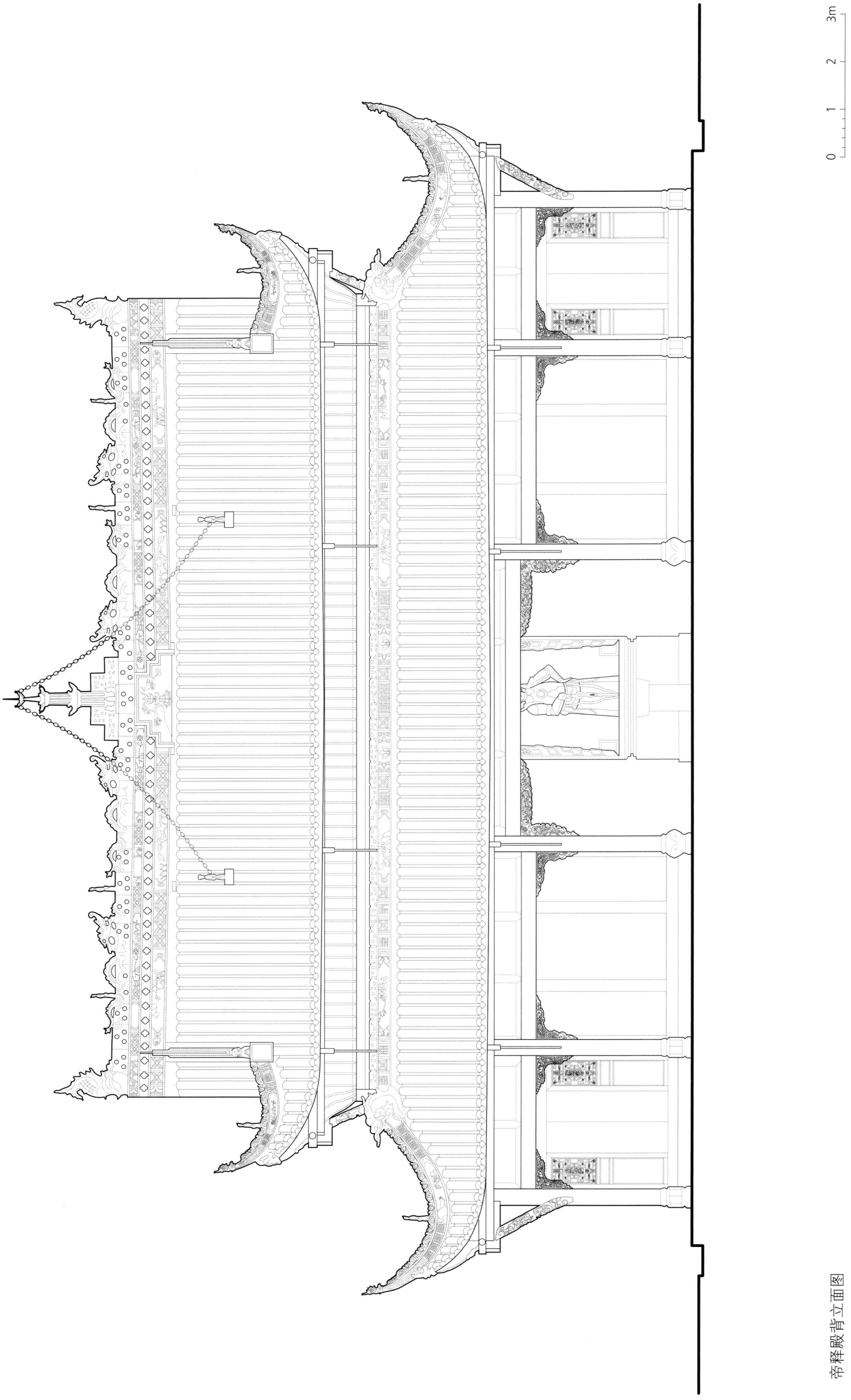

帝释殿背立面图

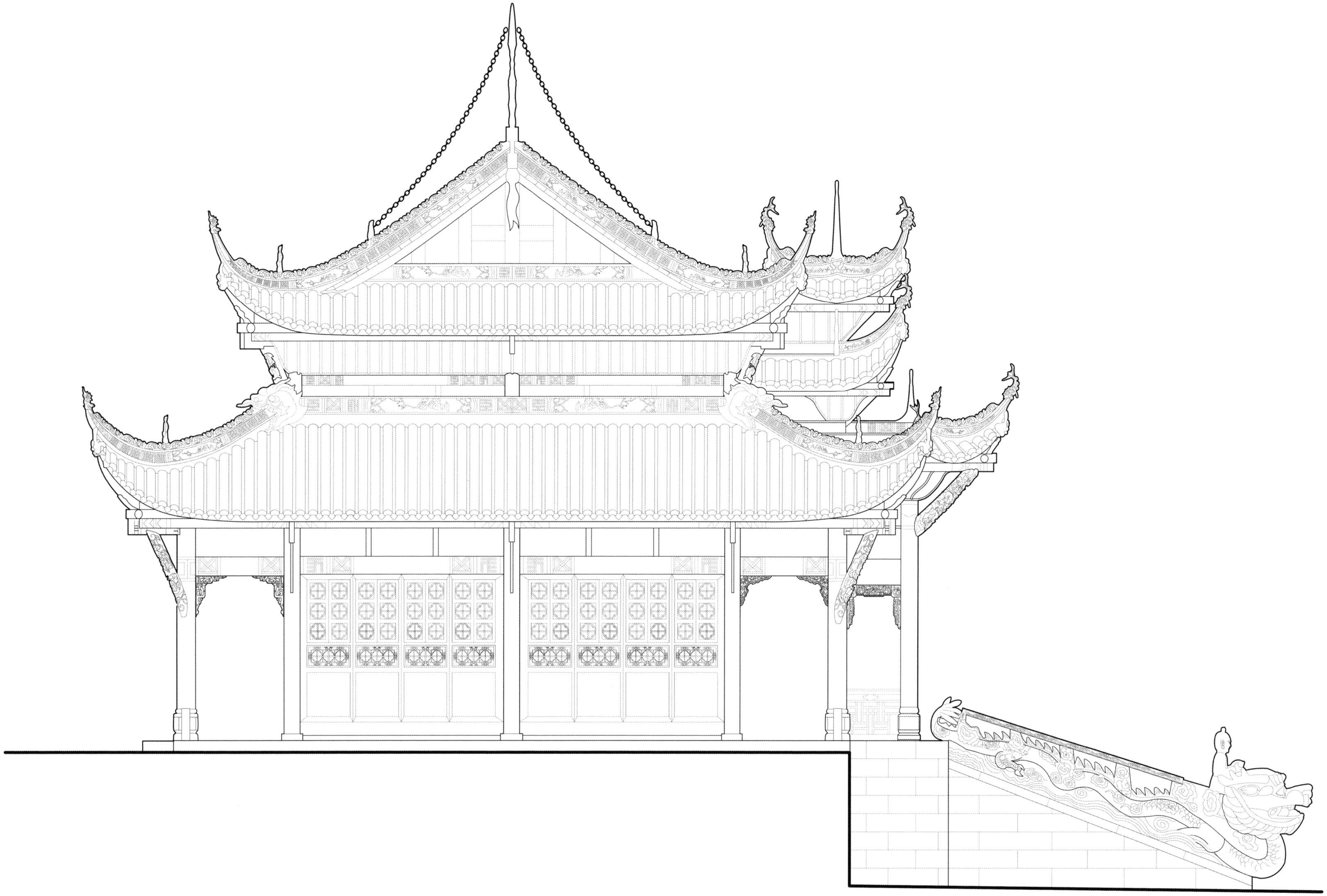

帝释殿侧立面图

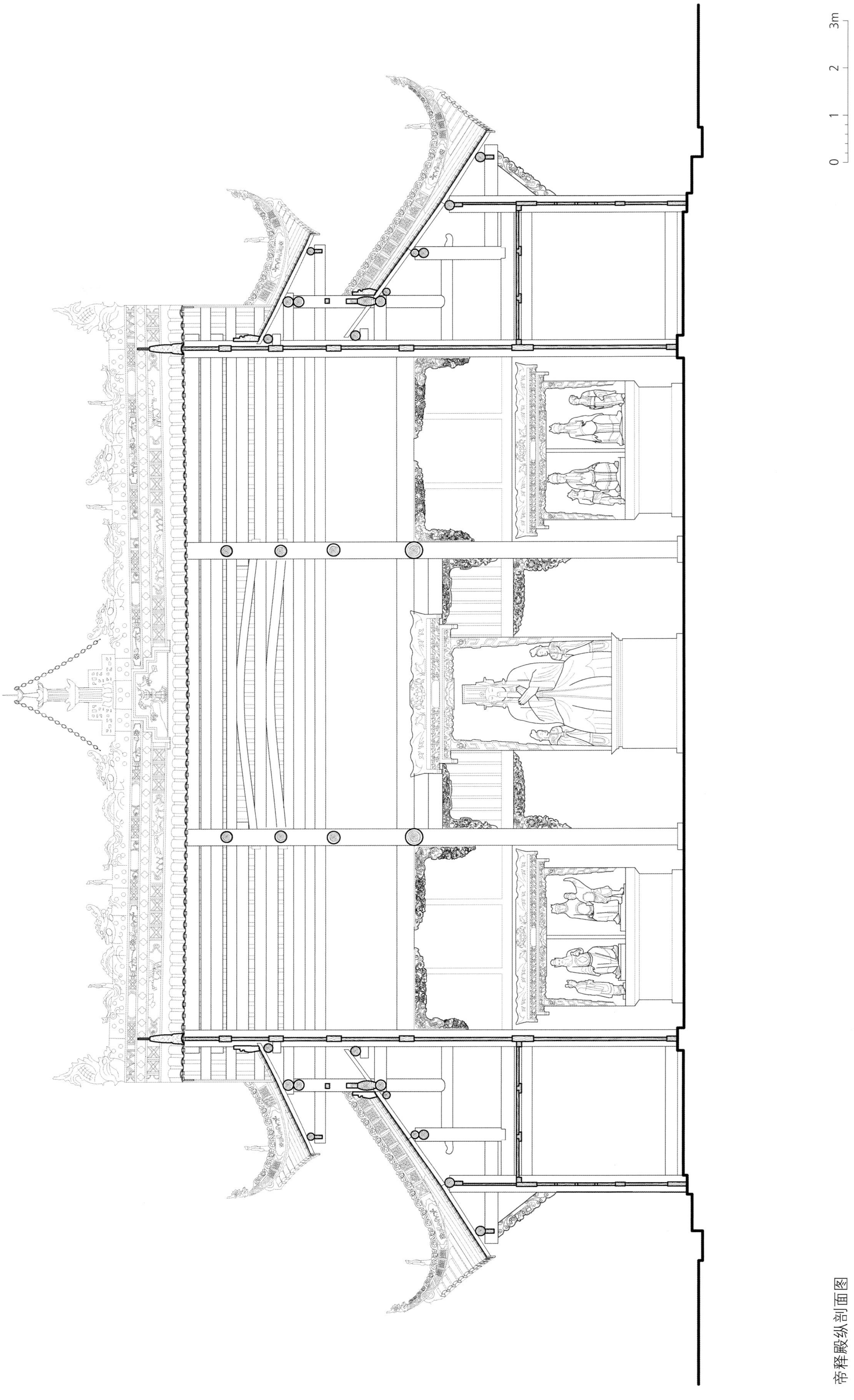

帝释殿纵剖面图

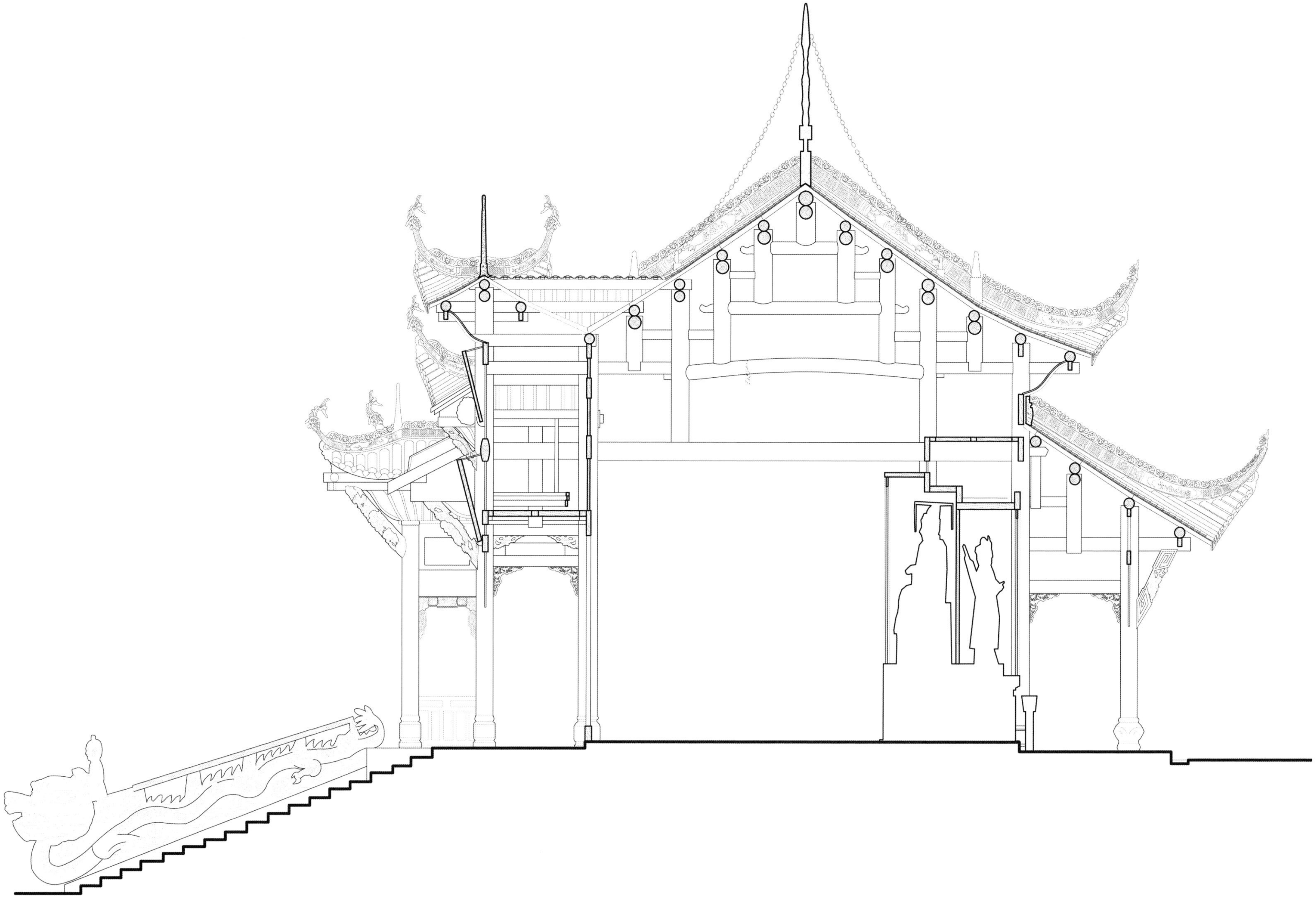

帝释殿明间剖面图

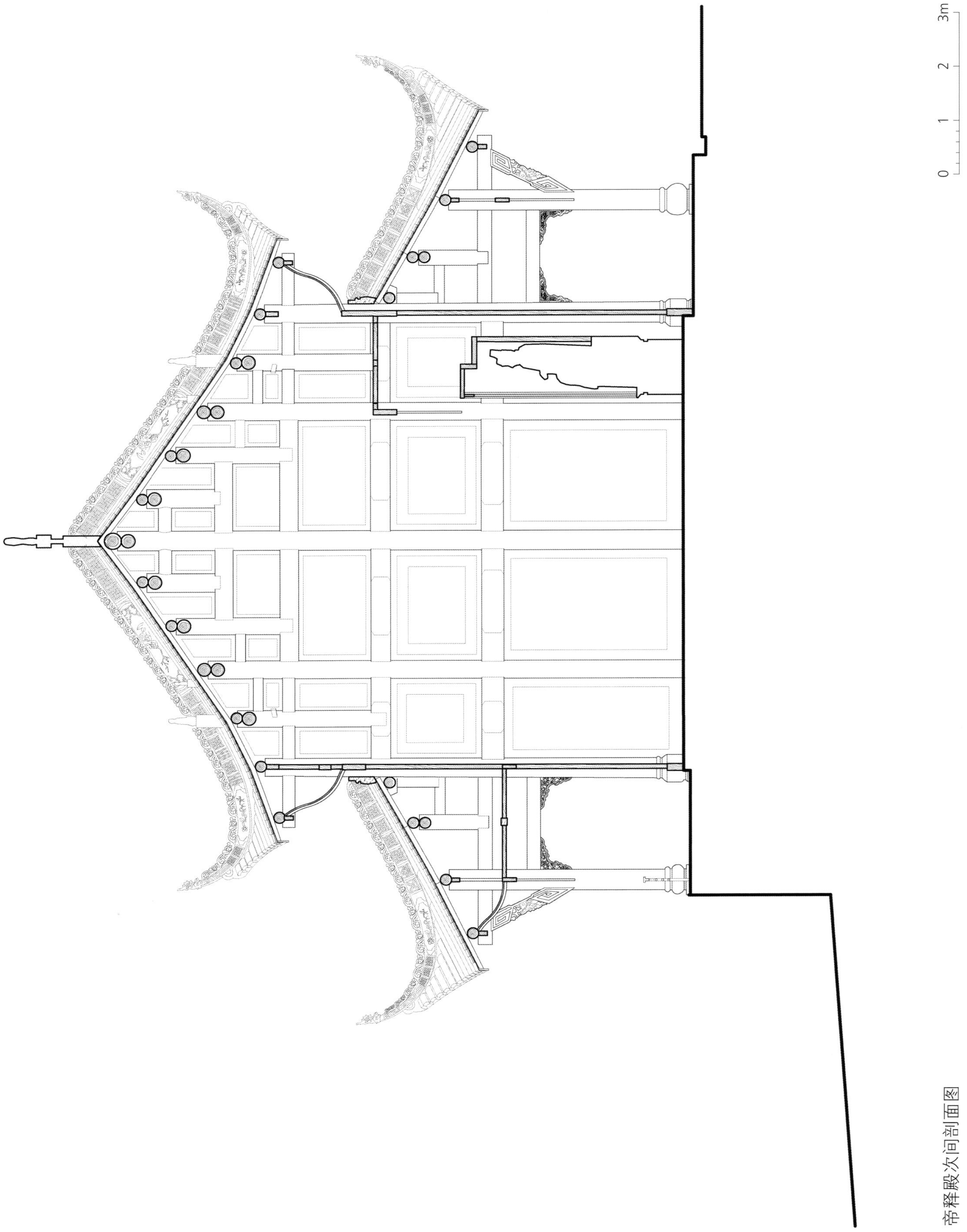

帝释殿次间剖面图

帝释殿正脊饰样图

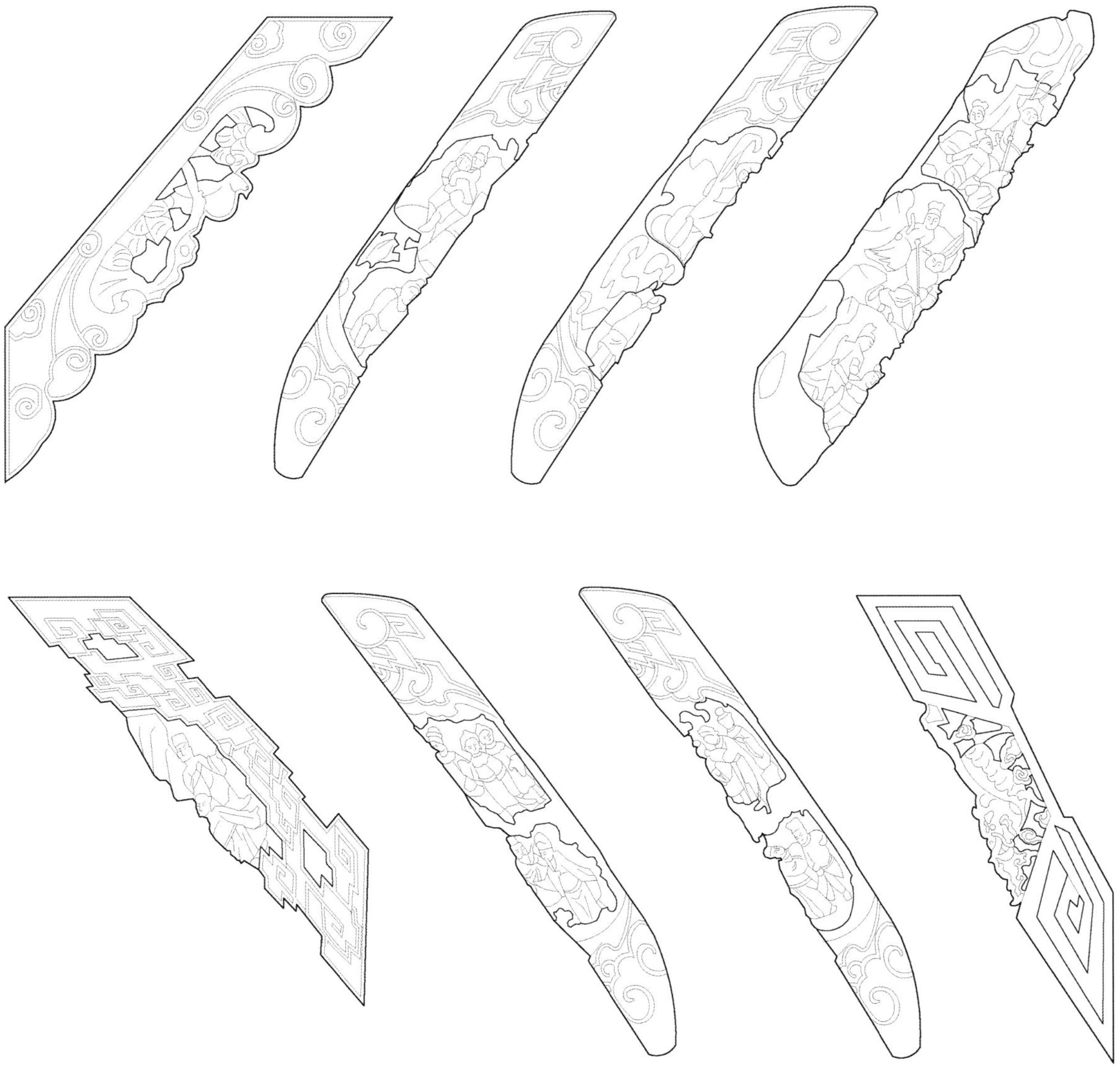

帝释殿撑拱饰样图

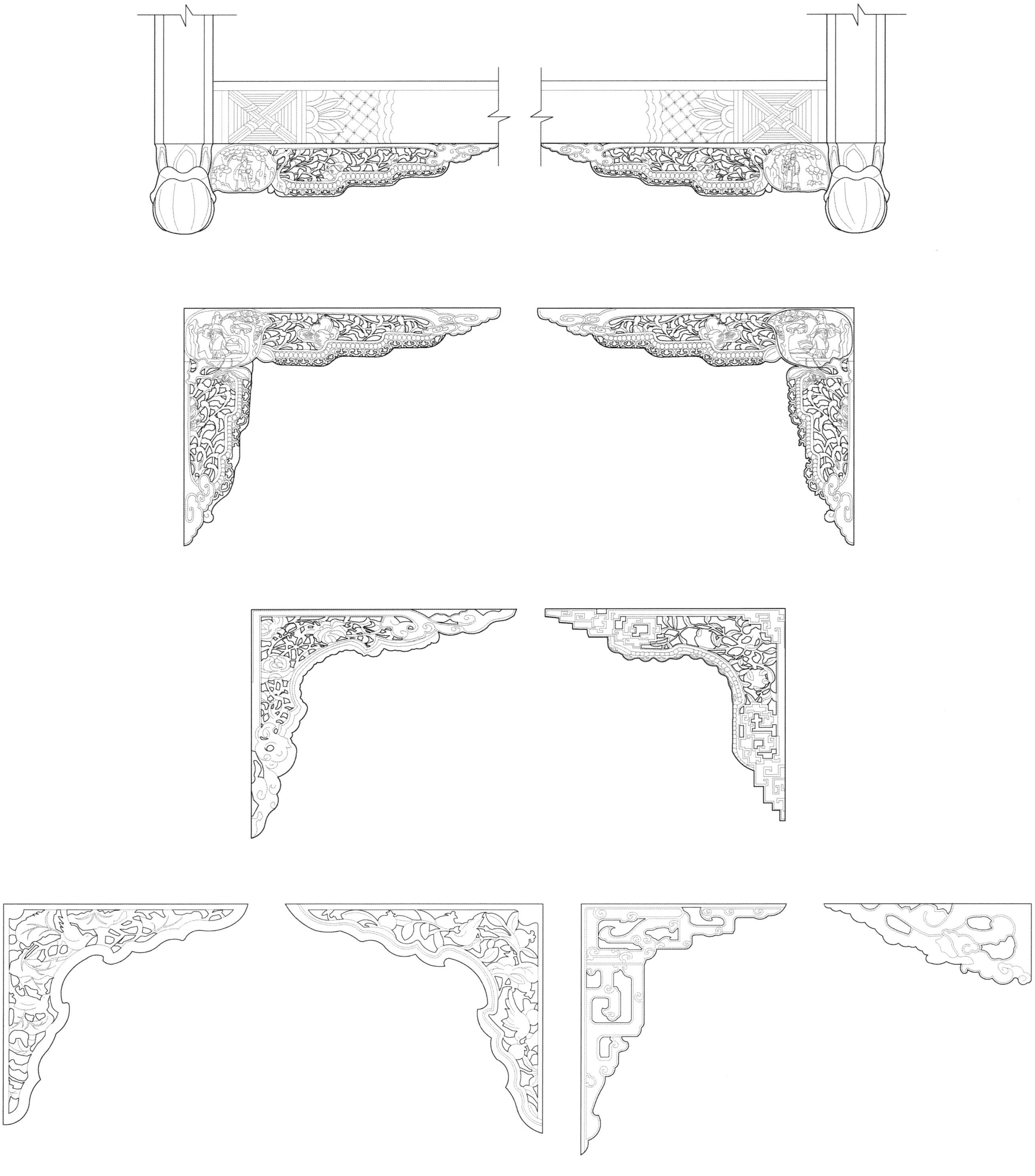

帝释殿花牙子饰样图

帝释殿花牙子饰样图

帝释殿牌楼挂落饰样图

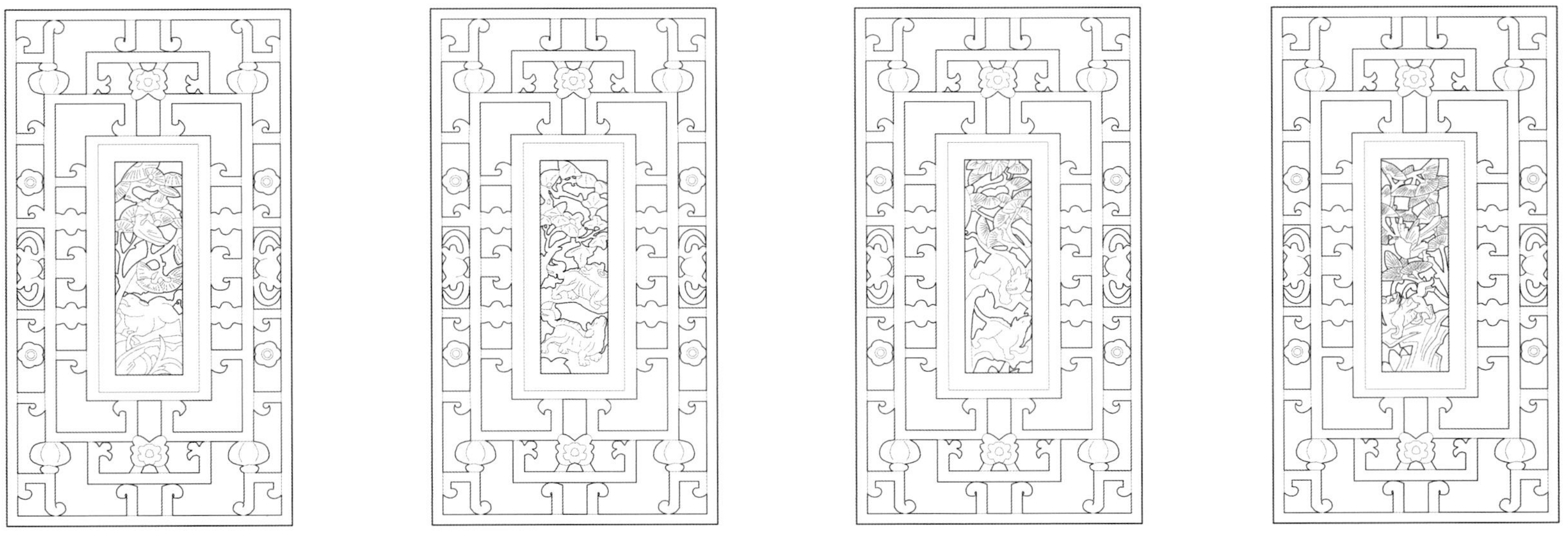

帝释殿明间格扇上部花饰

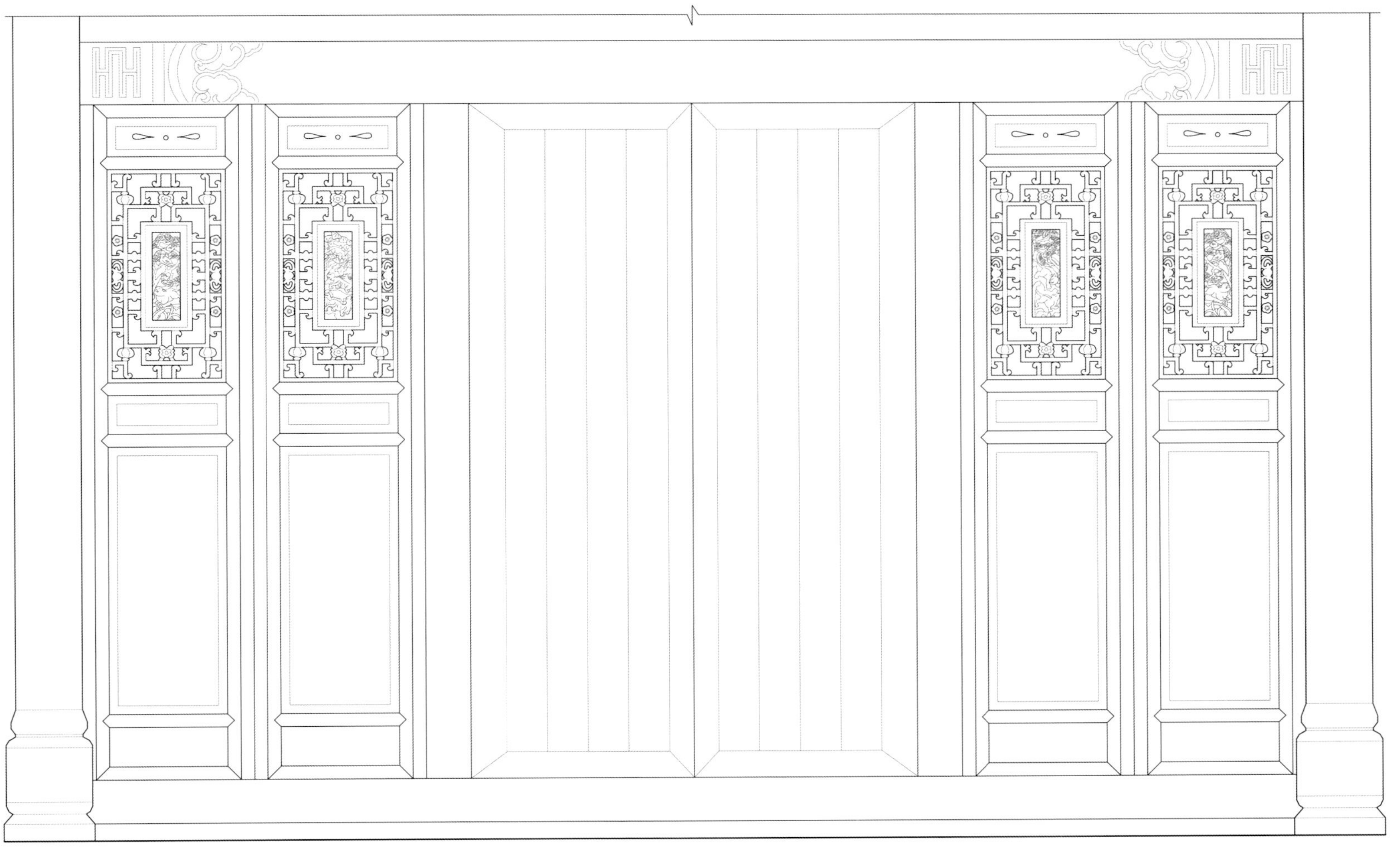

帝释殿明间木装修

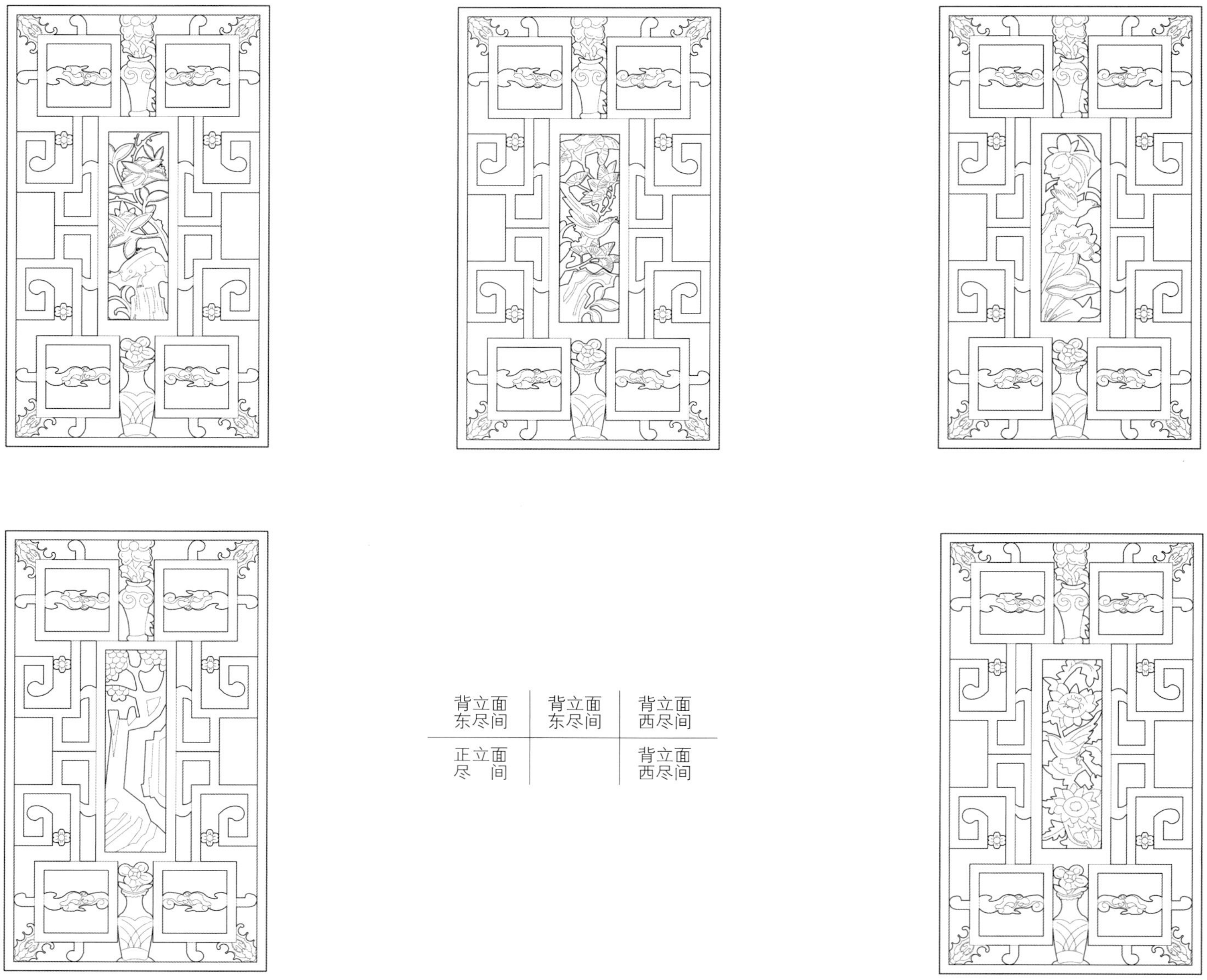

帝释殿尽间格扇上部花饰

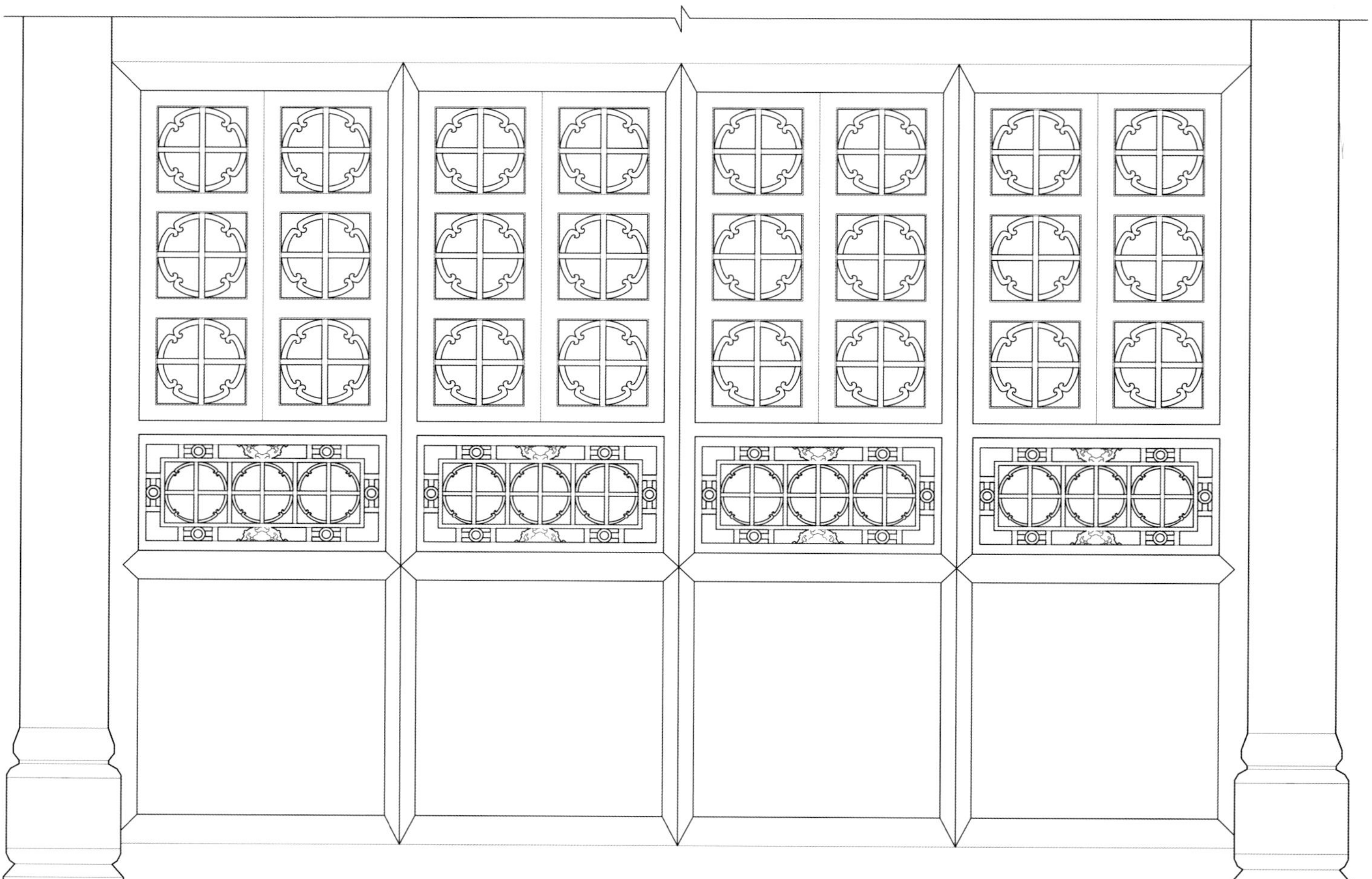

帝释殿山面木装修

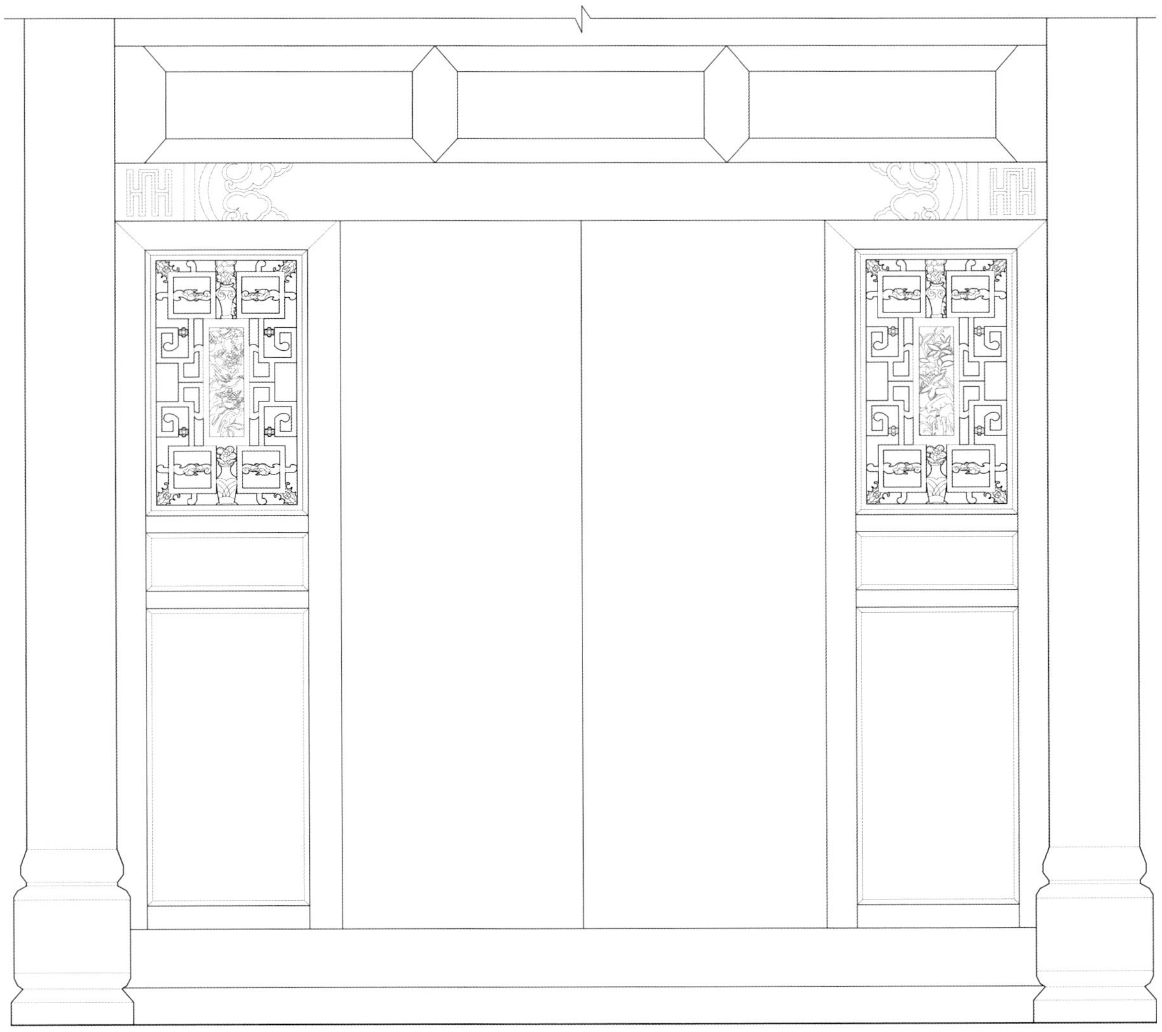

帝释殿次间木装修（一）

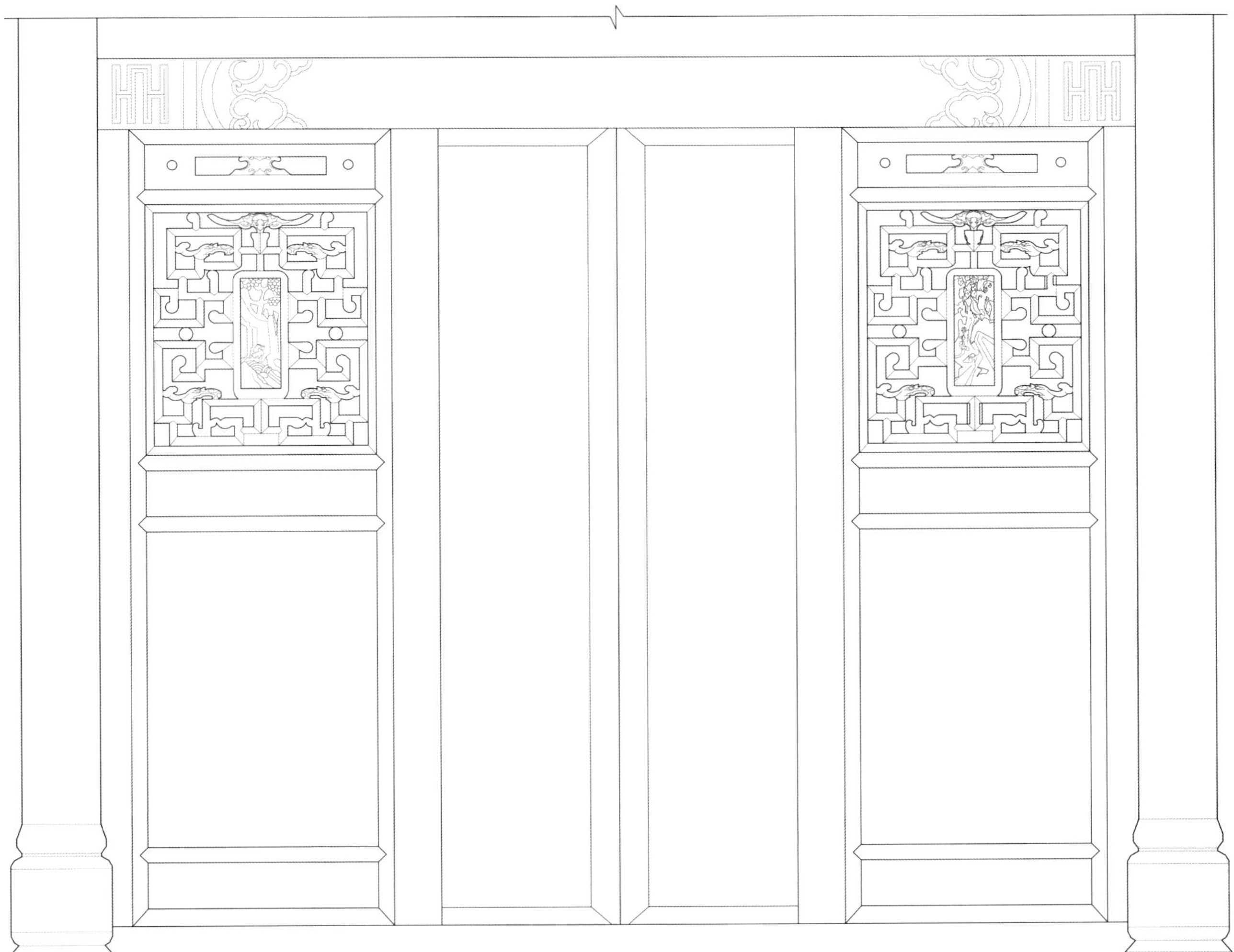

帝释殿次间木装修（二）

帝释殿正心间次间格扇上部花饰

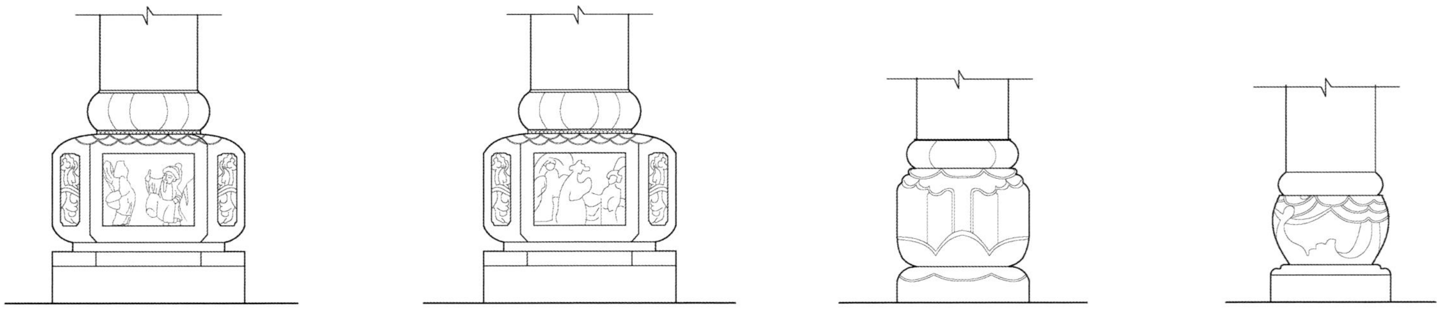

帝释殿柱础饰样图

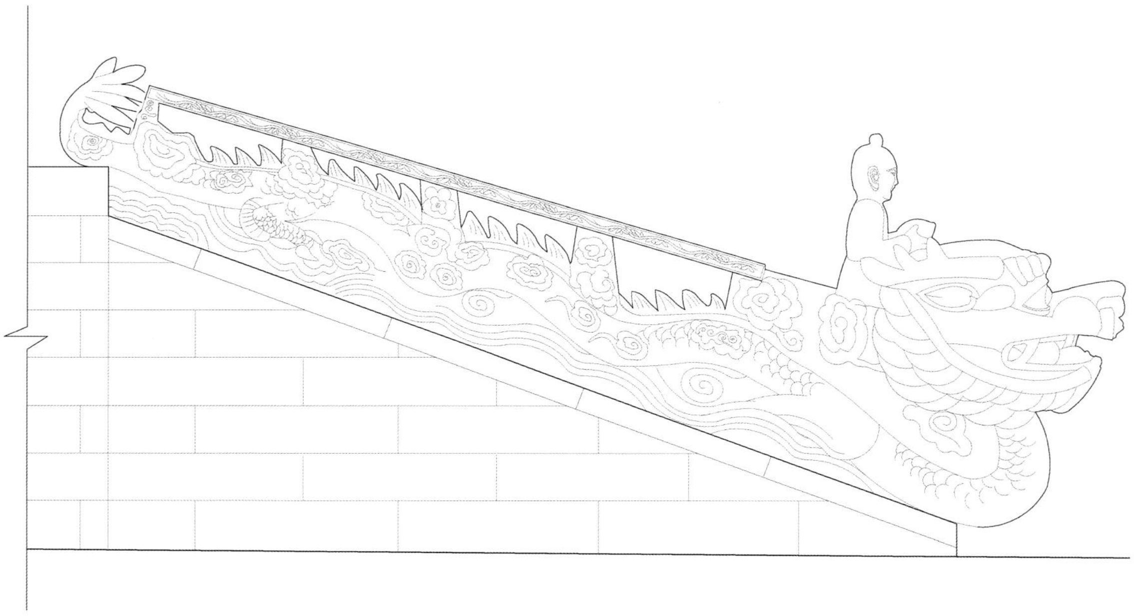

帝释殿石栏详图

（五）大雄宝殿

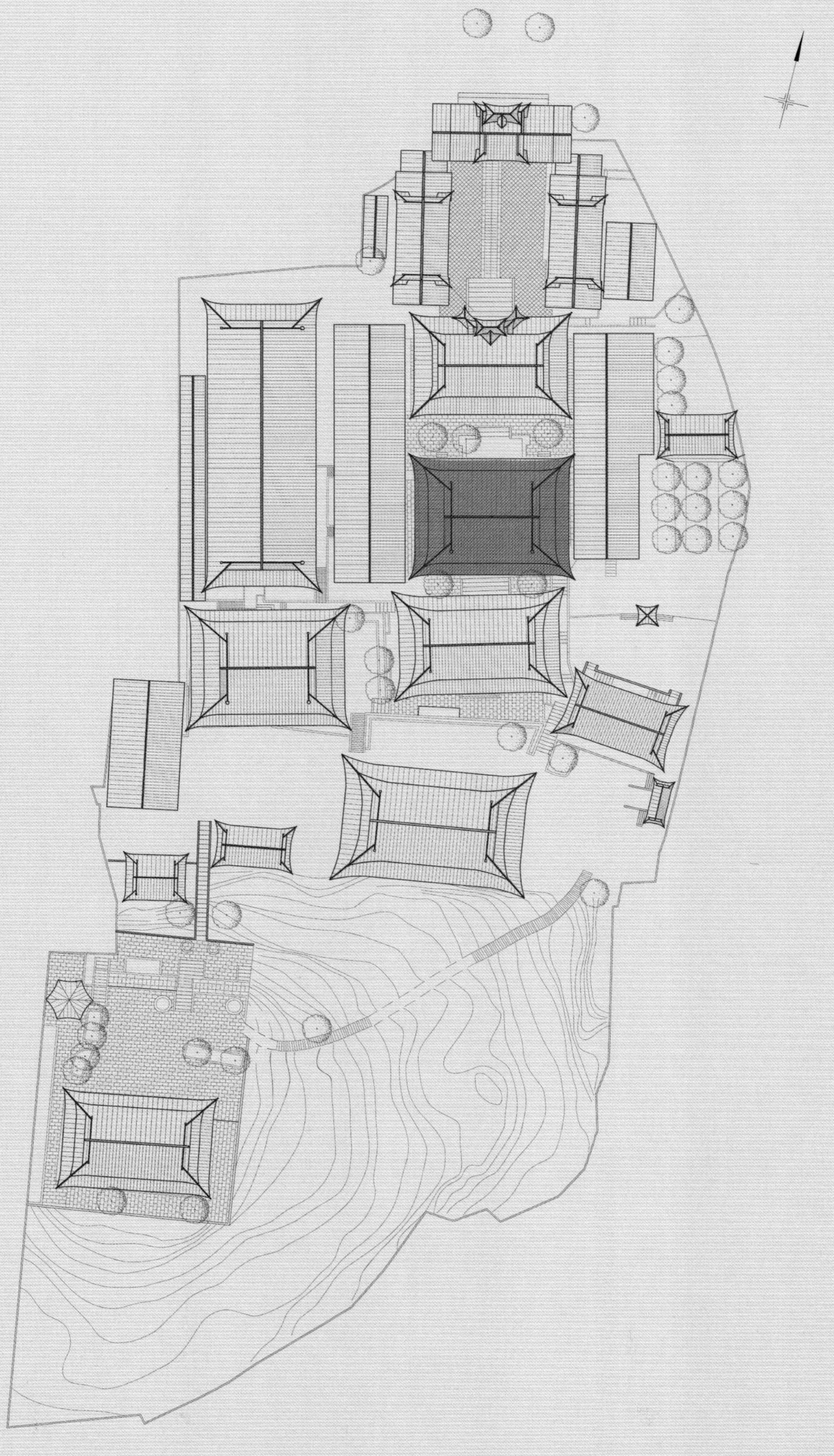

大雄宝殿建于清代，平面长方形，面阔 5 间，计 20.45 米，进深 16.15 米，单层，重檐歇山顶。殿中奉毗卢如来，背后供奉接引佛像，为佛教四众诵经拜佛之处。

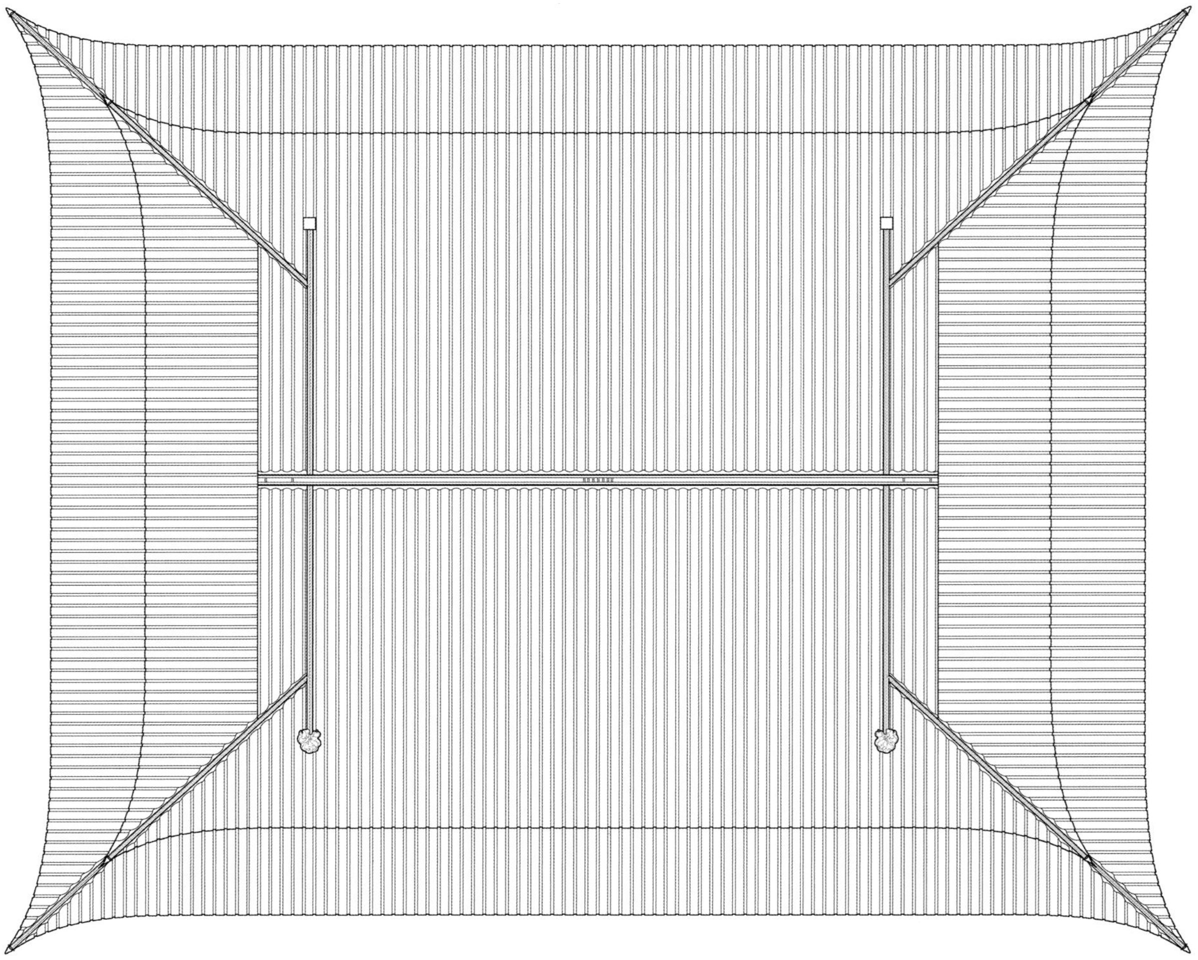

大雄宝殿屋顶平面图

0 1 2 3m

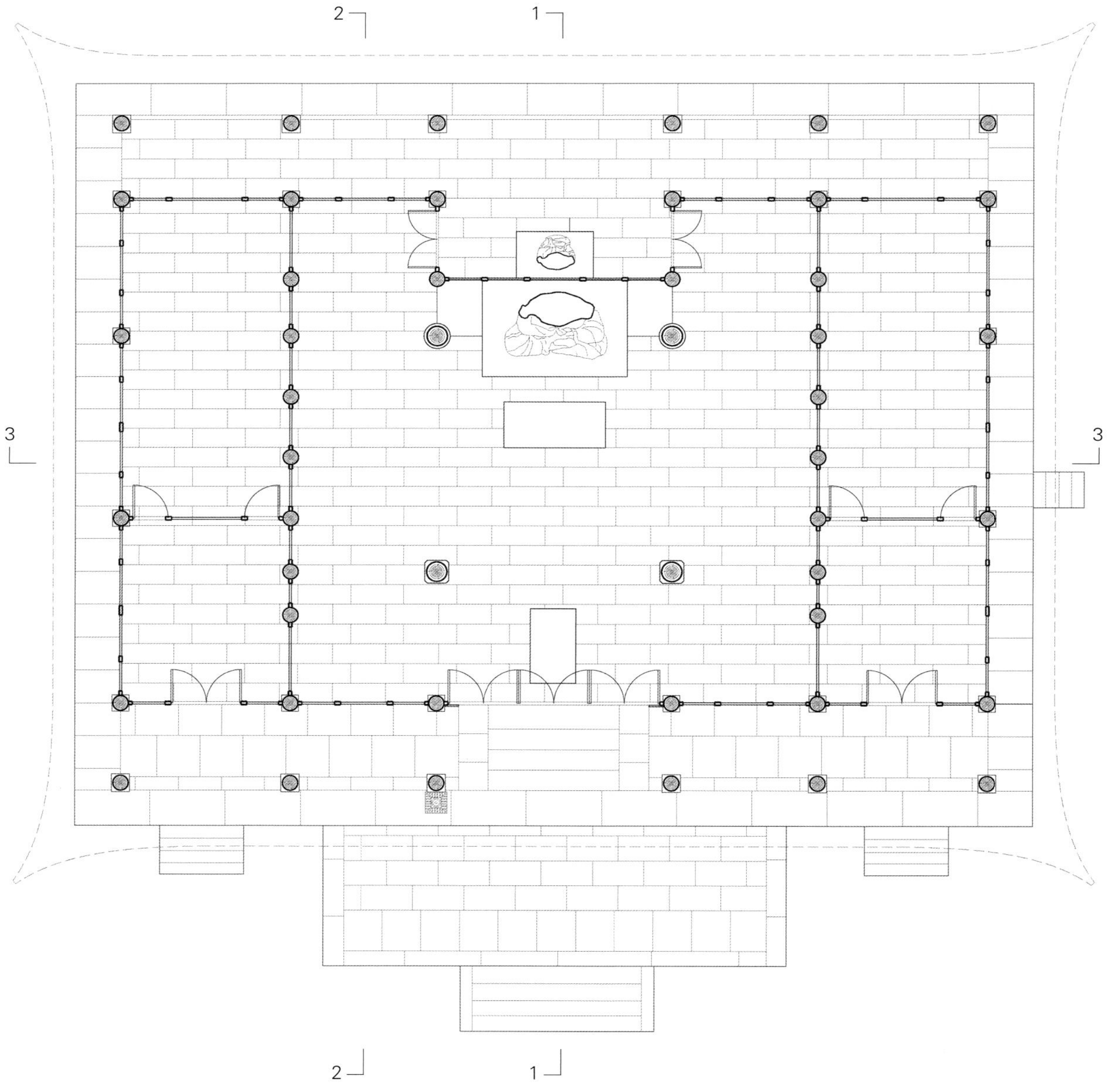

大雄宝殿平面图

0 1 2 3m

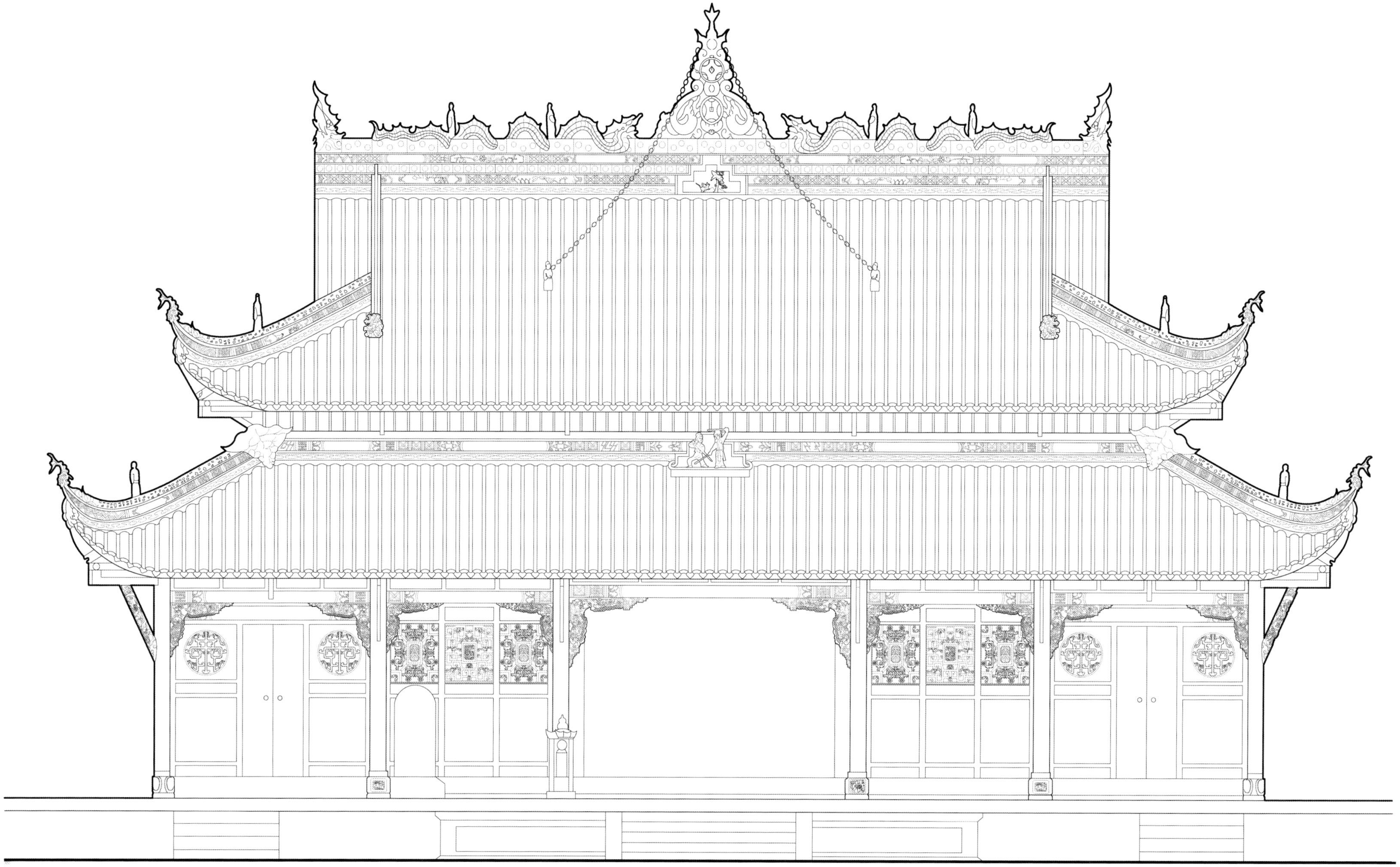

大雄宝殿正立面图

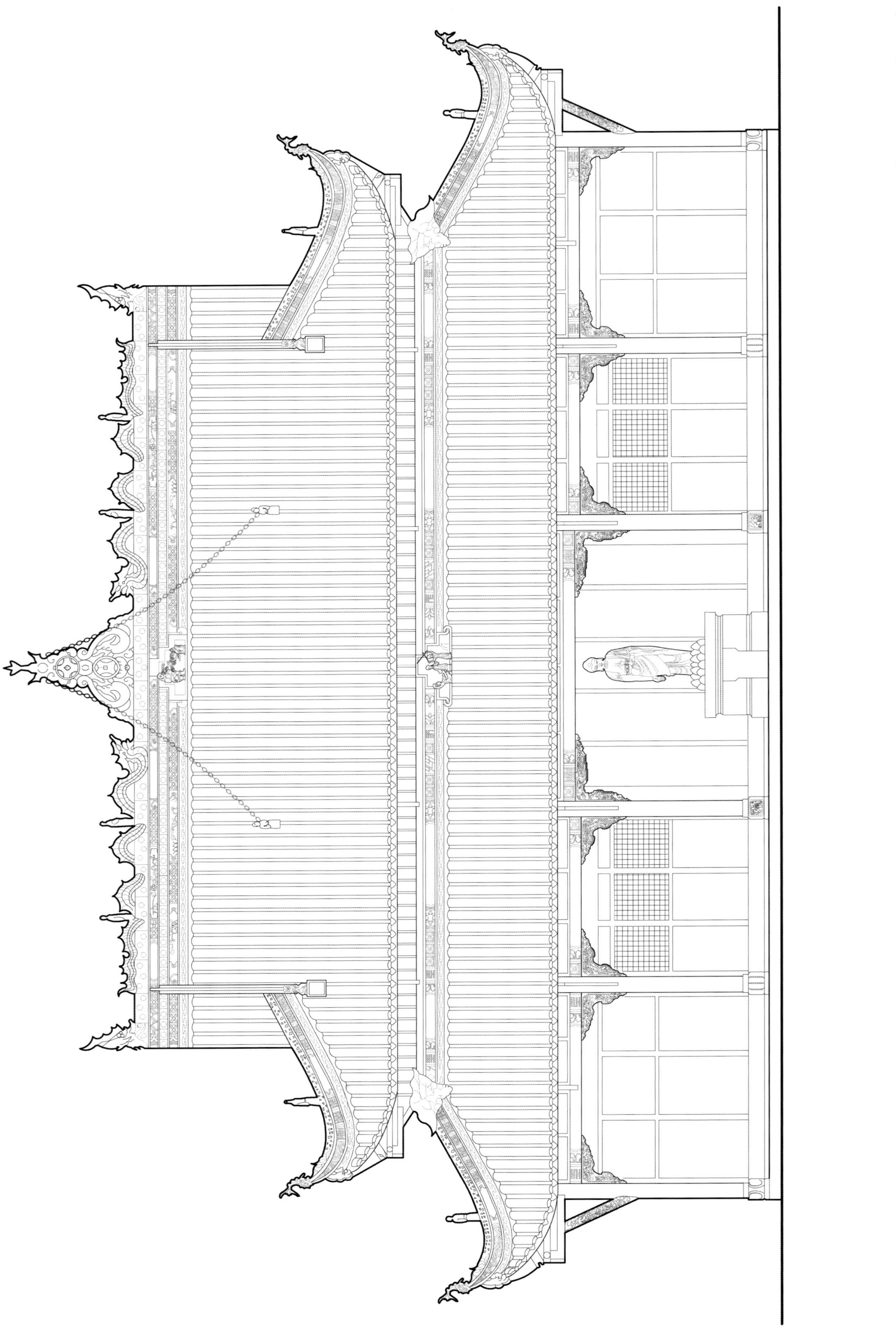

大雄宝殿背立面图

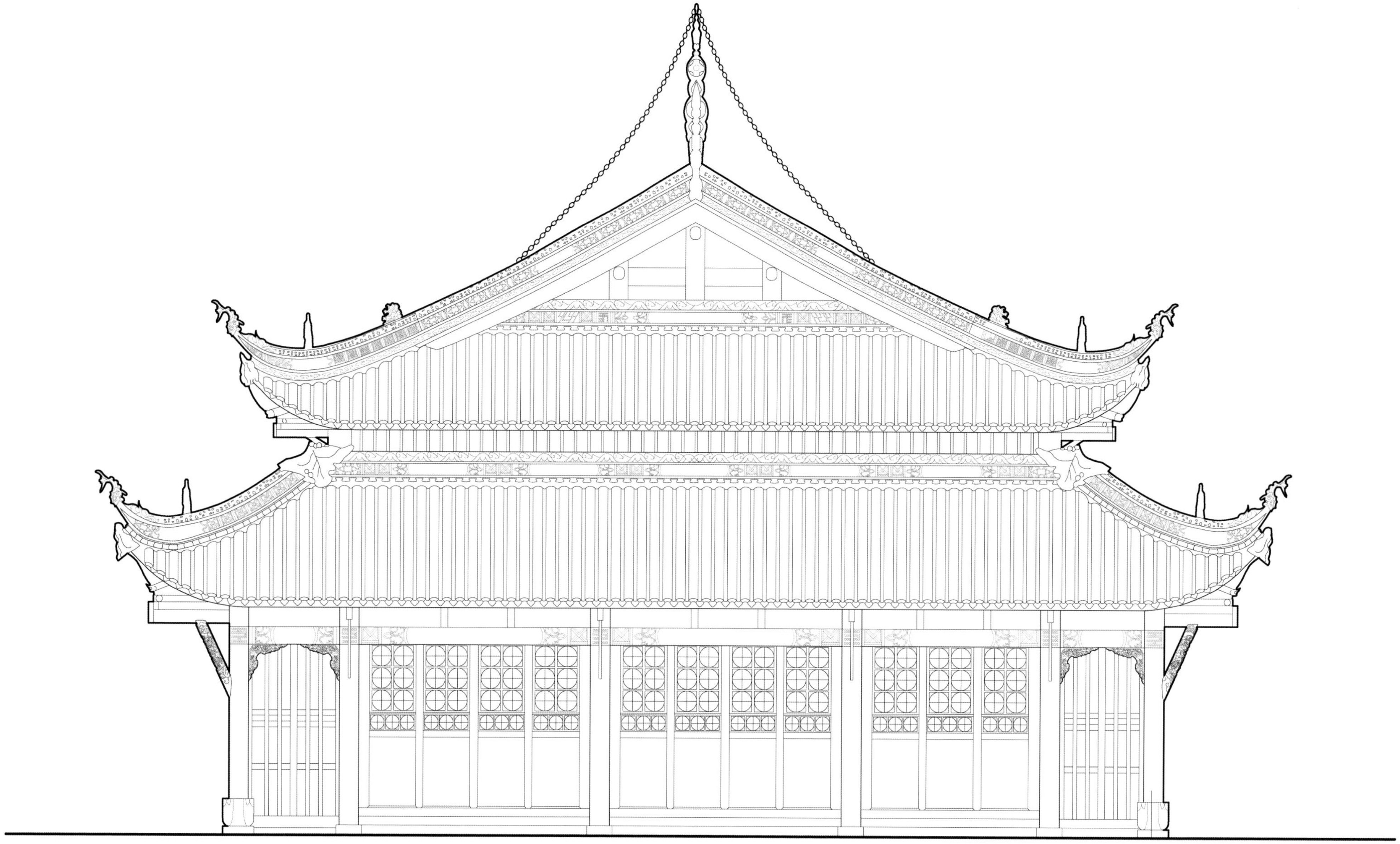

大雄宝殿侧立面图

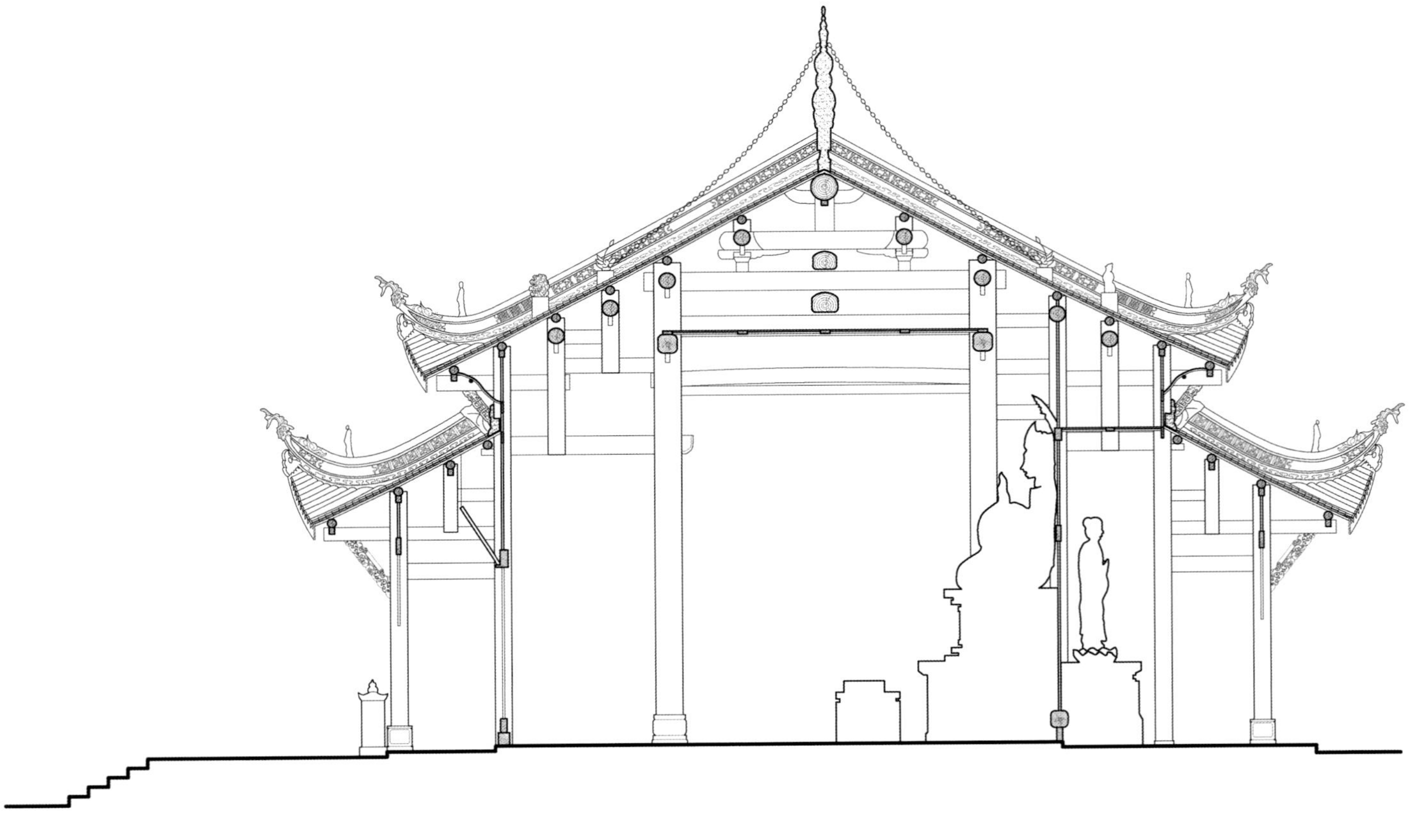

大雄宝殿明间剖面图

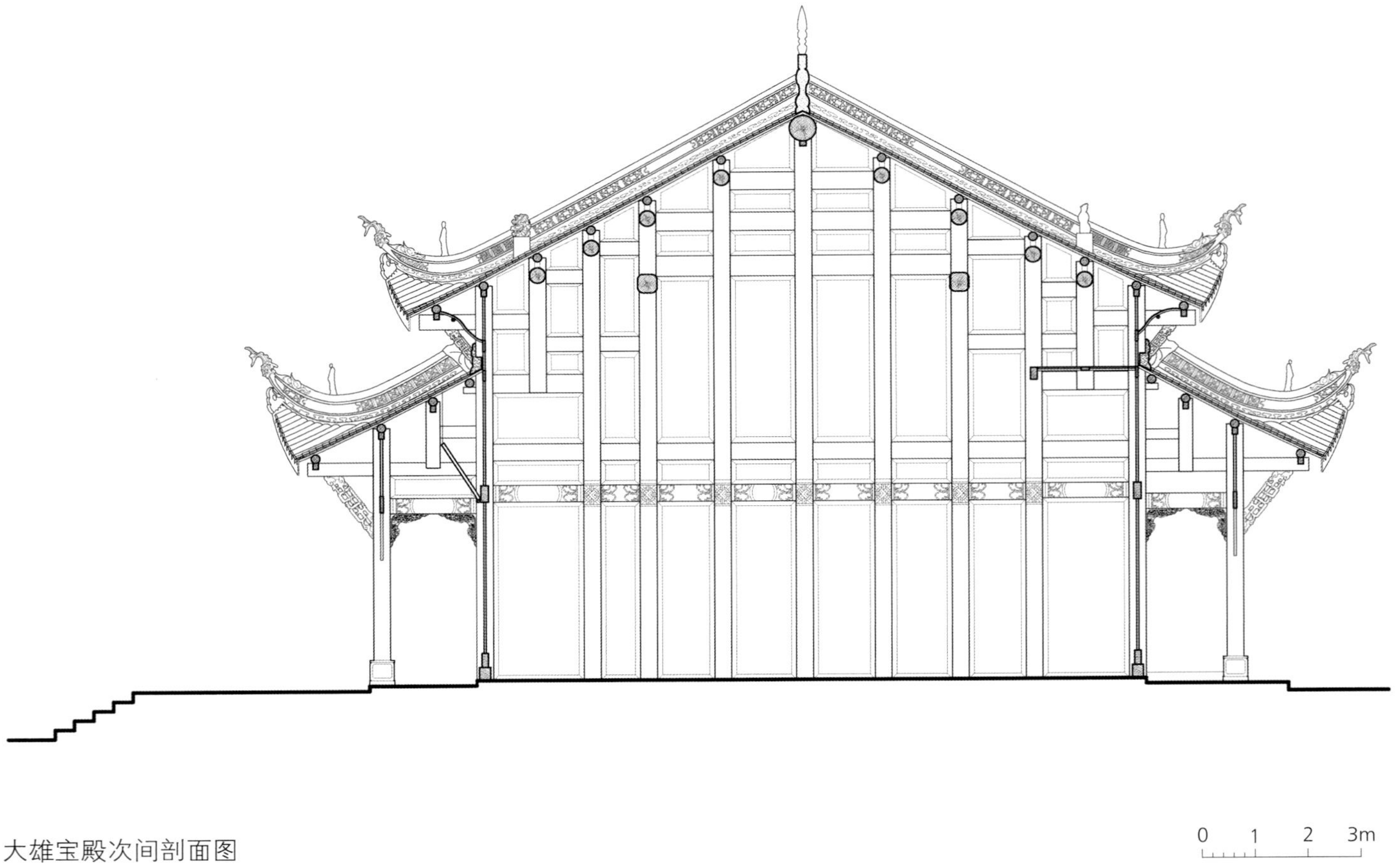

大雄宝殿次间剖面图

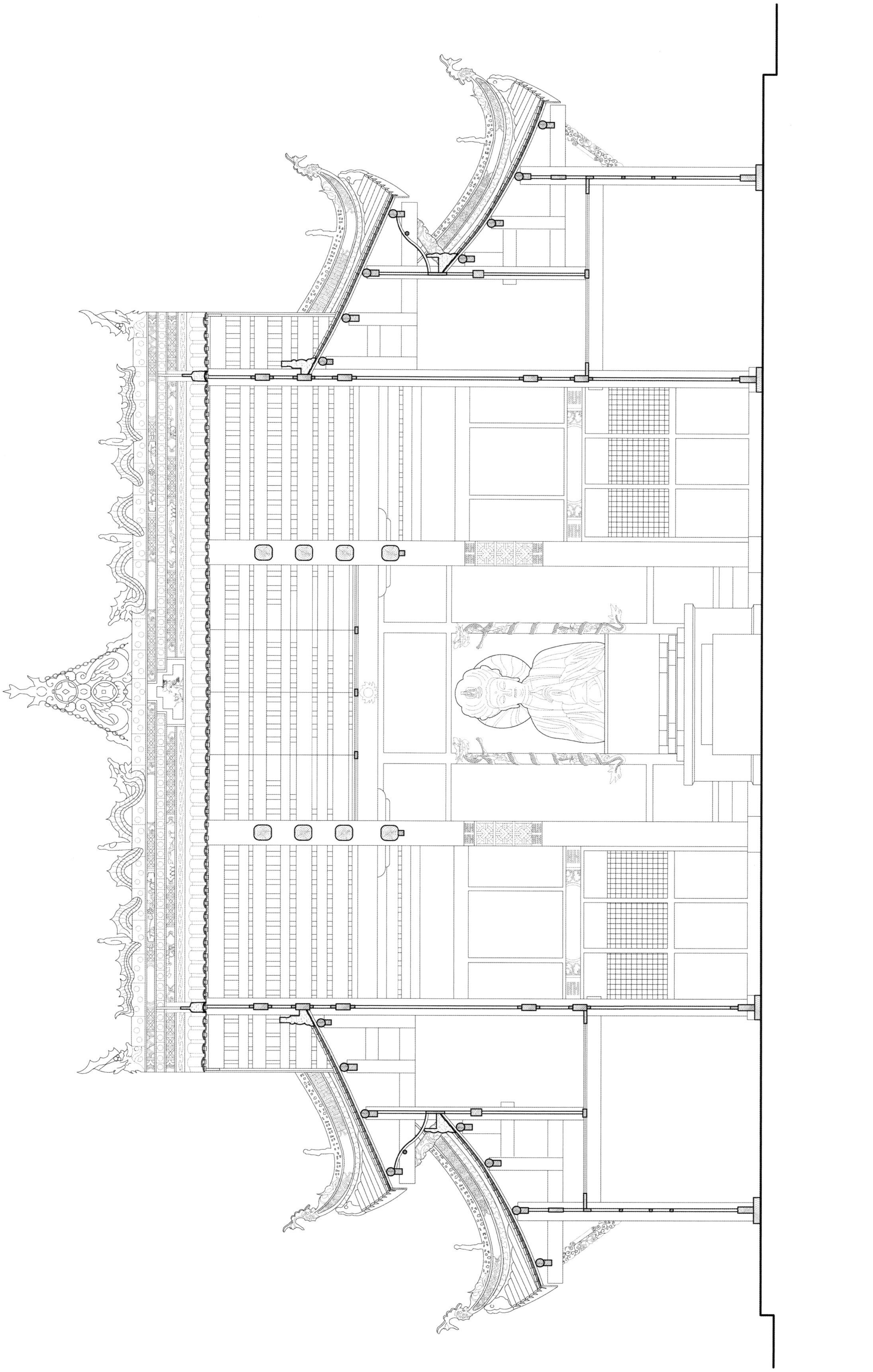

大雄宝殿纵剖面图

大雄宝殿次间格扇上部花饰

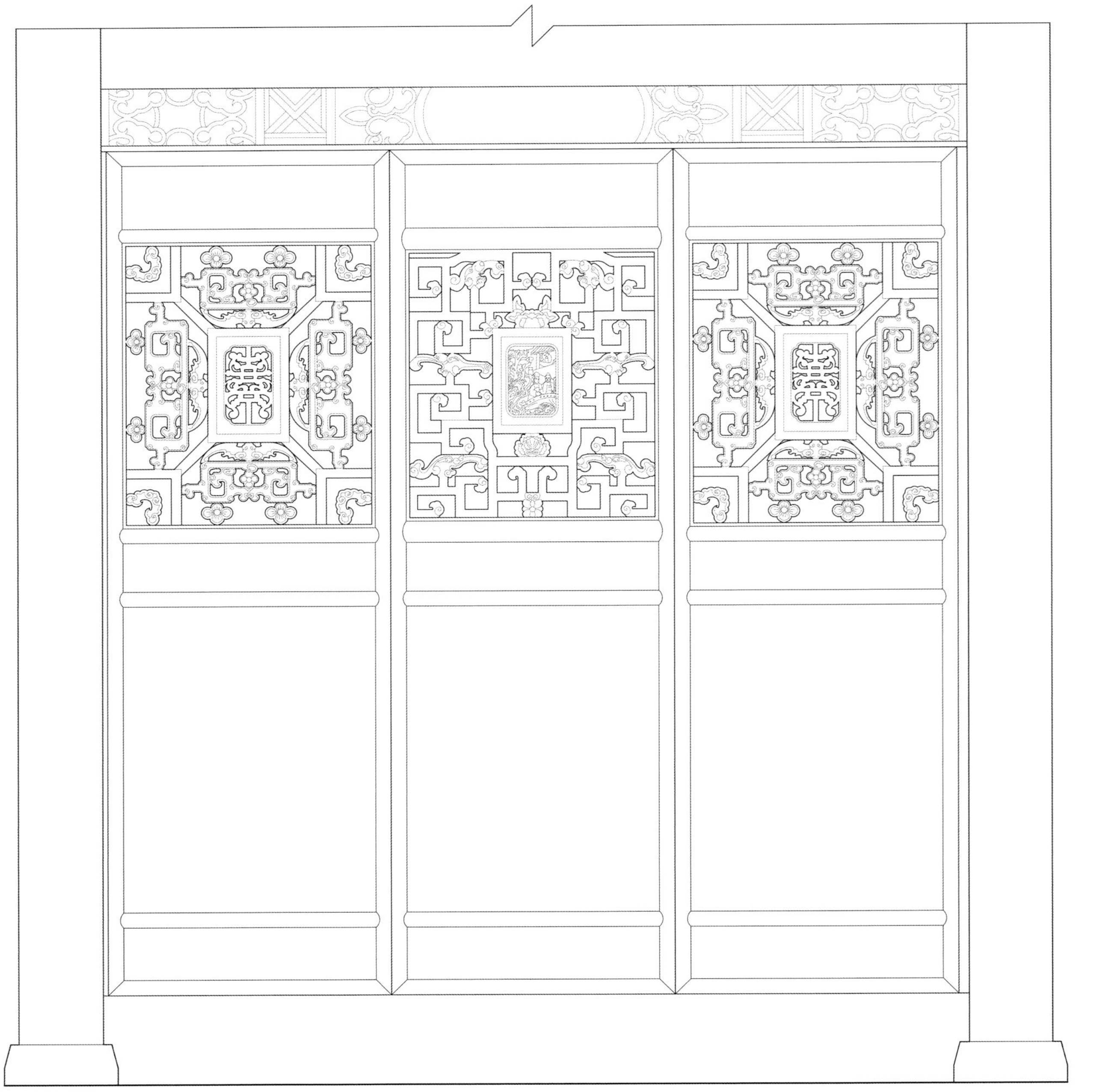

大雄宝殿次间木装修

大雄宝殿尽间格扇上部花饰

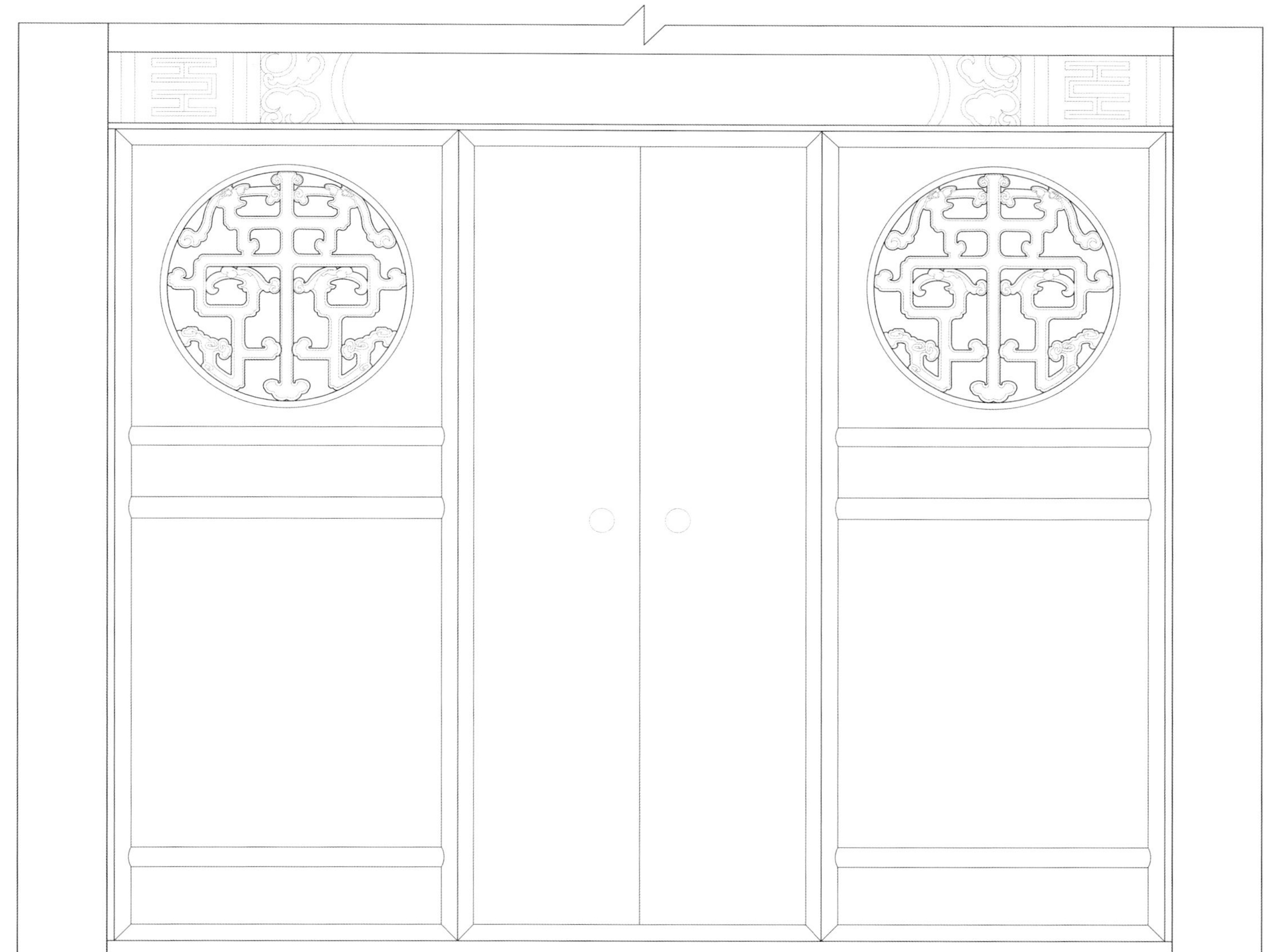

大雄宝殿尽间木装修

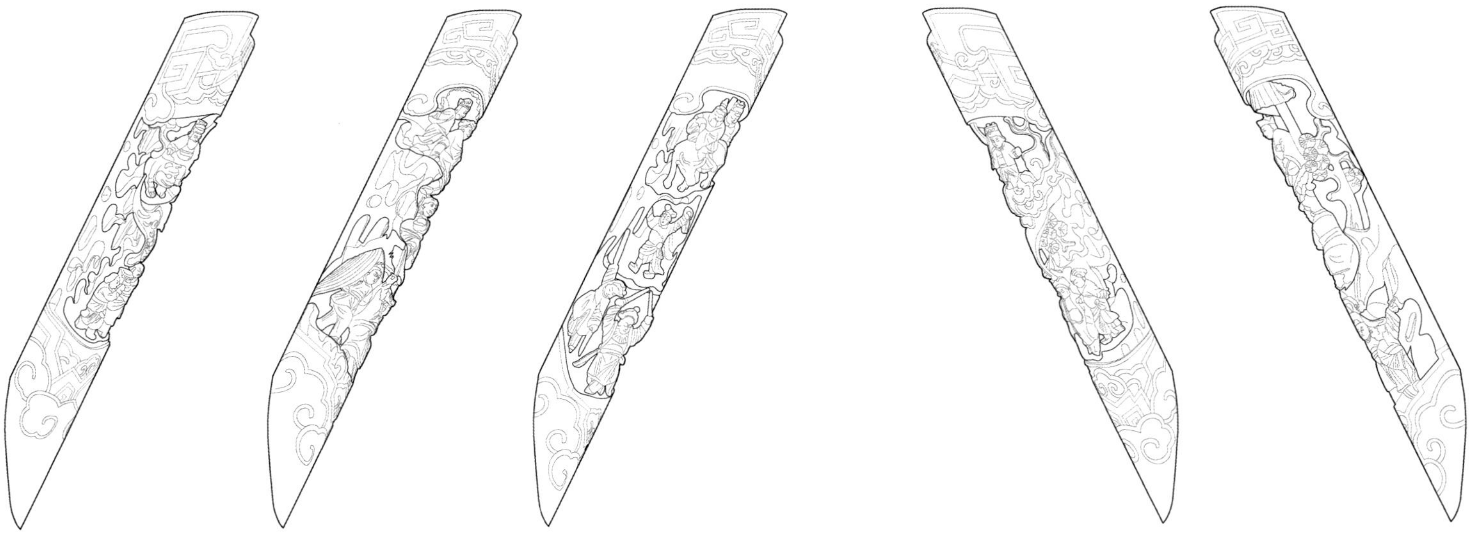

大雄宝殿撑拱饰样图

大雄宝殿花牙子饰样图

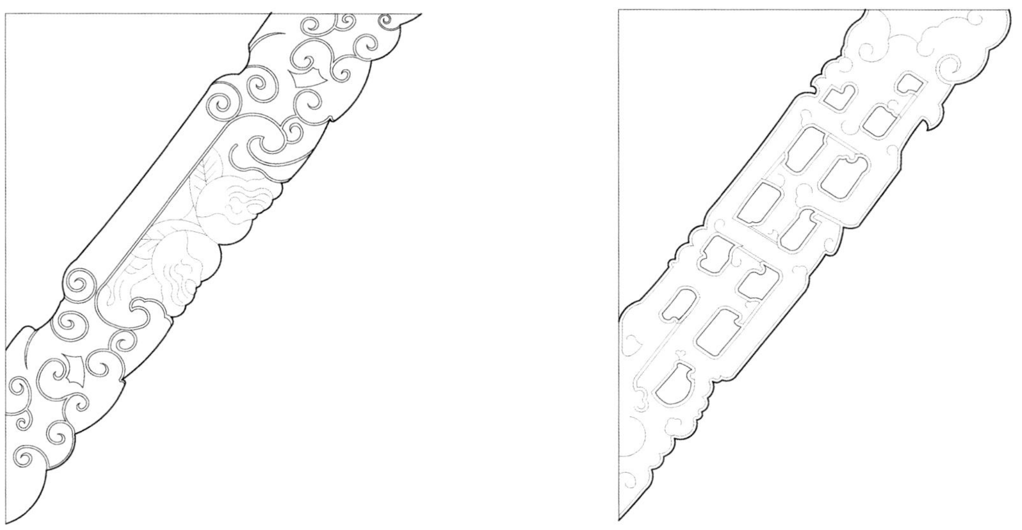

大雄宝殿撑拱饰样图

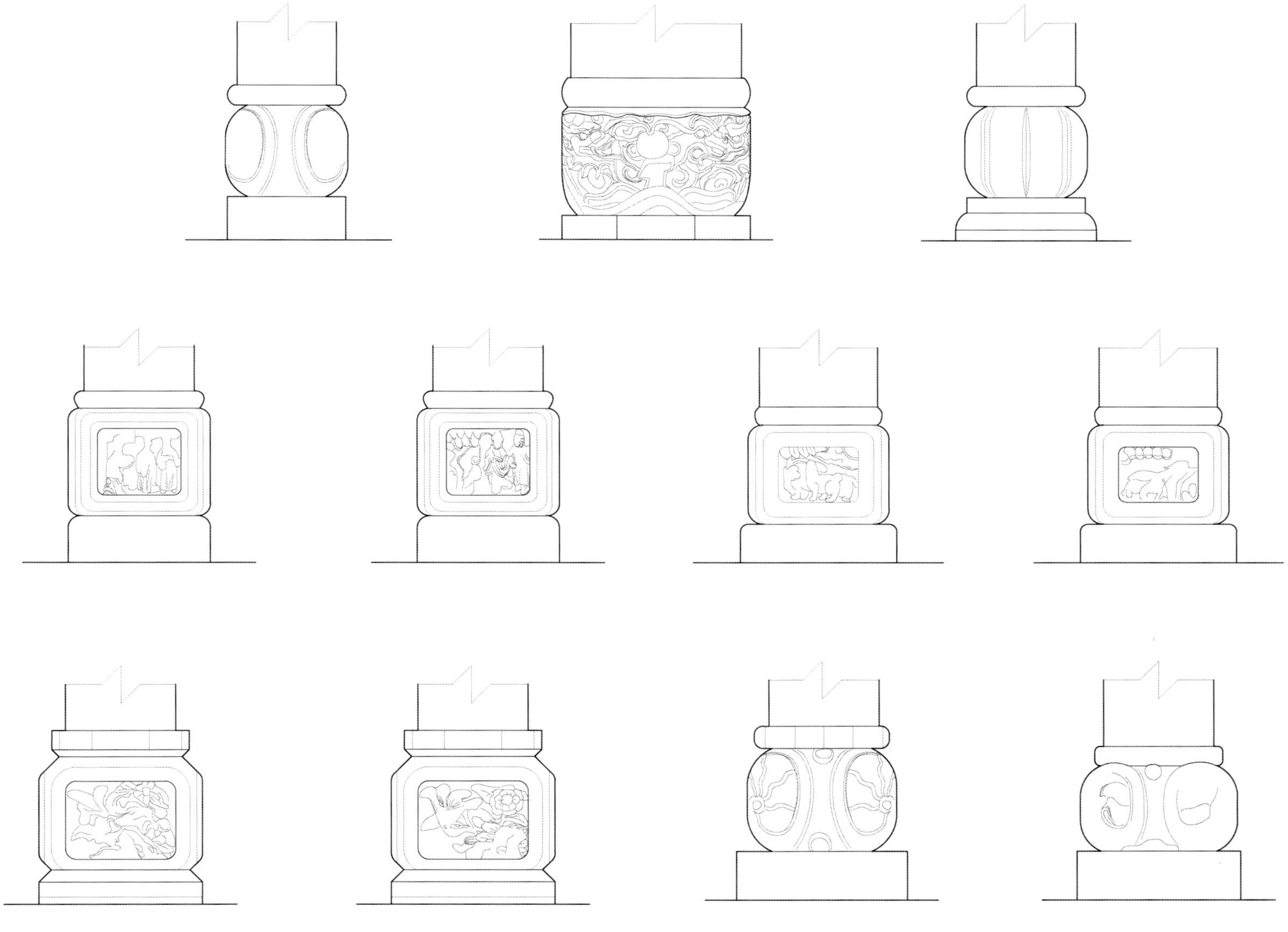

大雄宝殿柱础饰样图

（六）三世佛殿

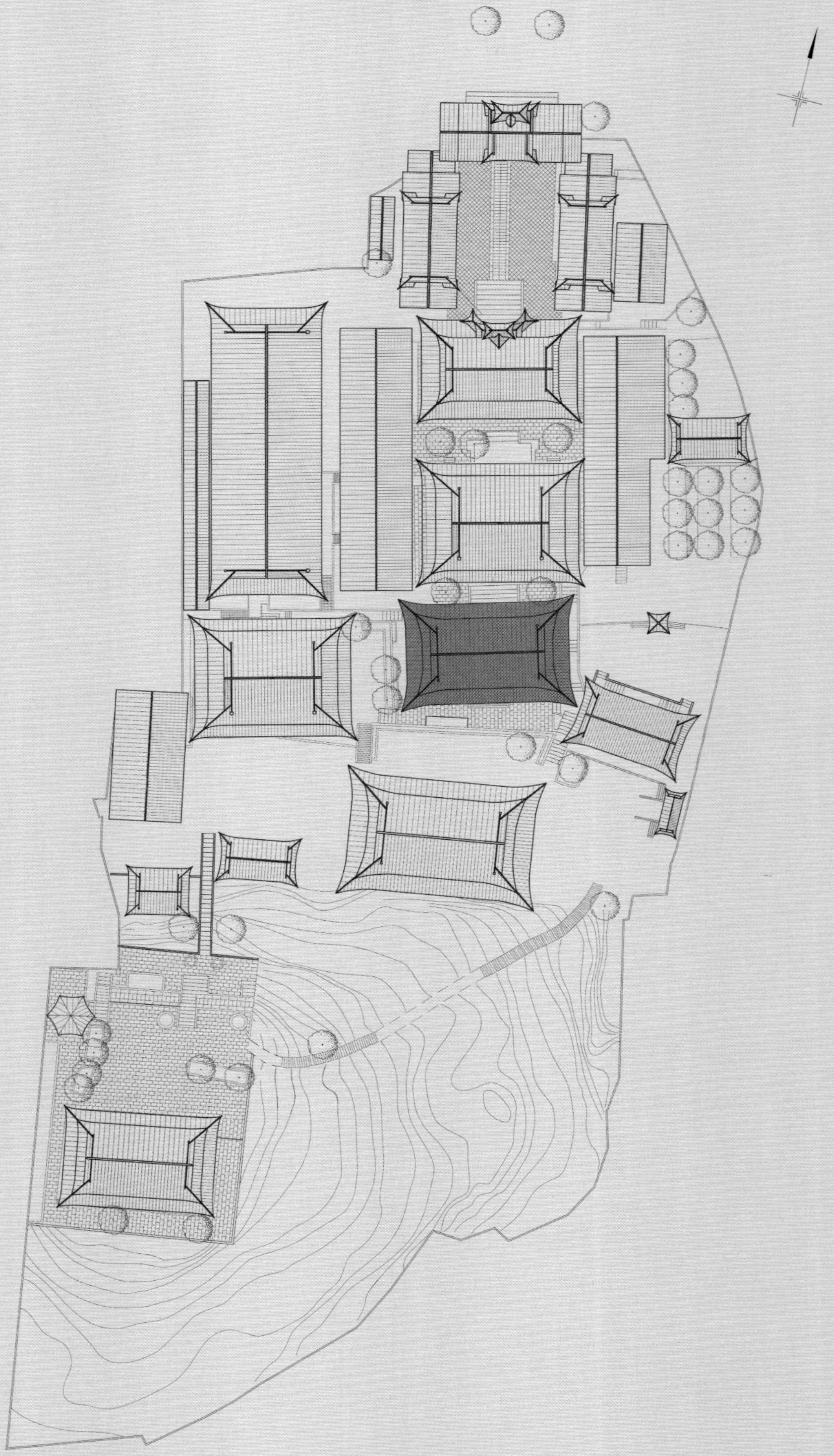

三世佛殿又名经殿，建于清代，即藏经殿，殿内供三世佛。平面长方形，面阔 5 间，计 22.2 米，进深 12.6 米，单层，重檐歇山顶。

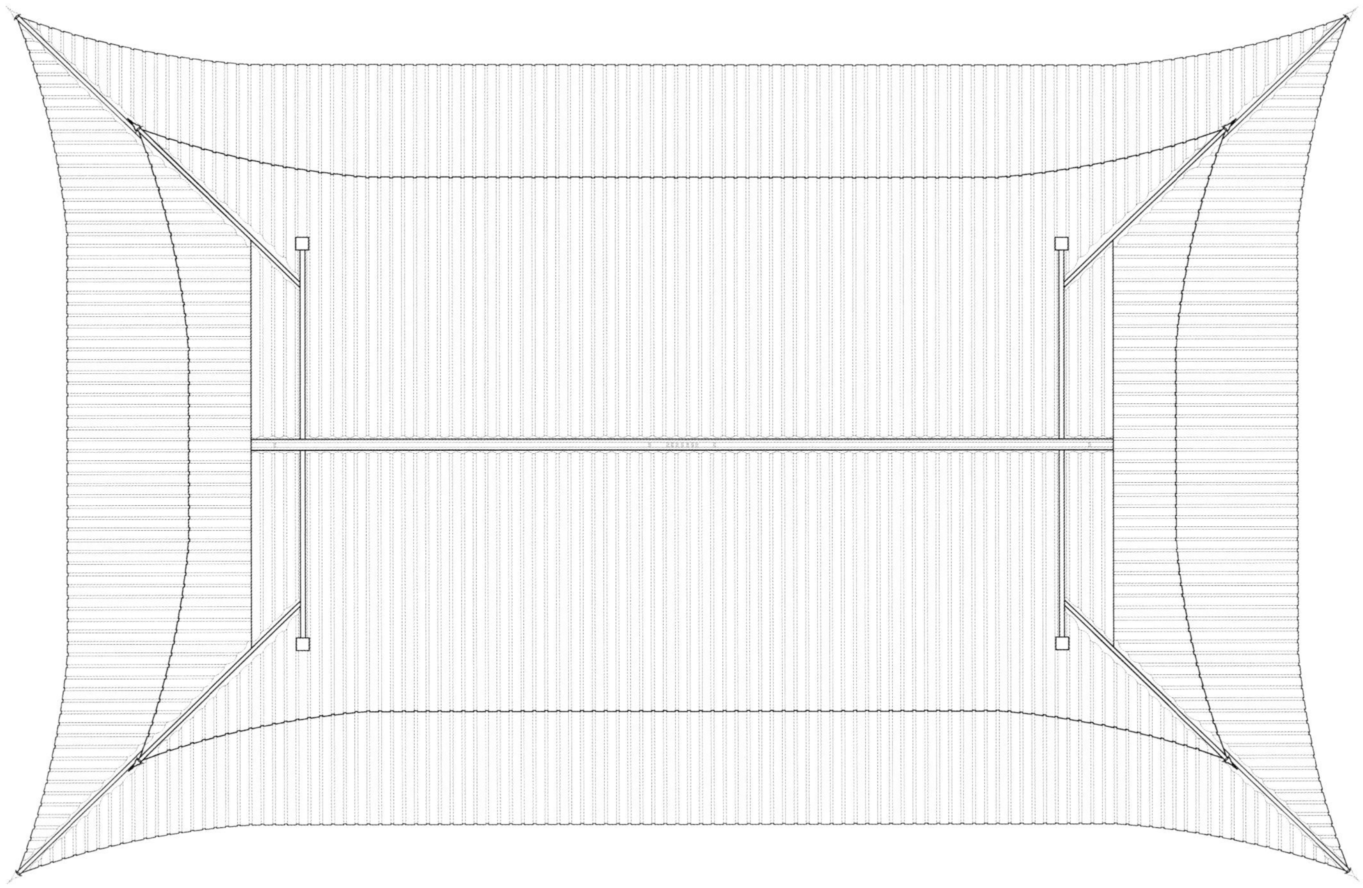

三世佛殿屋顶平面图

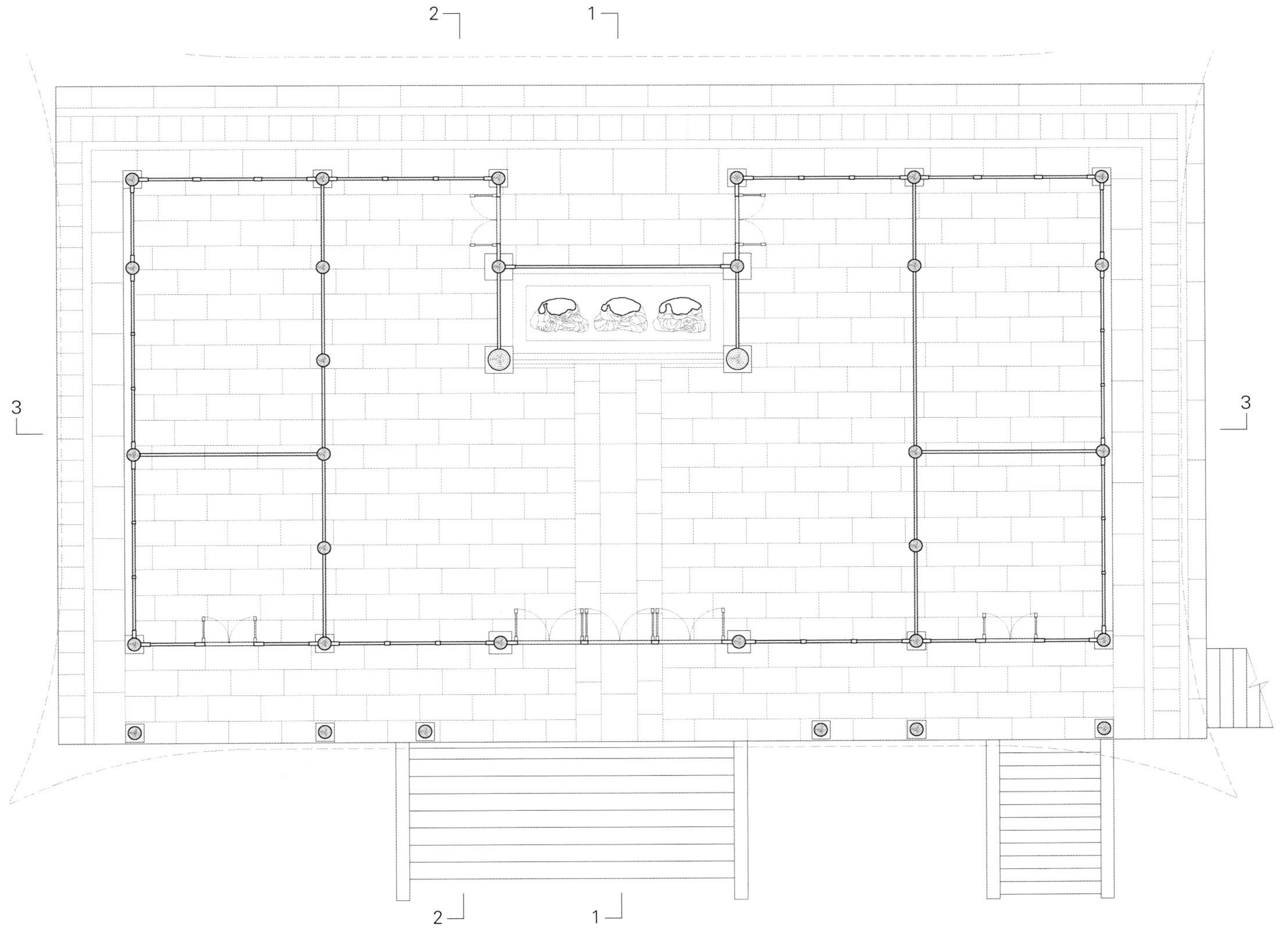

三世佛殿平面图

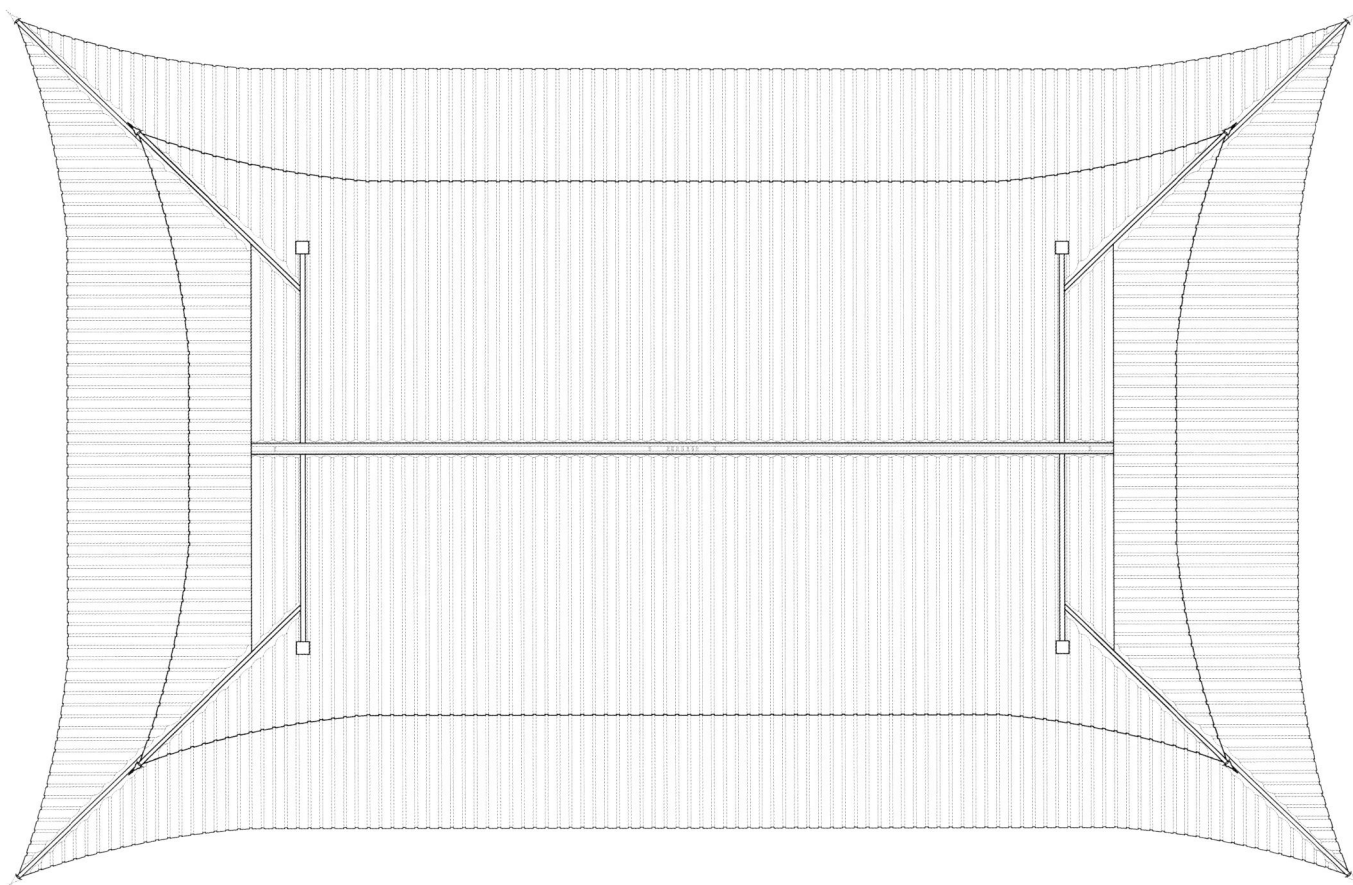

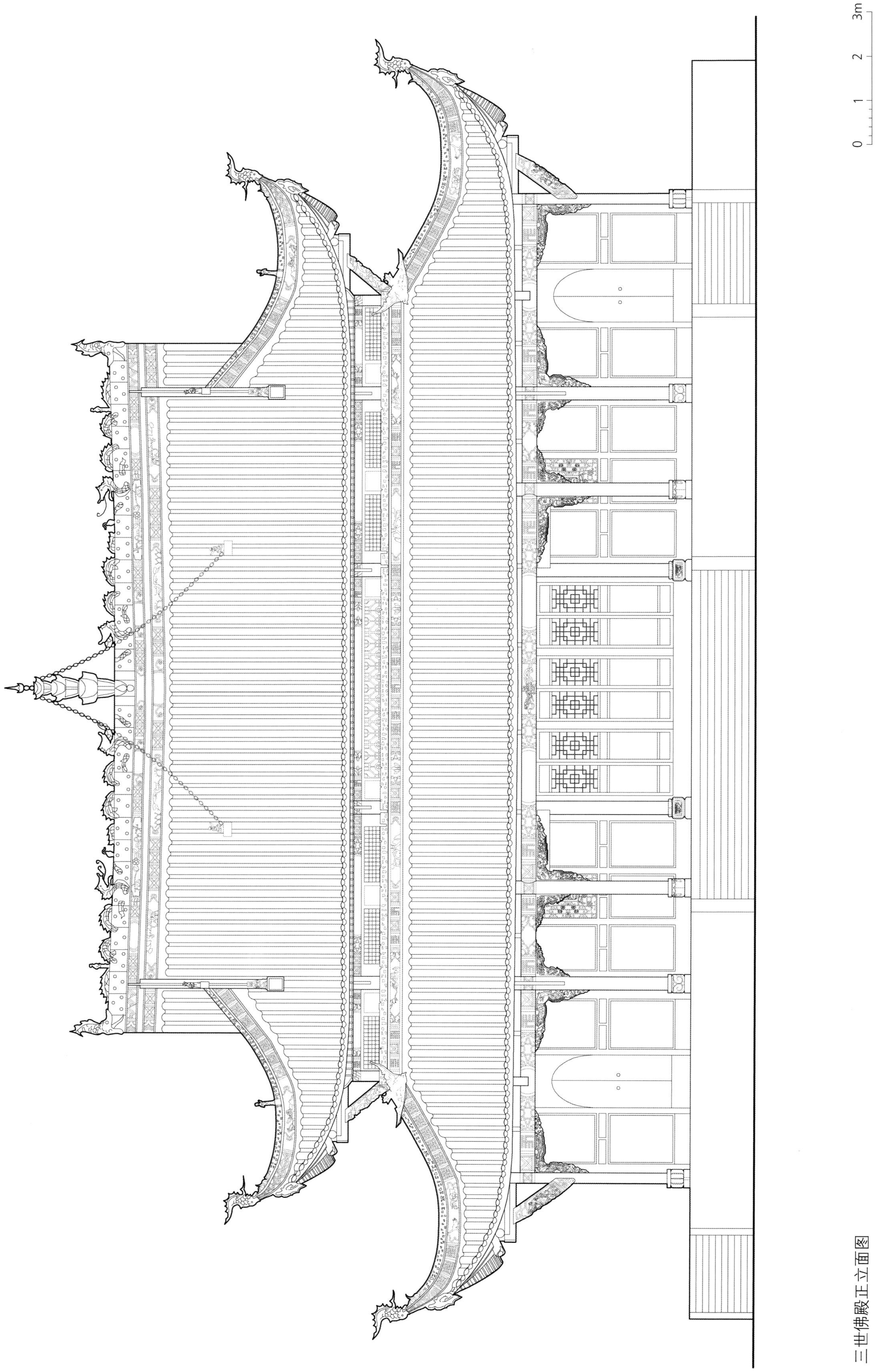

三世佛殿正立面图

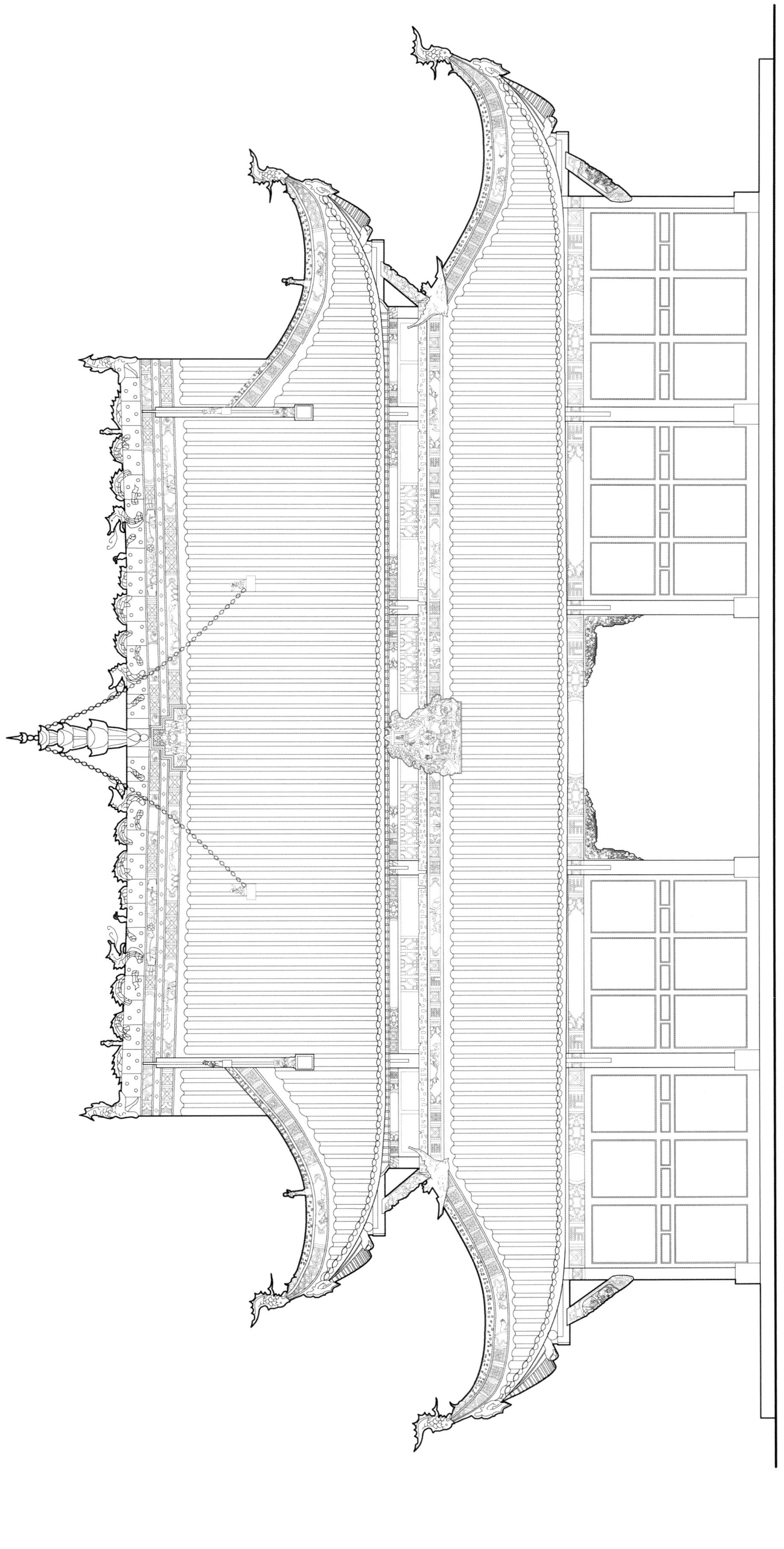

三世佛殿背立面图

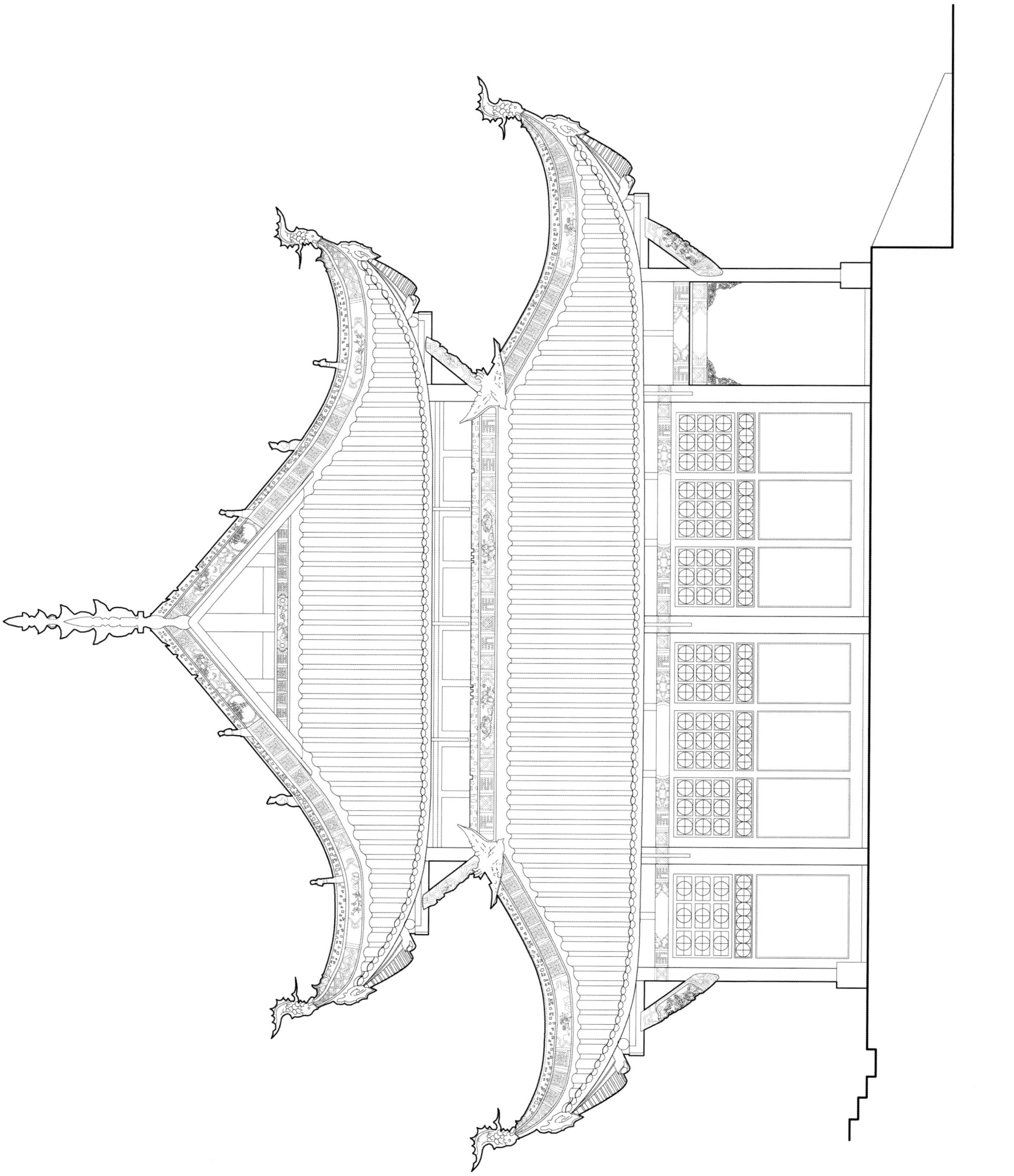

三世佛殿侧立面图

三世佛殿明间剖面图

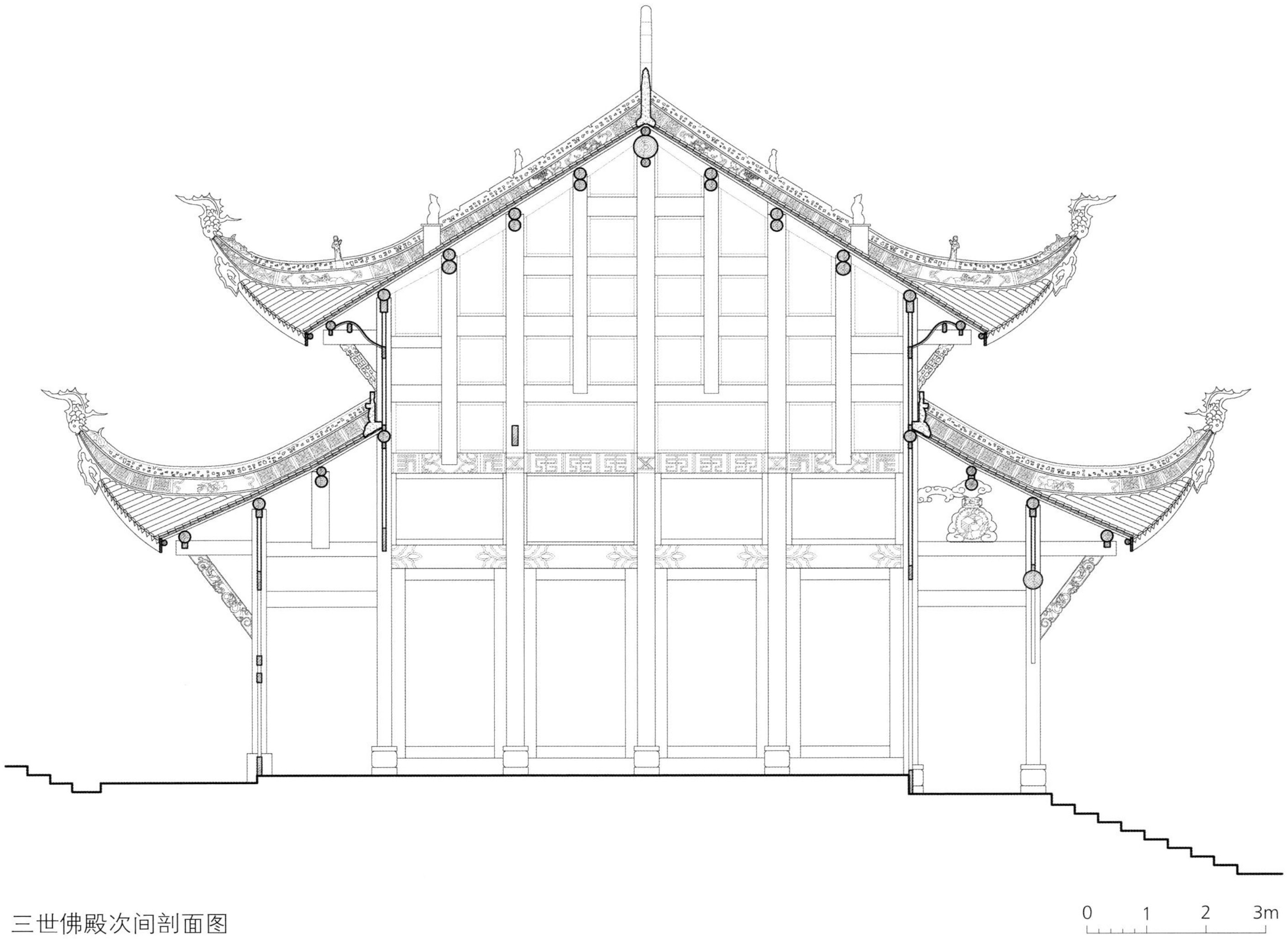

三世佛殿次间剖面图

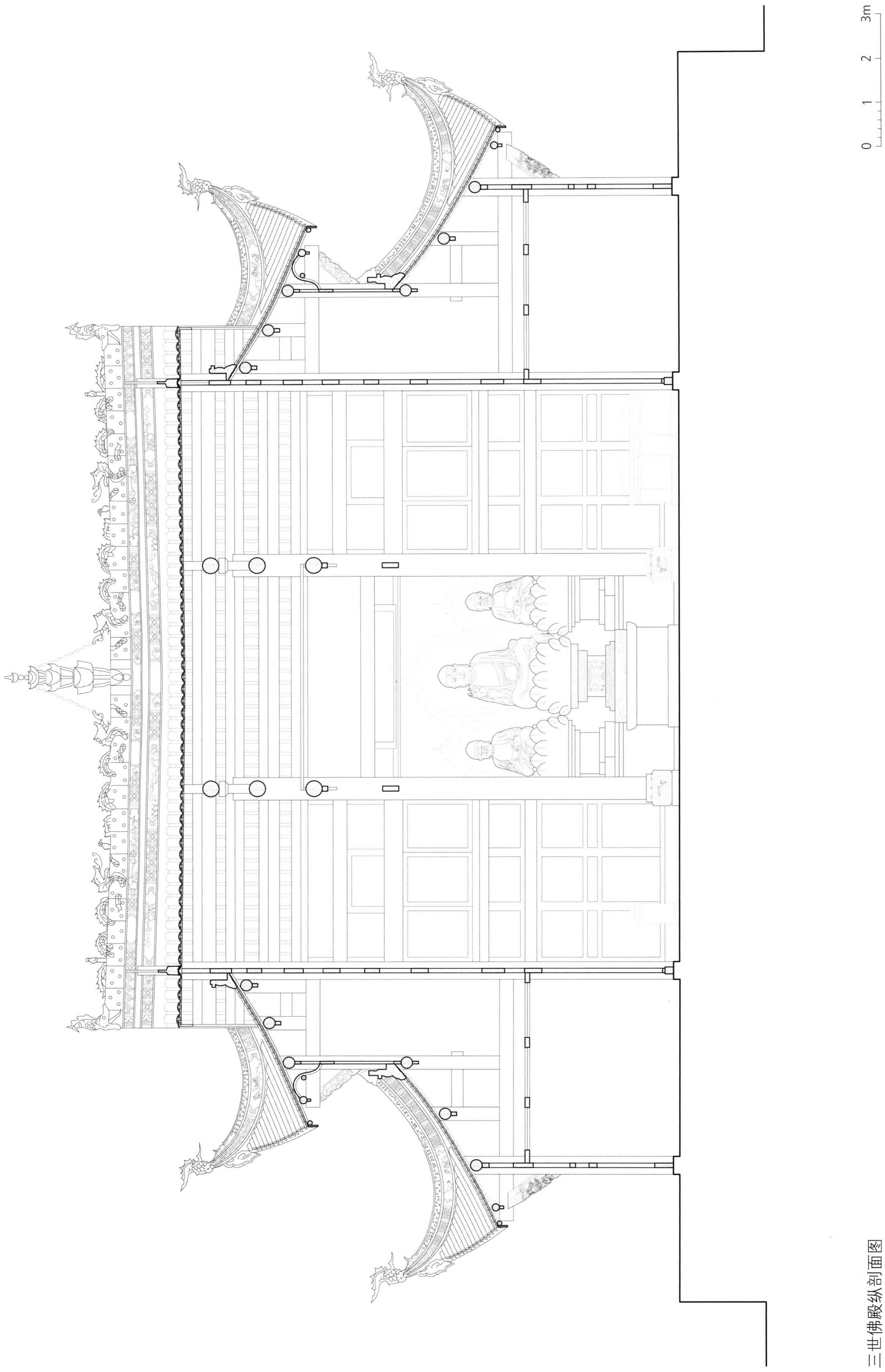

三世佛殿纵剖面图

三世佛殿次间窗饰样图

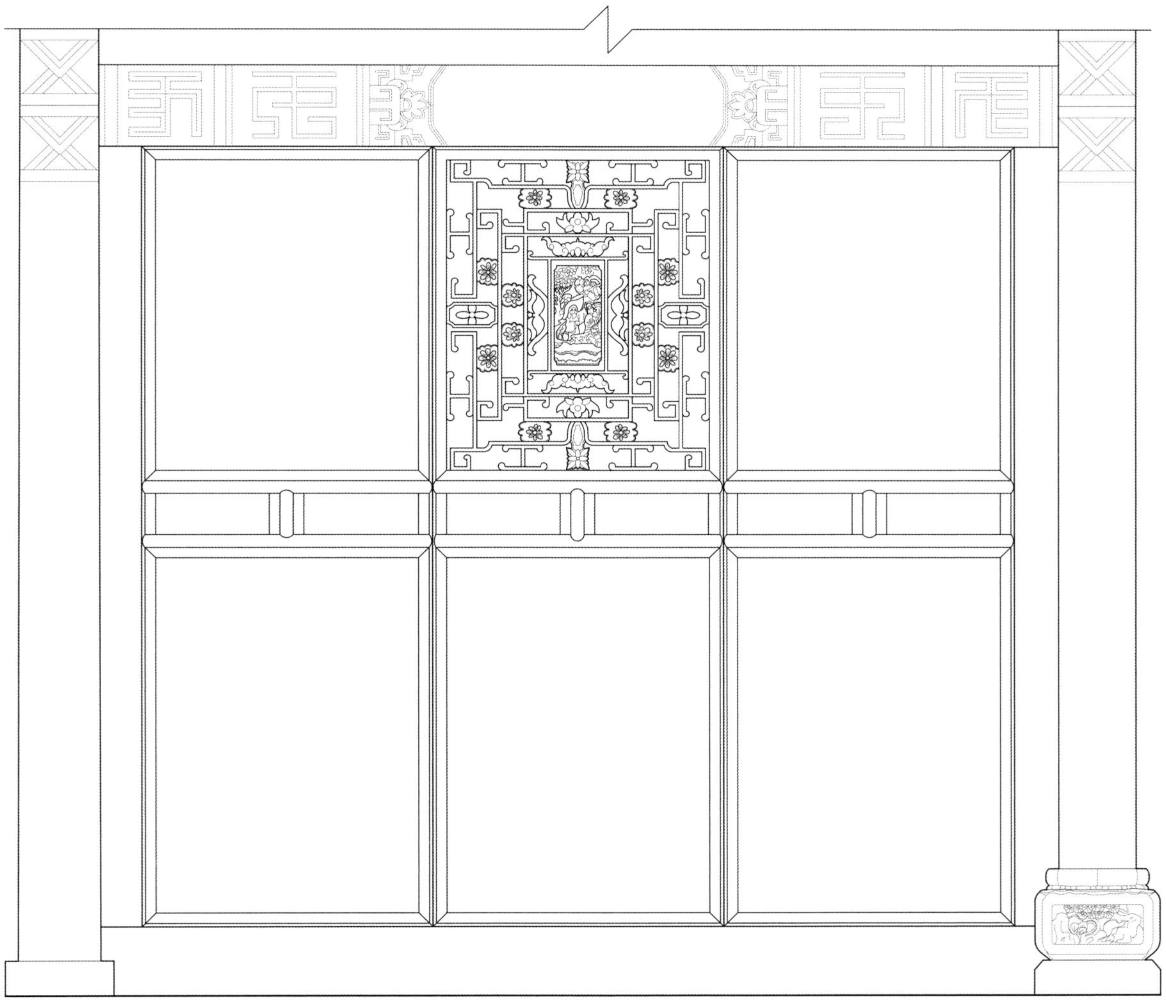

三世佛殿次间木装修

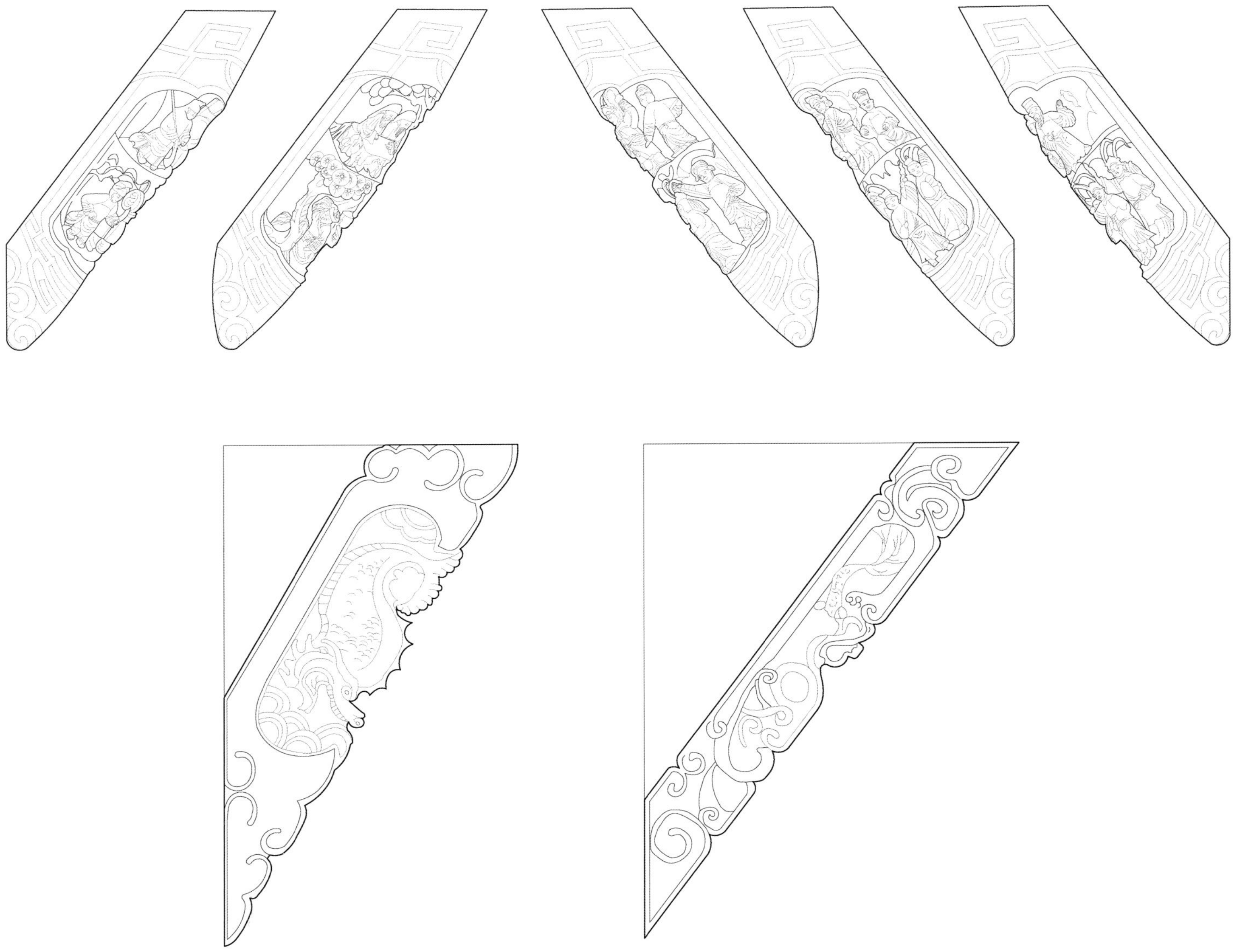

三世佛殿撑拱饰样图

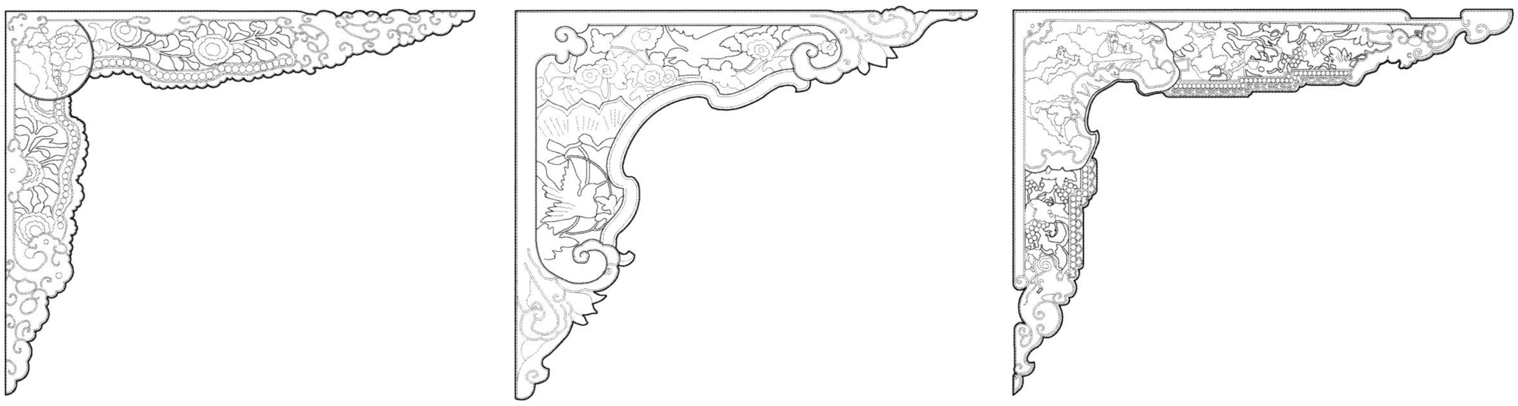

三世佛殿花牙子饰样图

三世佛殿驼峰饰样图

三世佛殿须弥座饰样图

三世佛殿柱础饰样图

（七）维摩殿

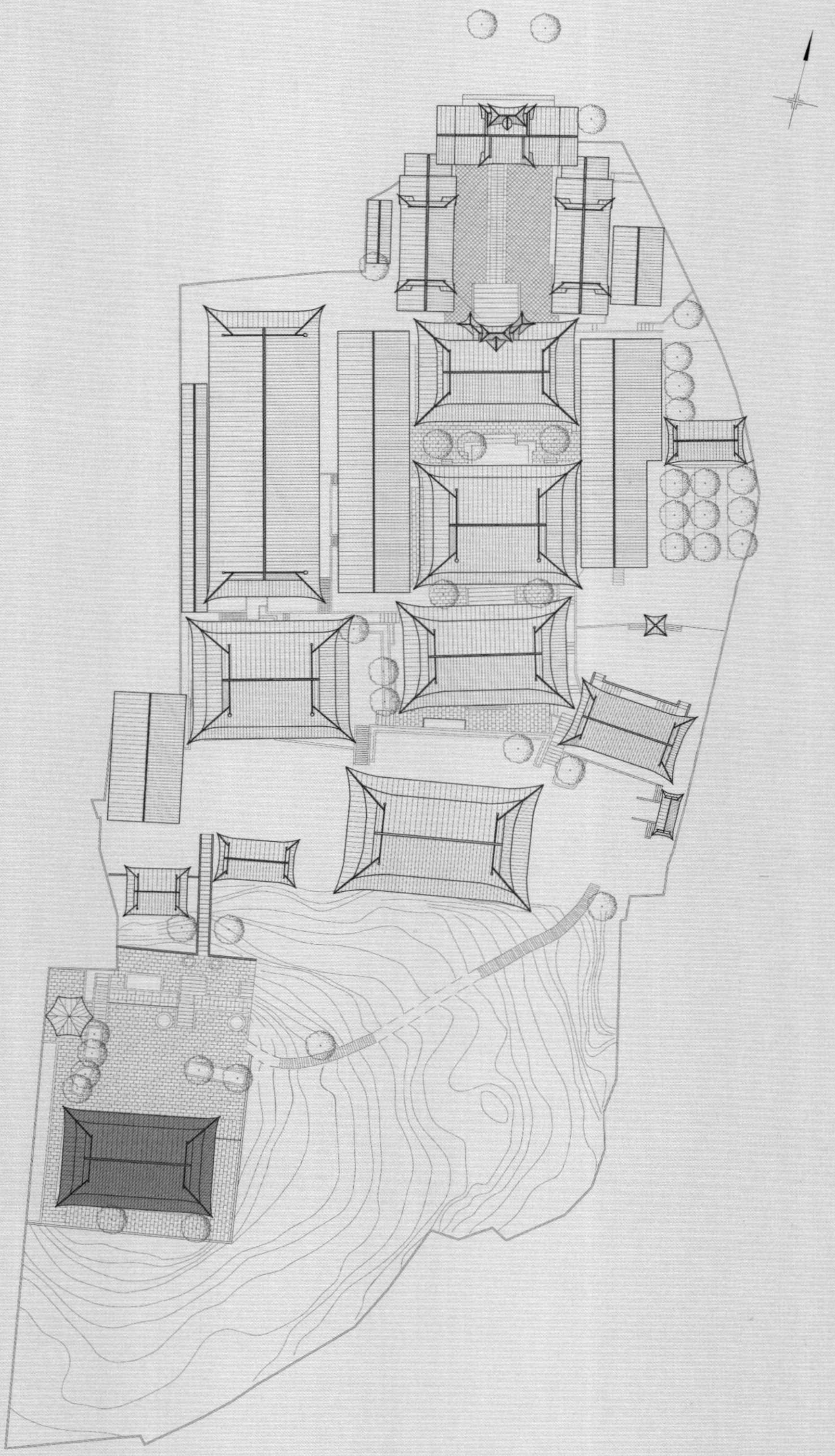

维摩殿始建于明，重修于清。平面呈长方形，面阔5间，计23.2米，进深14.3米，单层重檐歇山顶，两层檐下均施斗栱。殿内有石刻维摩诘居士卧像一尊，俗称“睡摩佛”。殿前尚存明永乐年间（1403—1424年）慧妙禅师所植古柏十余株和一株罕见的黄荆树，皆枝繁叶茂。

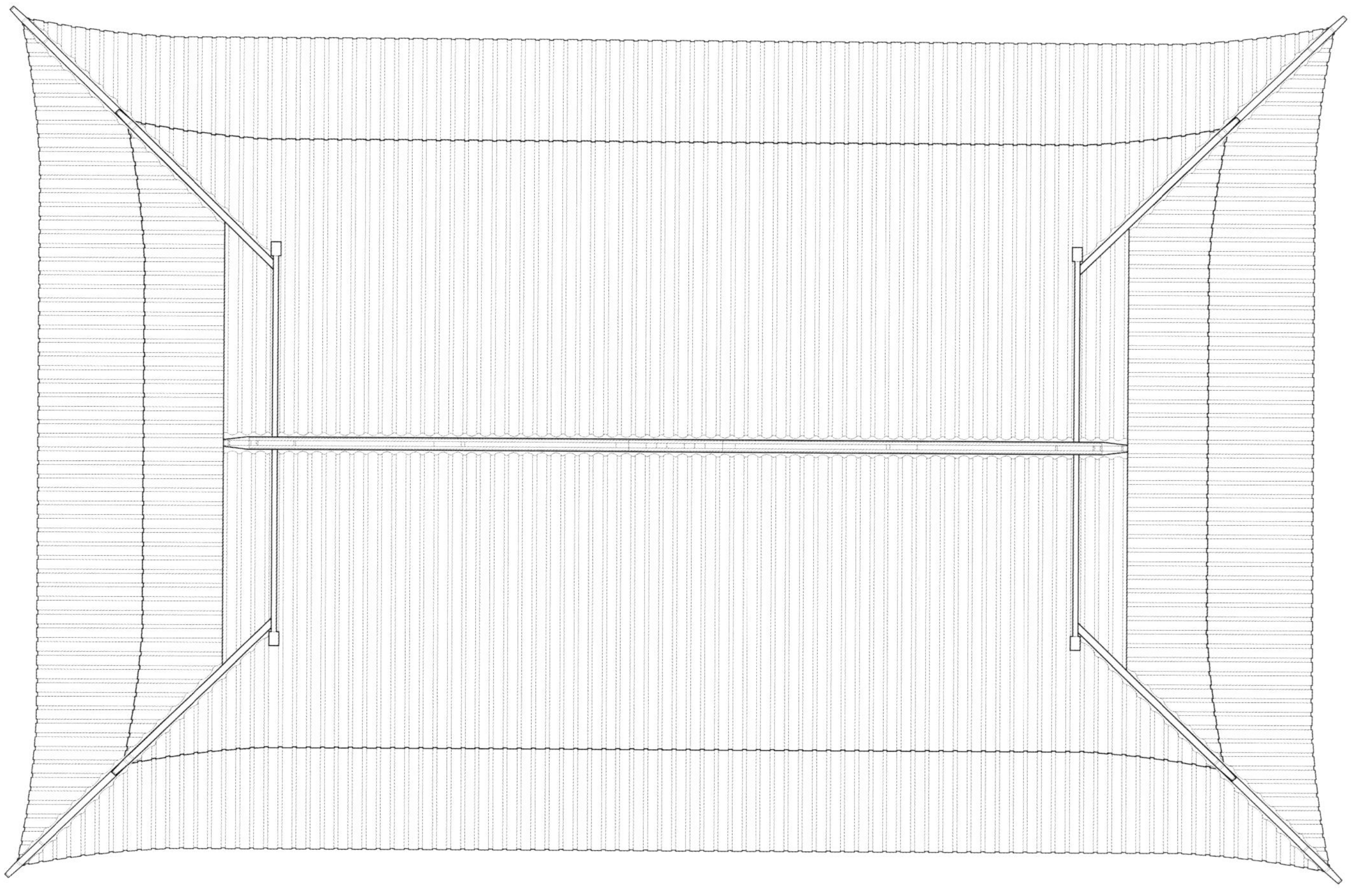

维摩殿屋顶平面图

0 1 2 3m

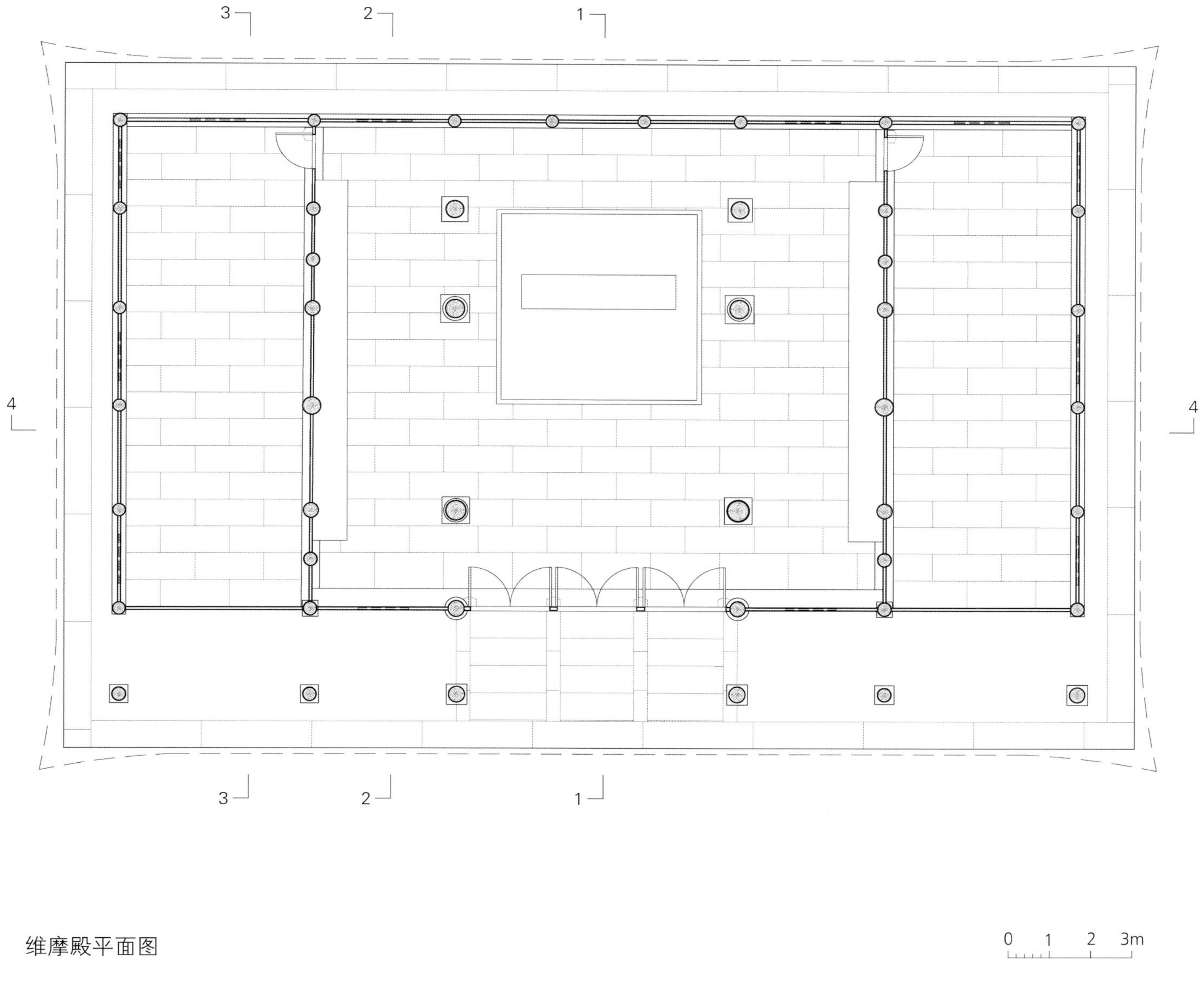

维摩殿平面图

0 1 2 3m

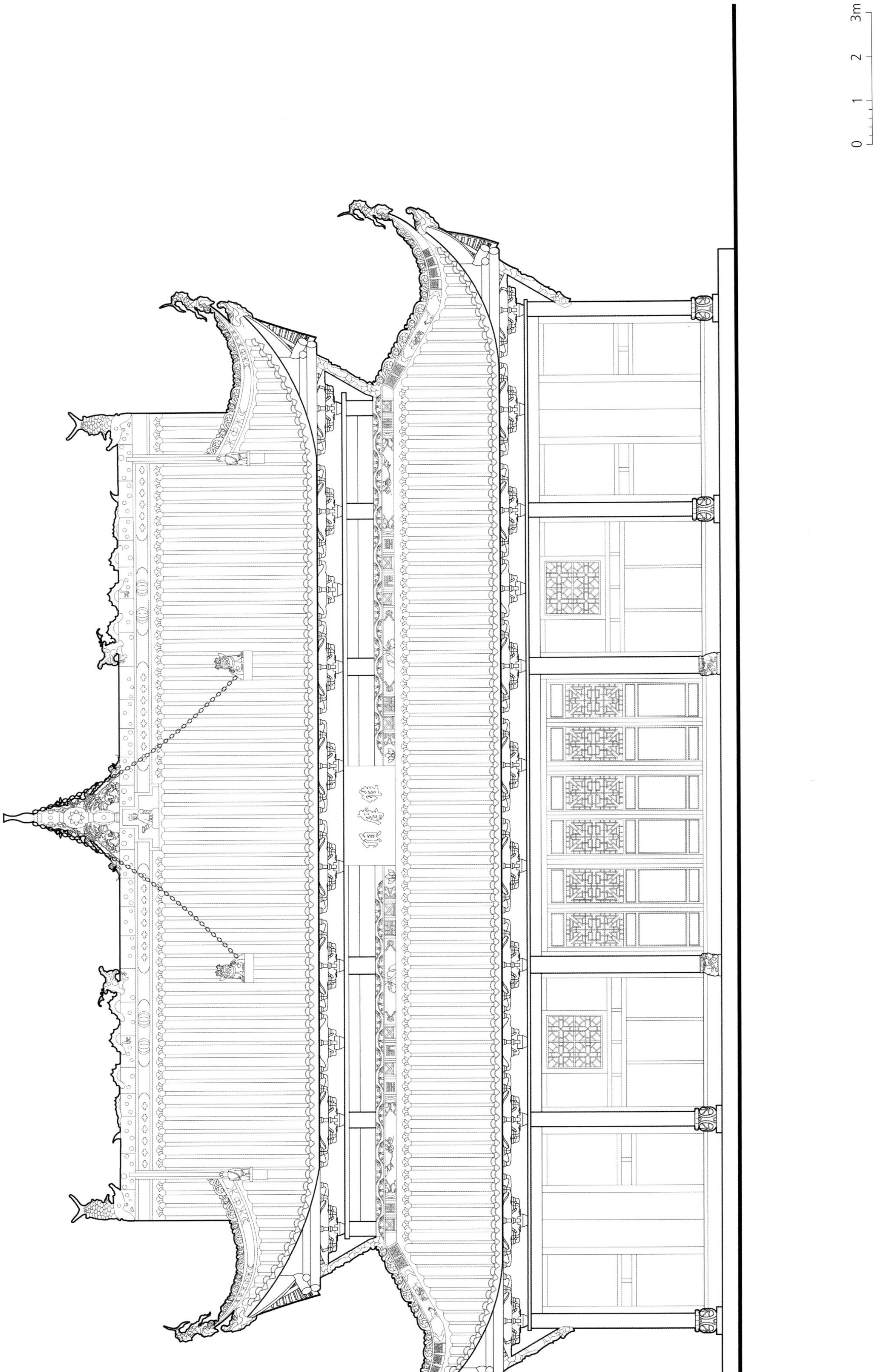

维摩殿正立面图

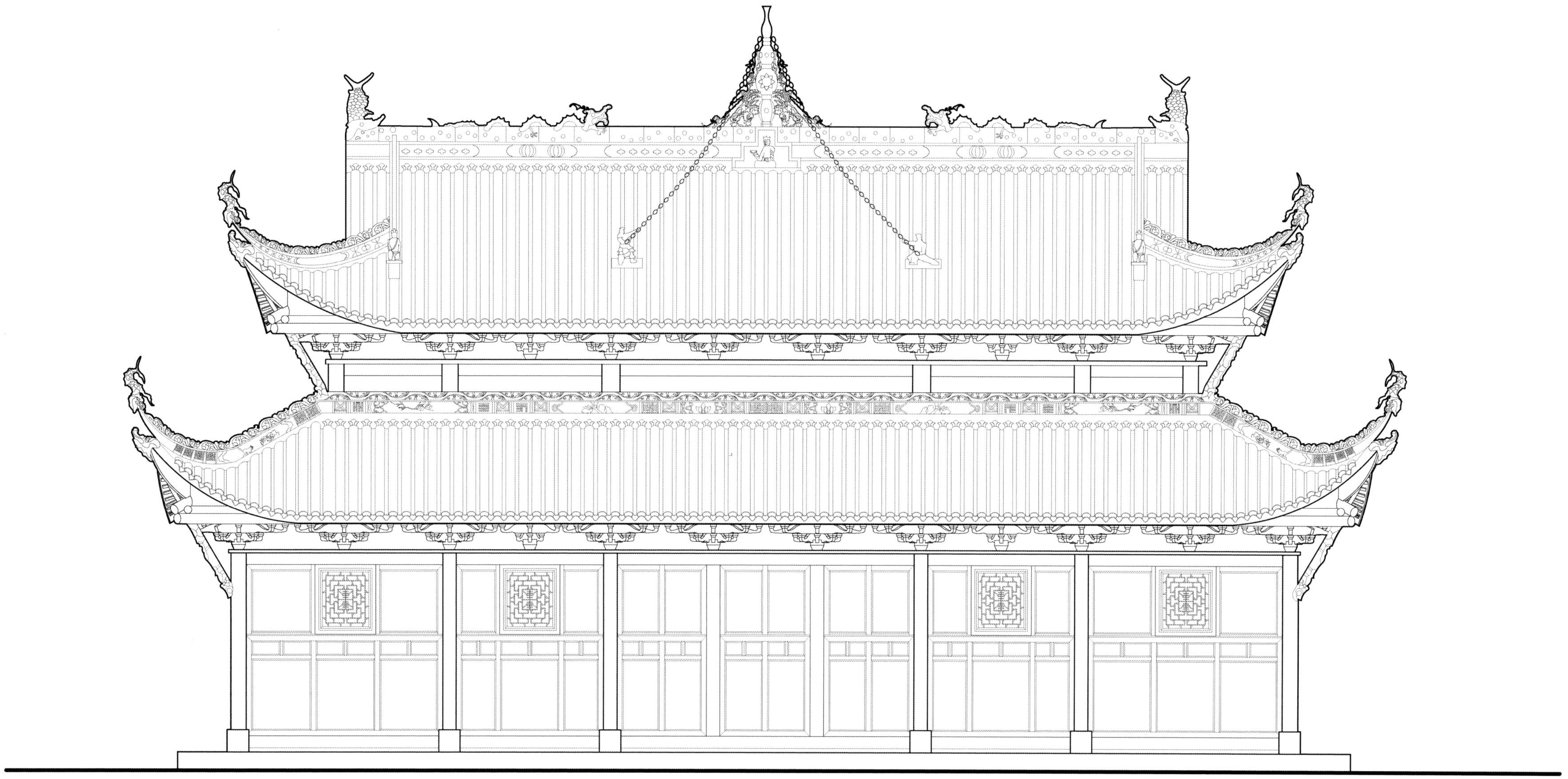

维摩殿背立面图

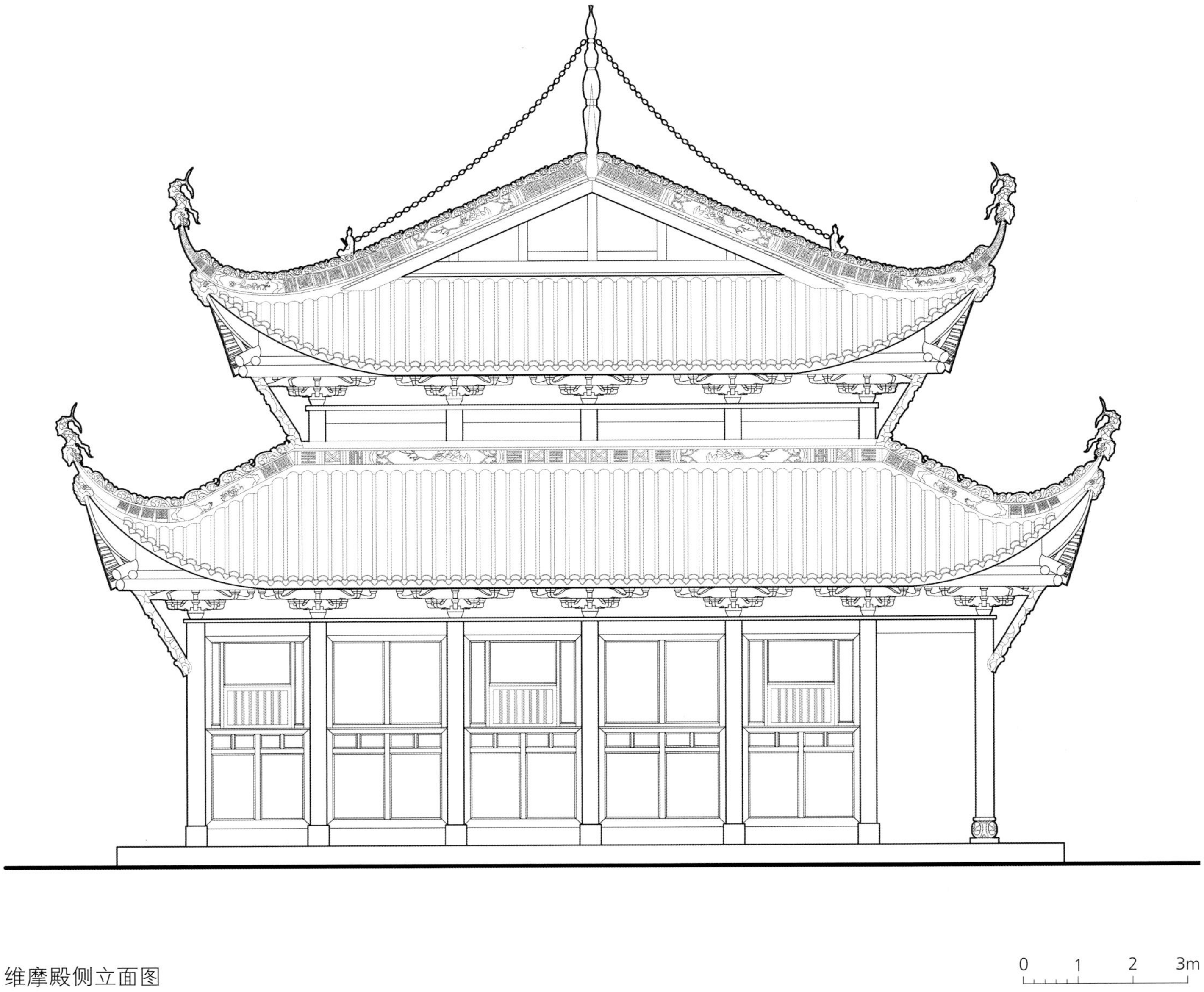

维摩殿侧立面图

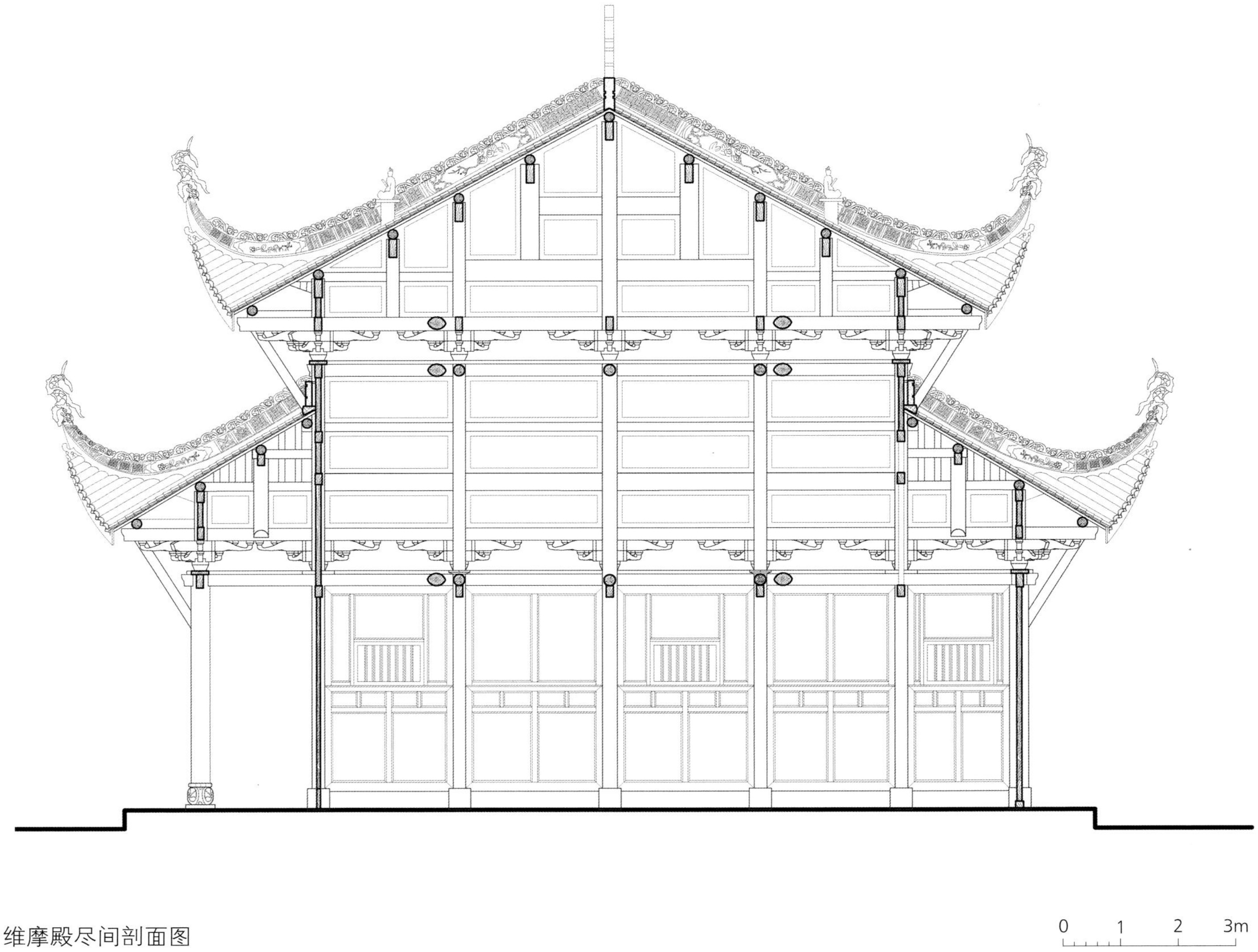

维摩殿尽间剖面图

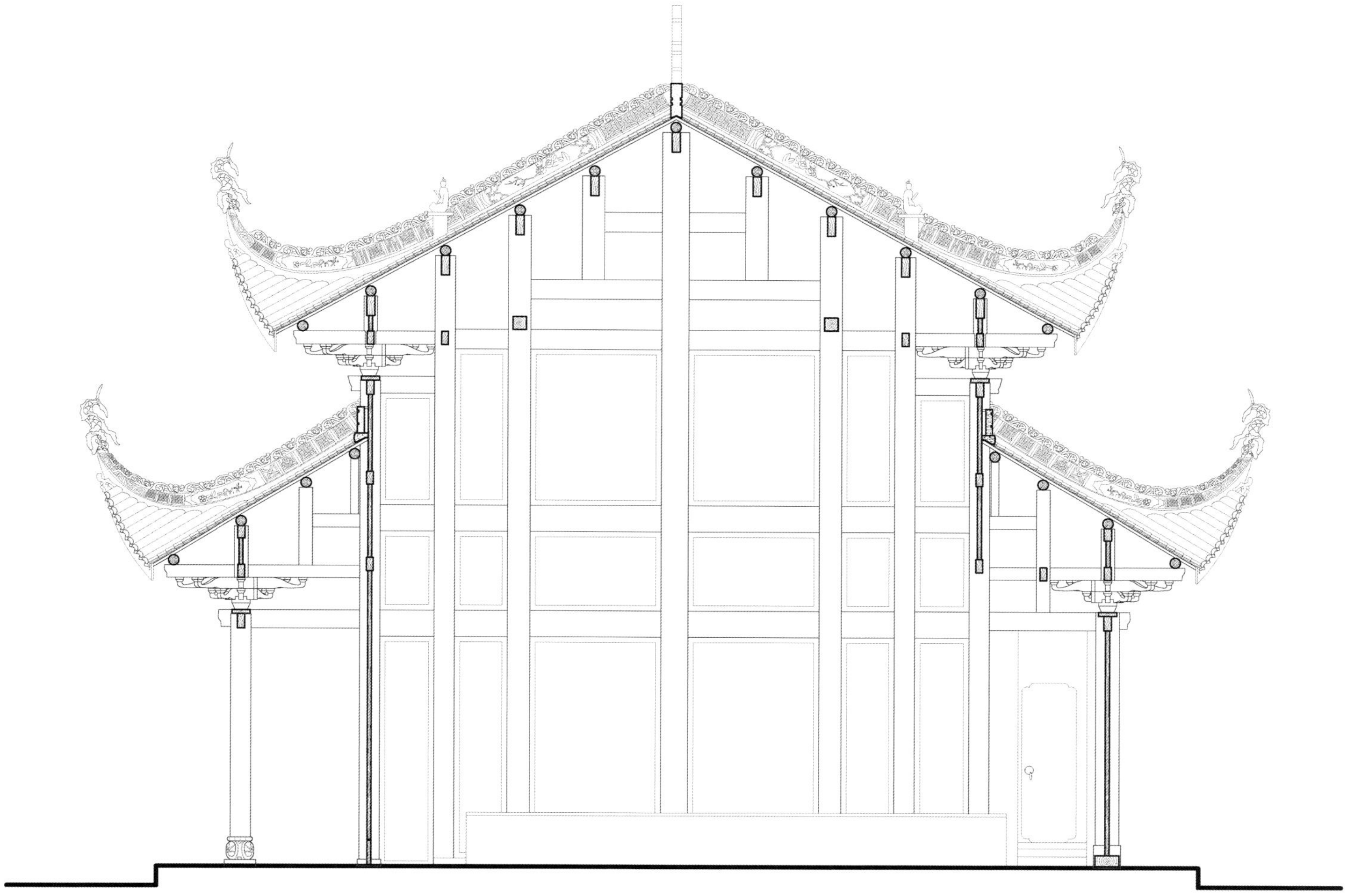

维摩殿次间剖面图

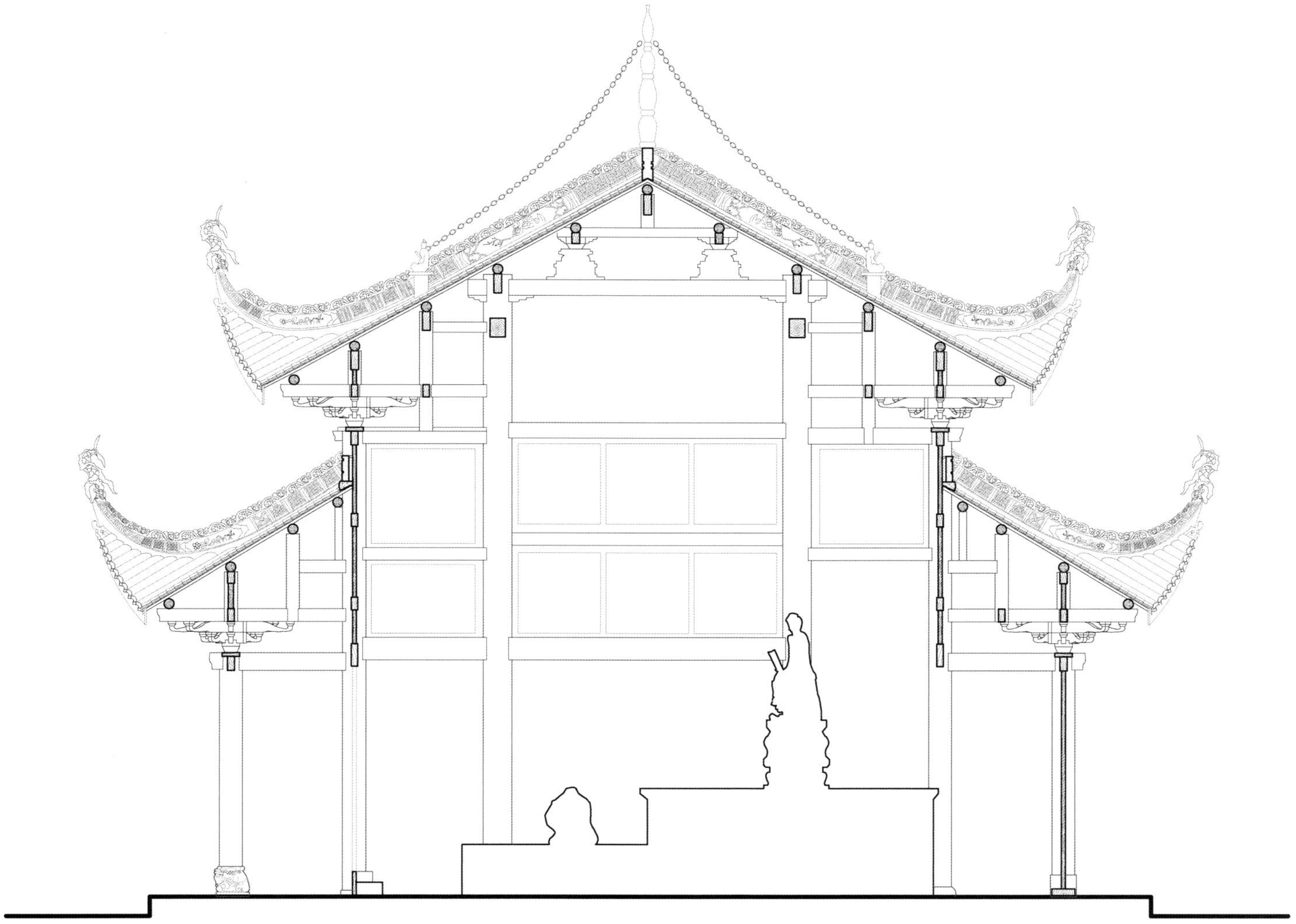

维摩殿明间剖面图

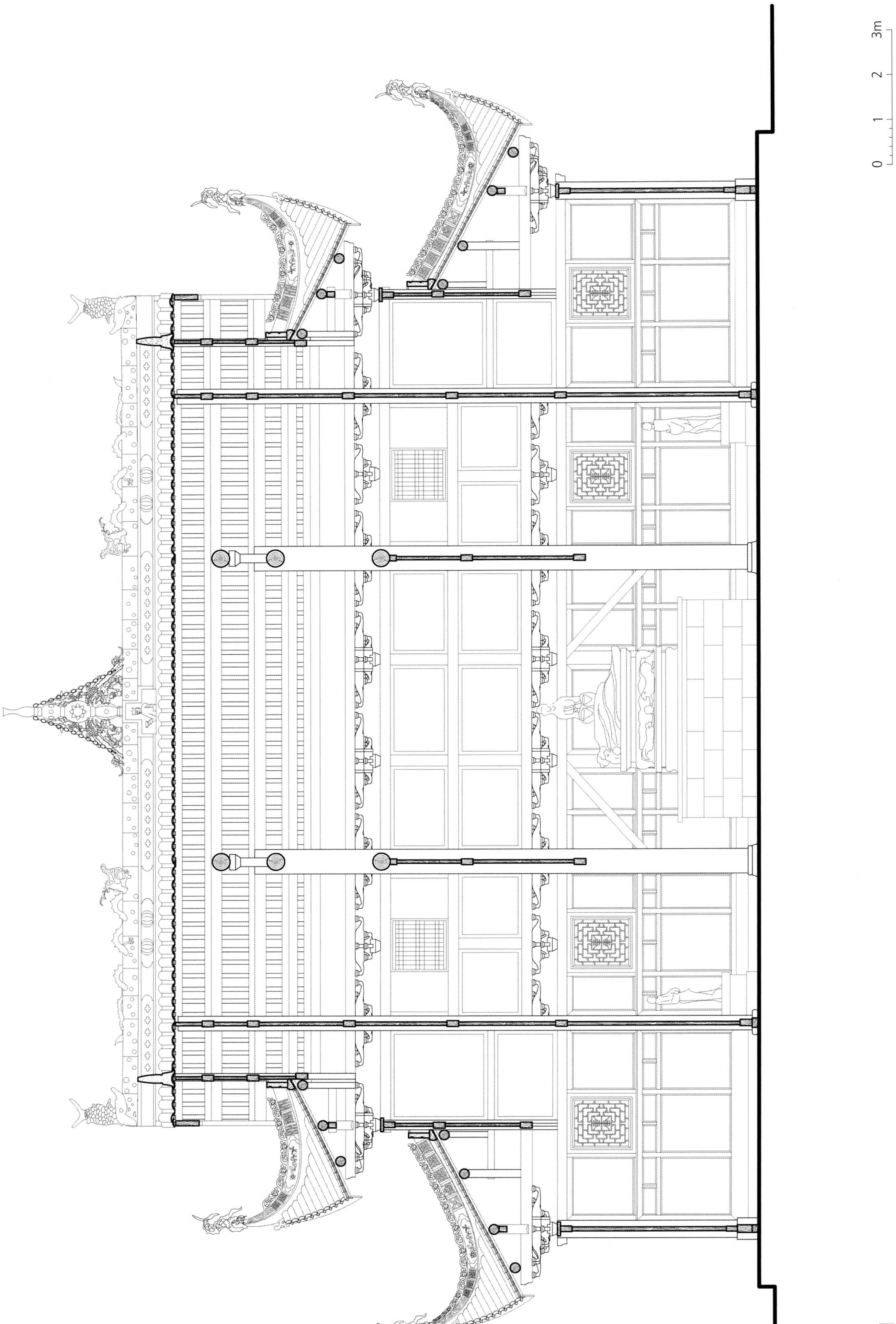

维摩殿纵剖面图

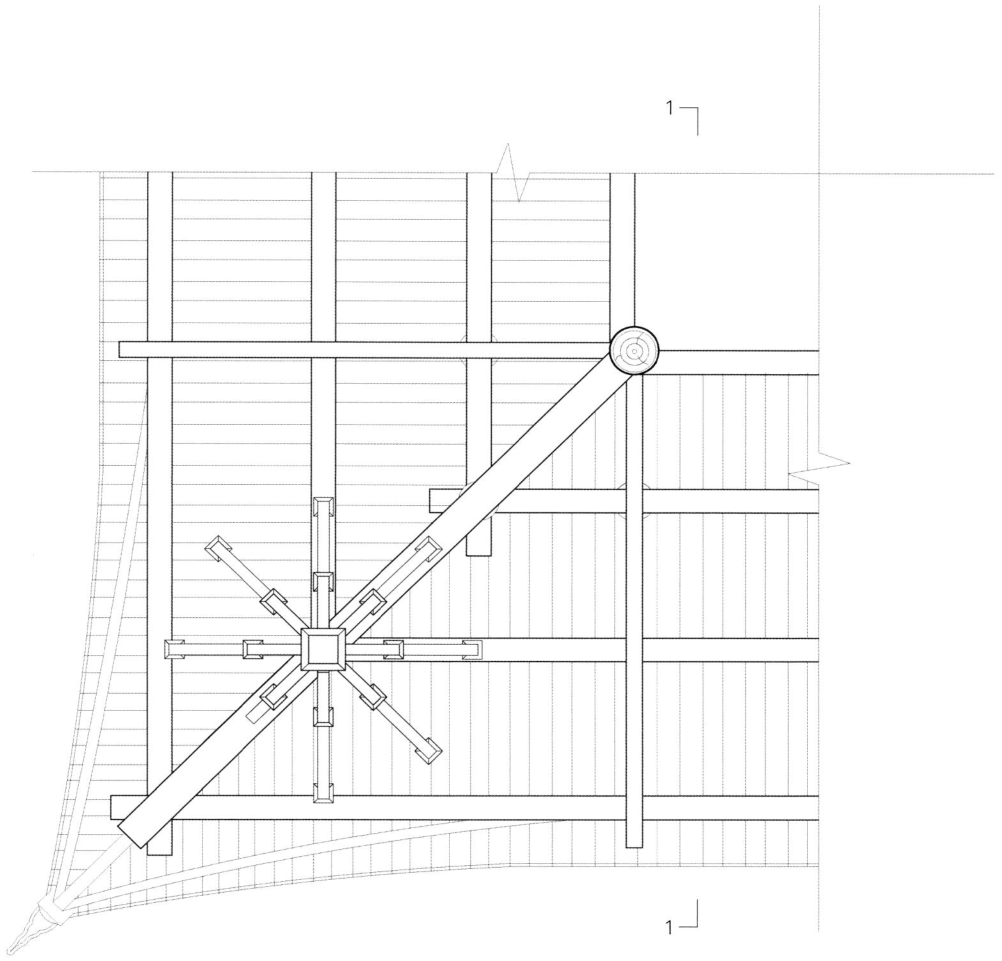

维摩殿翼角仰视平面图

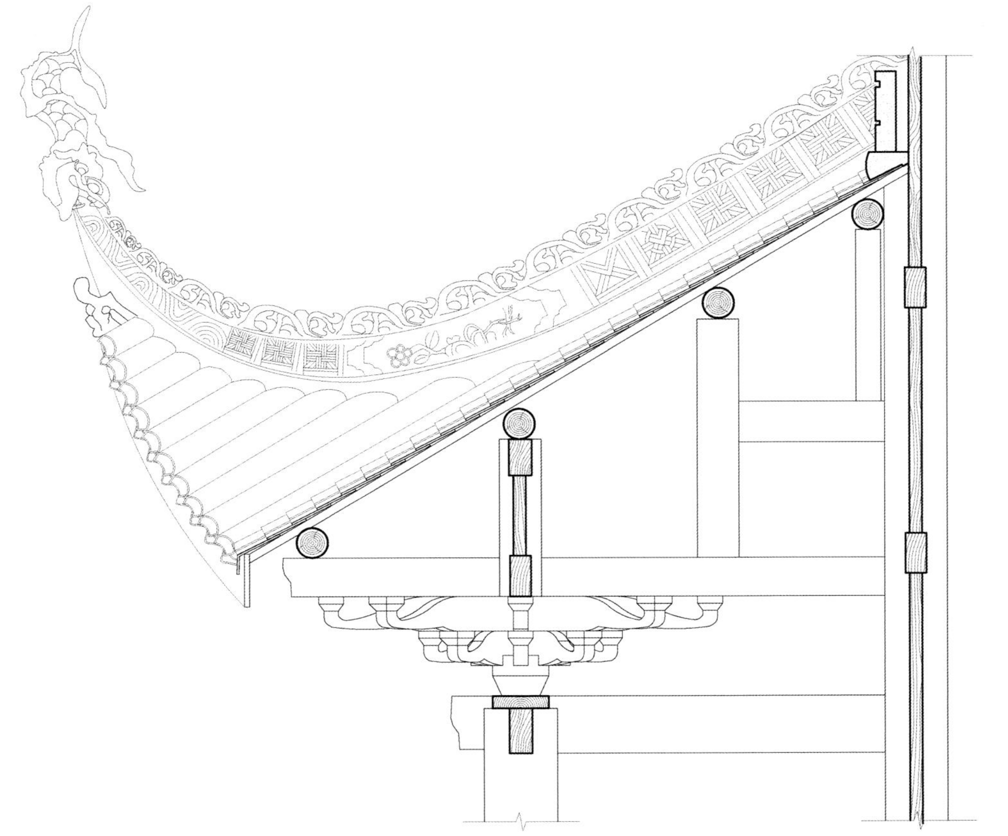

维摩殿翼角 1–1 剖面图

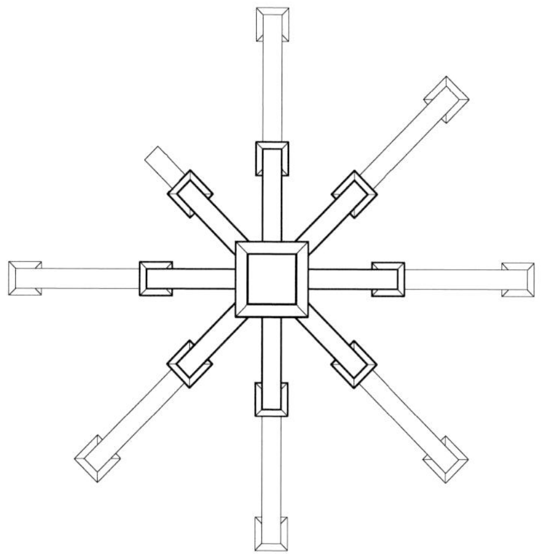

转角铺作仰视平面图

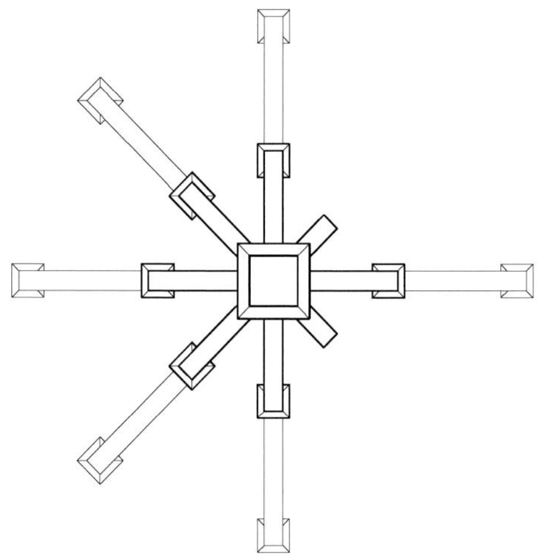

柱头铺作仰视平面图

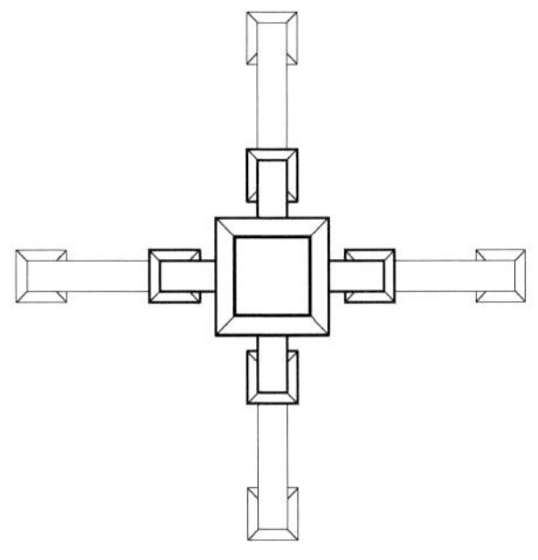

次间补间铺作仰视平面图

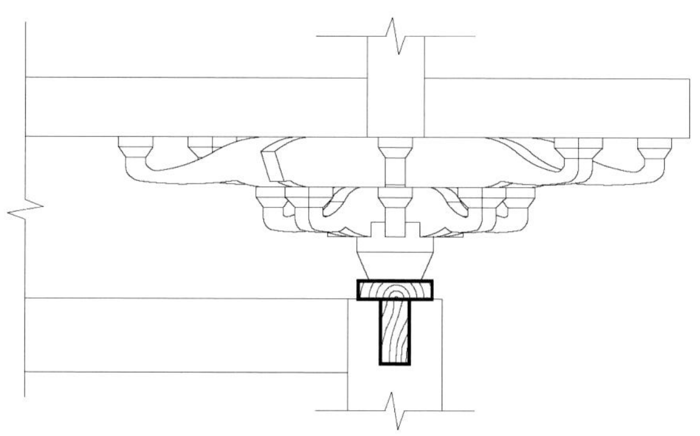

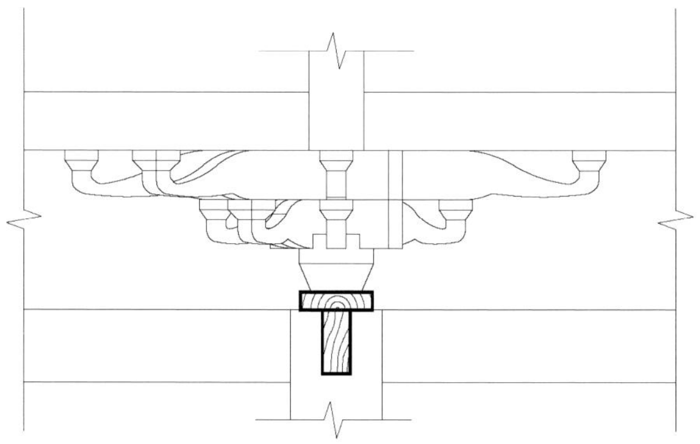

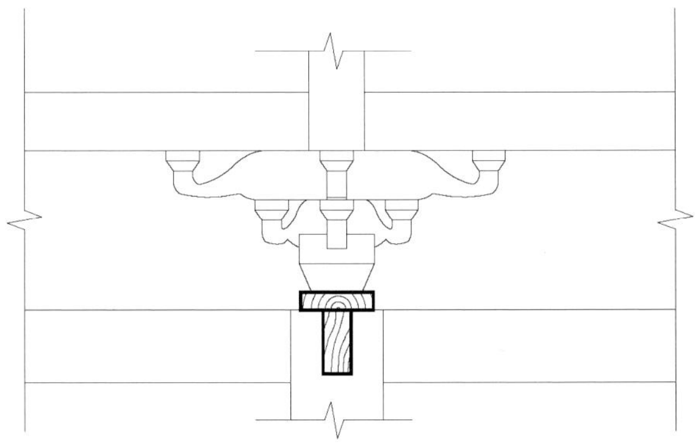

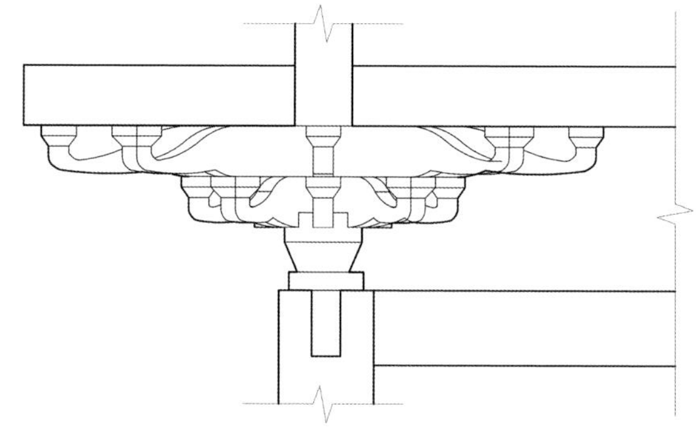

转角铺作立面图

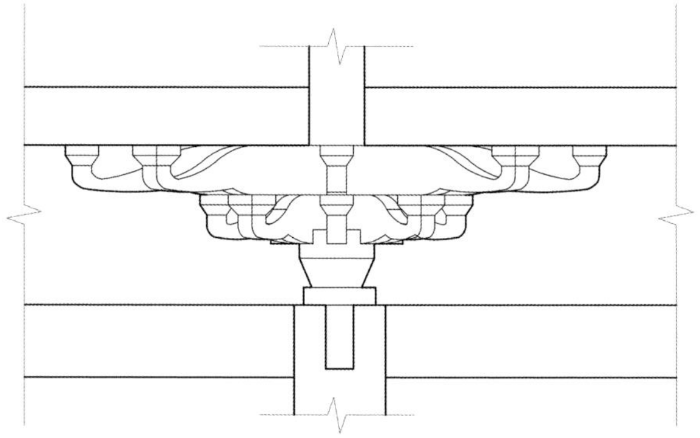

柱头铺作立面图

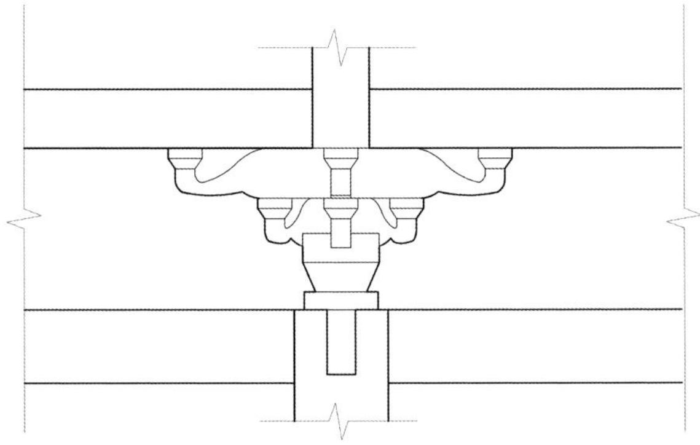

次间补间铺作立面图

维摩殿斗栱大样图

（八）厢房

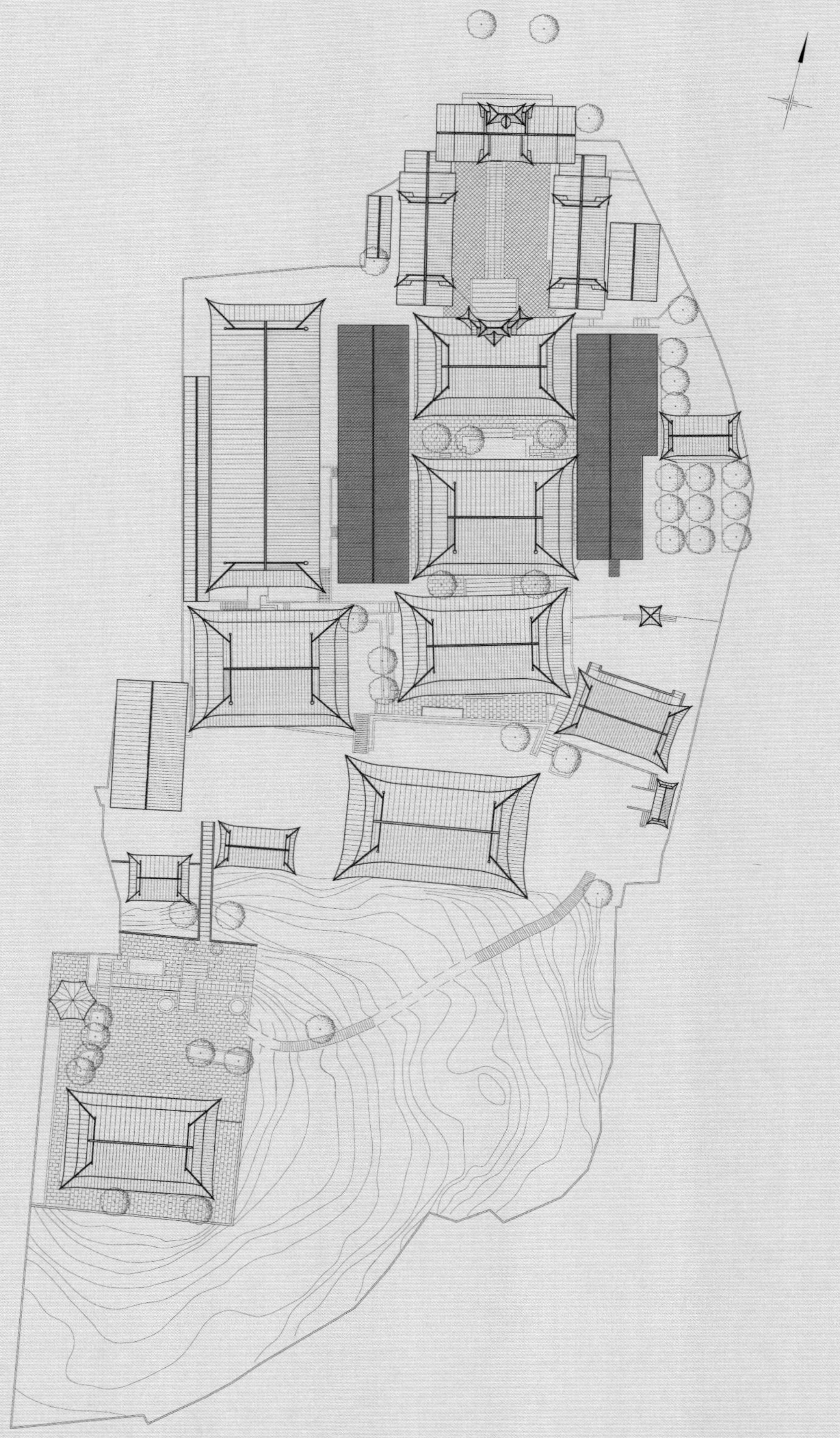

厢房始建于明，重修于清。东厢房面阔 9 间，计 35.1 米，进深 10.92 米；西厢房面阔 9 间，计 40.1 米，进深 8.5 米。

东厢房屋顶平面图

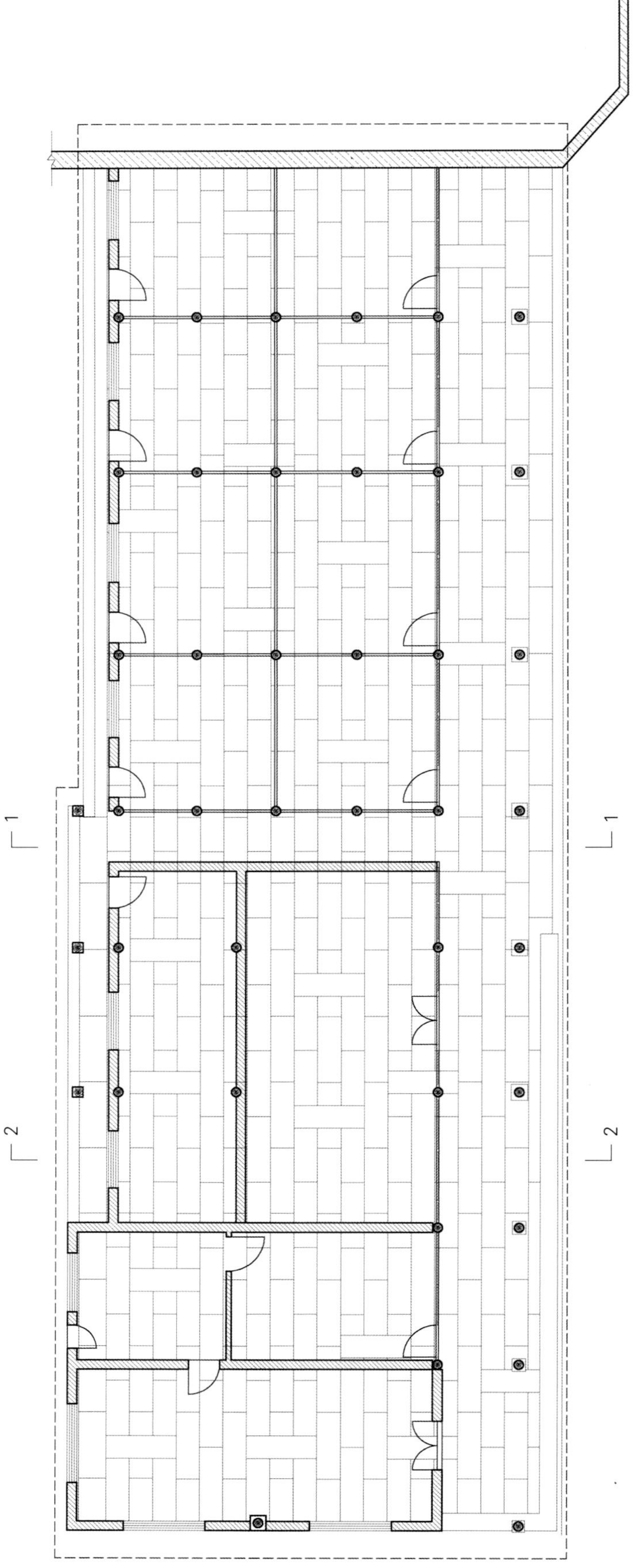

东厢房平面图

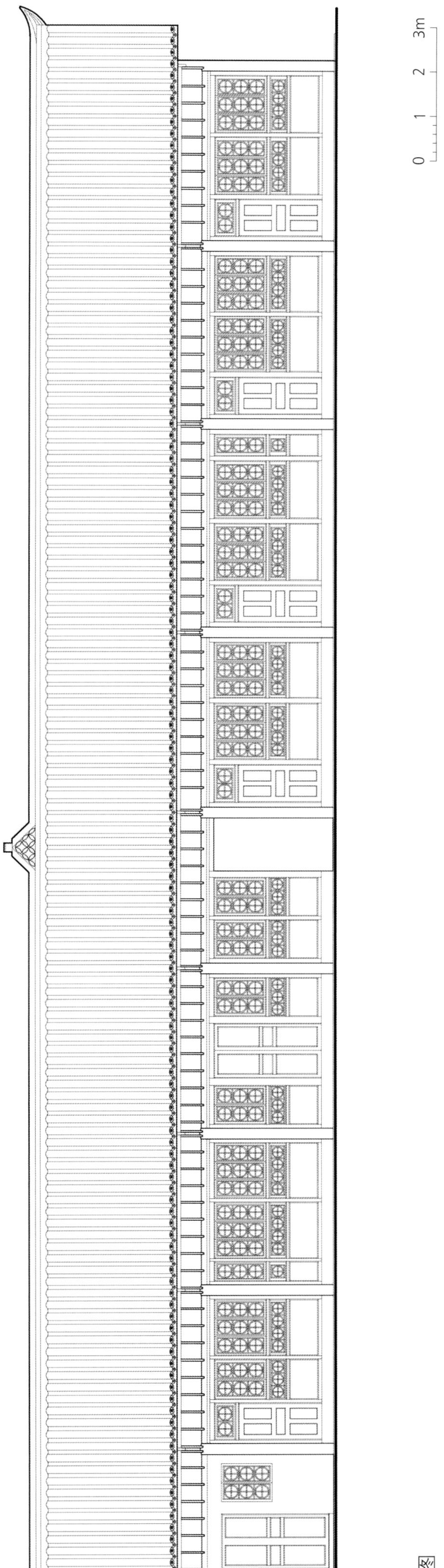

东厢房正立面图

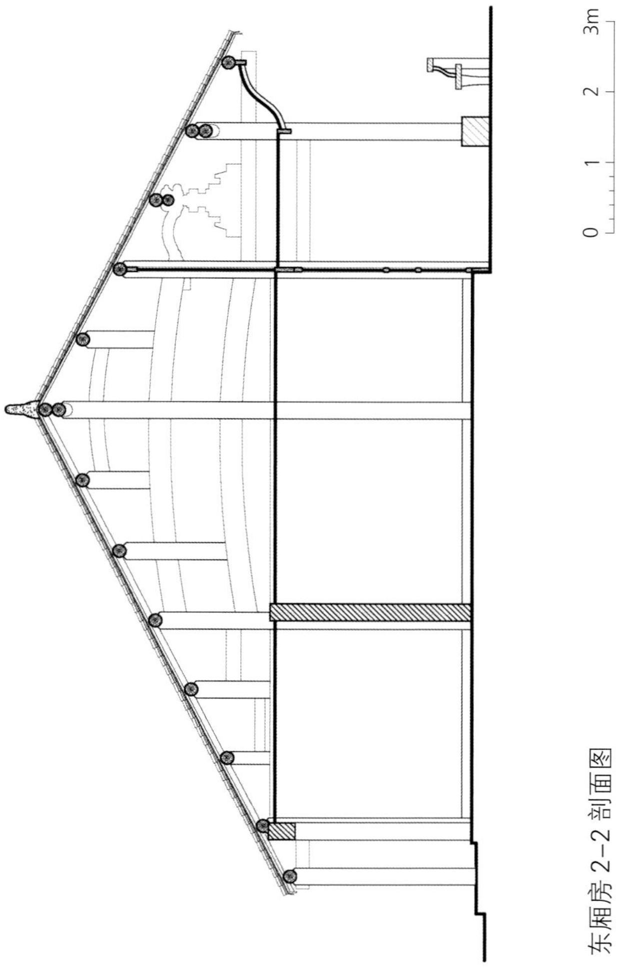

东厢房 2-2 剖面图

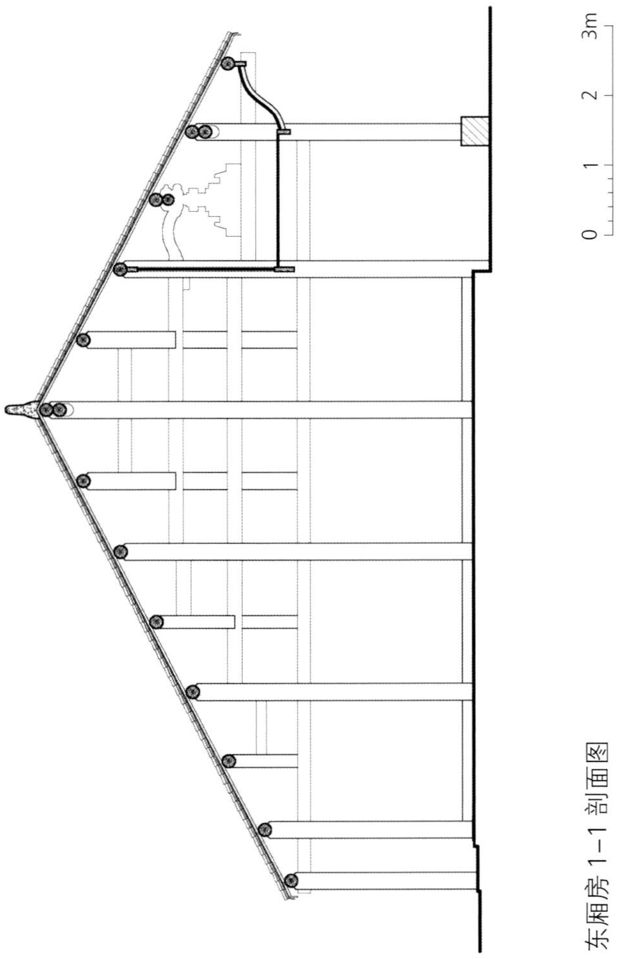

东厢房 1-1 剖面图

西厢房屋顶平面图

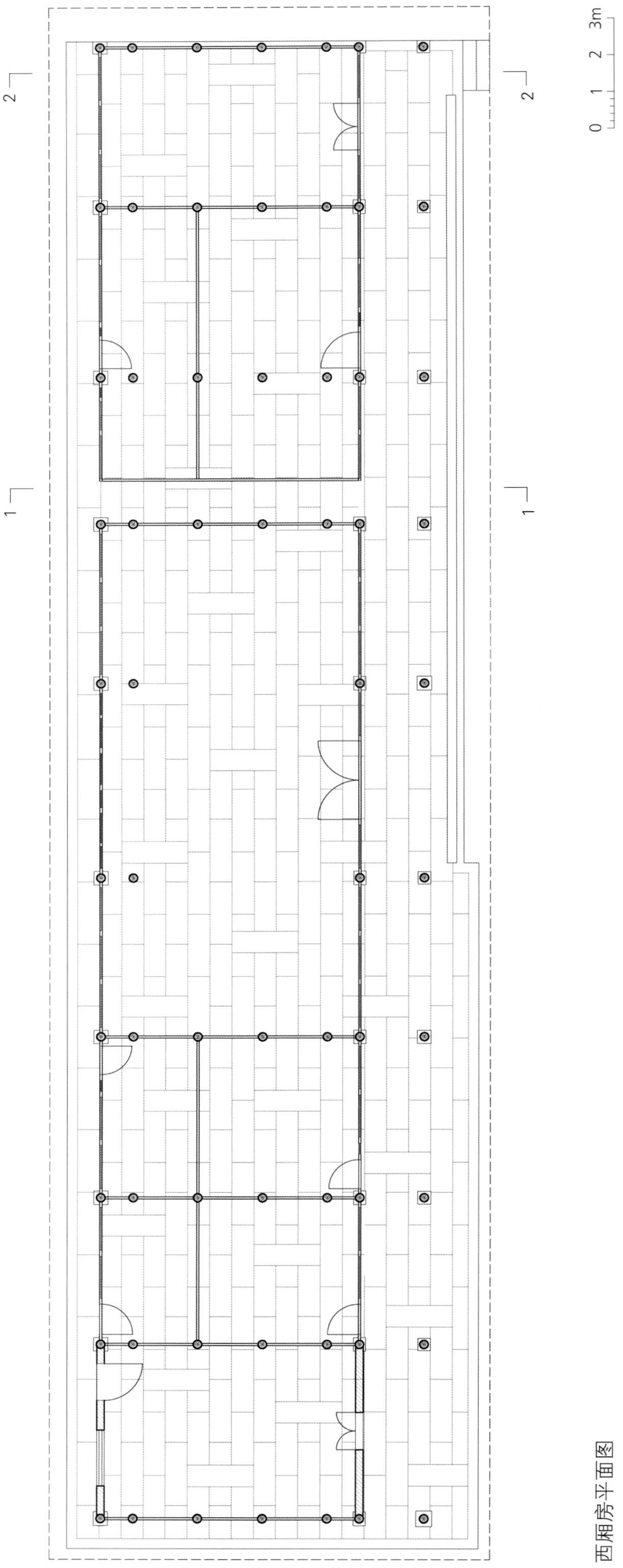

西厢房平面图

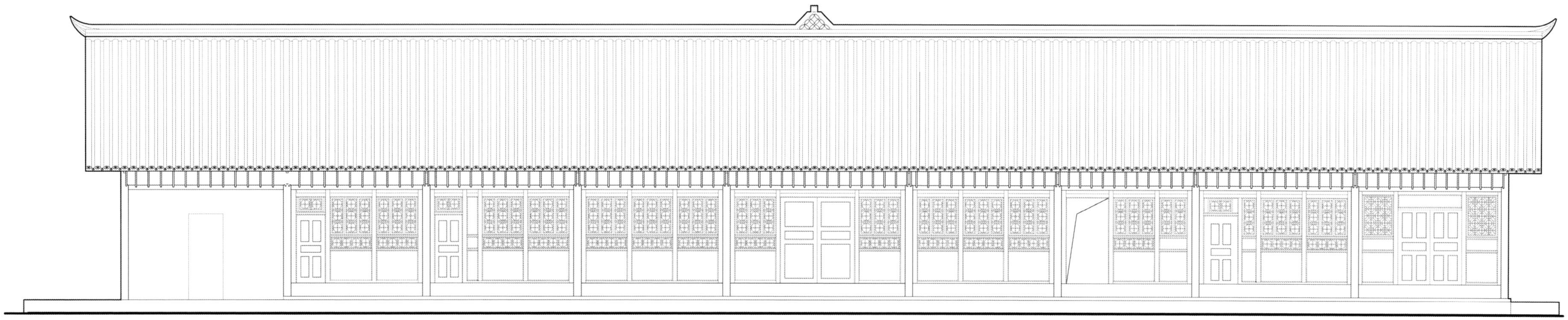

西厢房正立面图

0 1 2 3m

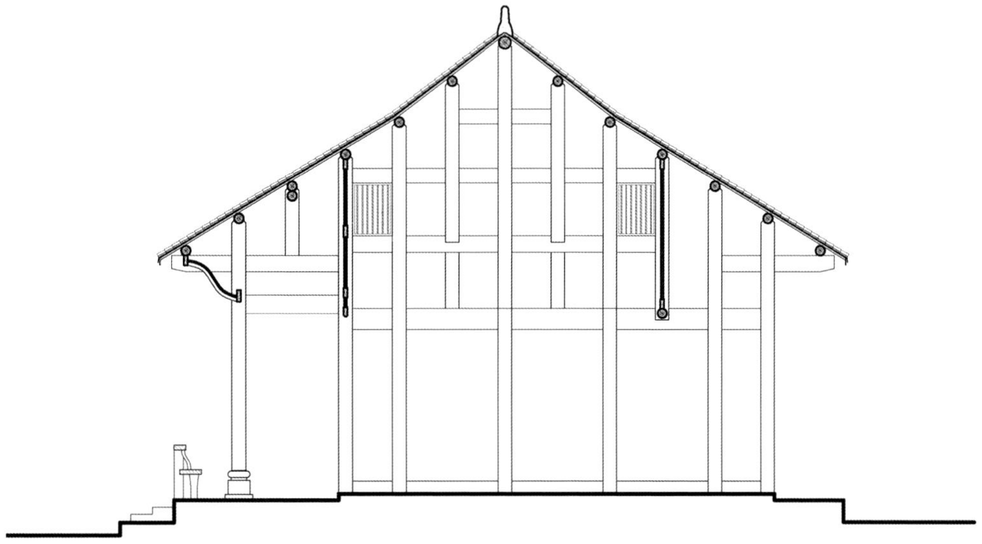

西厢房 1–1 剖面图

0 1 2 3m

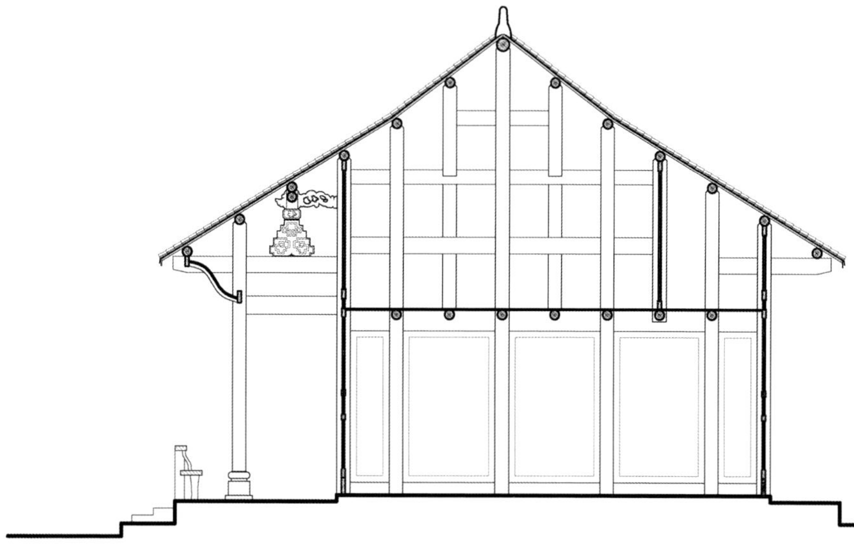

西厢房 2–2 剖面图

0 1 2 3m

六、宝顶山附属文物

（一）佛塔

释迦真如舍利塔

释迦真如舍利塔建于南宋时期，为三层四方石塔，塔高 10 余米。塔设立于圣迹池附近，目前残损较为严重。

倒塔

倒塔又称转法轮塔，位于大佛湾之东一千米外的坡顶上，因上大下小，犹如倒置而得名。共四级塔身，三层飞檐，全用石板和条石砌成，通高 1020 厘米，塔身最下层为不规则圆形塔基，周长 1140 厘米、高 60 厘米，塔身之上造像内容丰富，亦为南宋作品。

（二）碑刻

宝顶山摩崖造像中存有碑碣 16 通，11576 字；题记、游记、诗词 44 则，4020 字；培修、装绚记 49 件，8031 字。其中，刻于 1174—1252 年的《唐柳本尊传》碑以及 1425 年刘畋人撰的《重开宝顶石碑记》等对研究宝顶山石窟史及至中国密宗史都有重大学术价值。

宝顶山碑刻一览表

类别	位置	名称	年代	数量
碑碣	小佛湾	《唐柳本尊传》《赵智凤事实》	南宋	2
		《恩荣圣寿寺记》《临济正宗记》《宝顶常住田产》	明	3
		《实录碑记》《皇恩》	清	2
	大佛湾	《重开宝顶石碑记·重修宝顶山圣寿院碑记》《重开宝顶石碑记·重修宝顶山圣寿寺碑记》	明	2
		《重开宝顶碑记·重开宝顶山维摩寺碑记》	清	1
	圣寿寺	《恩荣圣寿寺记》	明	1
		《亘古昭然》《正堂示禁》《圣旨》《正堂示禁》《县正堂示》	清	5
	合计	16		
题记、游记、诗词	大佛湾	题书宝顶山两件、题书毗卢庵、题匾毗卢道场、题书报恩圆觉道场、题刻宝岩、诗碑并序	南宋	7
		游记两则（并刻一石）、书律诗一首、书刻七绝一首、游圆觉洞有怀、题江风山月、题《灵秋泉》诗、圆觉洞用韵、题山水佳处、和郭通府韵	明	9
		书宝顶、书“西竺一脉”、书“忍”及偈句、书“寿”字、书“福寿”字两件、无题诗、书《与佛有缘》碑并跋、佛缘桥题刻两件、游记、诗并序两件、香焚宝鼎、宝顶山颂、立《清正廉明》碑，书古诗一首、书词一首、书唐诗一首、书律诗一首、书张澍《前游宝顶山记》碑、题七绝一首、和杨昙原韵及五绝一首、和杨昙原韵两件、步杨昙原韵、七绝一首	清、民国	28
	合计	44		
培修、装绚记	大佛湾	《重修宝顶事实》碑、重开石池镌记、培修圆觉洞记、妆严圆觉洞文殊像记、《善功部》碑、金妆古佛记、妆绚观经变右岩像记、妆绚观经变左岩像记、妆绚培修记、妆绚圆觉洞像记、装绚佛祖岩像记	明	11
	万岁楼	培修题记、培修万岁楼记、《遥播千古》碑、修装圆觉洞万岁楼等处佛像记、装彩圆觉洞像记、妆彩牧牛图像记两件、装彩千手观音华严三圣父母恩重经变像记、壬辰年装彩记、装彩圣迹池古佛记、装绚柳本尊龛镌记	清、民国	11
	小佛湾	《善由人作》碑、重修小佛湾坛台房宇记	清、民国	2
	圣寿寺	重修大佛碑记、创修□宇大殿碑记、培修《西竺仙境》镌记、装修大佛湾圣寿寺像记、虔修释迦文佛碑记、《善果流芳》碑、重修圣寿寺石坝碑记、撰关圣碑记、撰《重修宝顶山圣寿寺维摩殿经殿正殿玉皇殿东南二岳灵官殿万岁楼等处庙宇并诸佛像总碑》、撰重修宝顶山圣寿寺记、捐银重修圣寿寺碑	清、民国	11
	广大寺	《无量□□》碑、撰永垂万古碑记、《万古不朽》碑、重修广大寺观音殿碑志铭、重创广大寺碑、题书化钱石库诗文、培修佛祖寺并凿佛像记、刻佛祖寺田产碑记、《佛宇重新》碑、广山《重徇》碑、装彩对面佛像记、装彩高观音金身记、装绘高观音金身记、彩绚高观音像五尊记	清、民国	14
	合计	49		

七、宝顶山彩版

大佛湾全景

本图由《世界遗产》杂志社提供

大佛湾与自然环境

大佛湾北望石刻与古建筑群

2号护法神龛

3 号六道轮回图

4 号广大宝楼阁图

5 号华严三圣像

5 号华严三圣像局部（一）

5 号华严三圣像局部（二）

5 号华严三圣像局部（三）

6 号舍利宝塔

11 号释迦牟尼涅槃图与 12 号九龙浴太子俯视

11 号释迦牟尼涅槃图

11 号释迦牟尼涅槃图局部（一）

11 号释迦牟尼涅槃图局部（二）

11 号释迦牟尼涅槃图局部（三）

12 号九龙浴太子

13号大佛母孔雀明王经变相图

14 号毗卢道场窟内景

14 号毗卢道场

14 号毗卢道场窟外西侧天王像

14 号毗卢道场局部

14号毗卢道场窟内正壁

14 号毗卢道场窟内局部

15号父母恩重经变相图

17号大方便佛报恩经变相图

17 号大方便佛报恩经变相图局部

18 号观无量寿佛经变相图

18 号观无量寿佛经变相图局部

18 号观无量寿佛经变相图局部

20号地狱变相图

20 号地狱变相图

20 号地狱变相图局部（一）

20 号地狱变相图局部（二）

21 号柳本尊行化图

21 号柳本尊行化图局部

27 号柳本尊正觉像

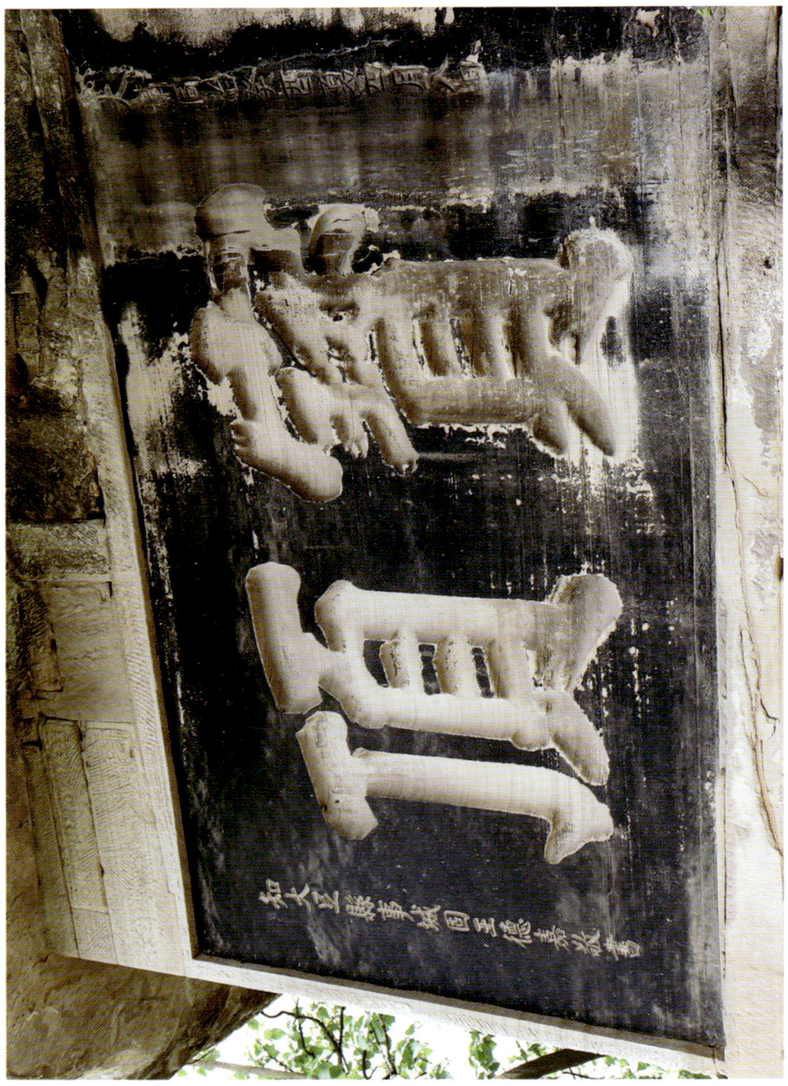

24 号道祖、山君龛

29 号圆觉洞（一）

29 号圆觉洞（二）

30 号牧牛图

牧牛亭

牧牛亭细部

万岁楼

万岁楼细部

灵官殿

大悲阁

大悲阁千手观音

小佛湾外景

祖师塔

小佛湾大宝楼阁内景

圣寿寺入口

圣寿寺山门

圣寿寺山门

圣寿寺山门背面

圣寿寺山门匾额

圣迹池

圣寿寺天王殿

圣寿寺帝释殿

圣寿寺帝释殿细部

圣寿寺大雄宝殿

圣寿寺大雄宝殿

圣寿寺大雄宝殿细部

圣寿寺三世佛殿

圣寿寺三世佛殿

圣寿寺三世佛殿内景与细部

圣寿寺维摩殿

圣寿寺维摩殿细部（一）

圣寿寺维摩殿细部（二）

维摩殿附属文物及环境

南山·石篆山·石门山

一、南山

（一）南山文物概况

南山，古名广华山，位于重庆市大足区龙岗镇南2千米处，海拔514米。造像开凿于1131—1162年（南宋绍兴年间），通编为15号，其中造像5龛窟，主要有三清古洞、后土圣母龛、龙洞、真武大帝龛等道教题材。南山摩崖造像区前有玉皇观，现存前殿、三清殿、太清亭等古建筑，多数为20世纪90年代迁建或重建。原有老君阁，内列十二弟子石像，民国时塌毁。

在大足石刻中开凿于11至13世纪的道教摩崖造像是中国道教石窟造像数量最多、最集中、反映神系最完整的。如第5号三清古洞共刻像五百余尊，以道教最高神“三清”为主，配刻以“四御”及圣母、王母等群神，生动地反映了12世纪道教已由早期的老君、“三官”崇拜演变为神系、神阶明确的“三清”“四御”信仰的历史事实。在中国宋代道教石窟中，此窟雕刻最为精美，就内容而言，是最完备而又系统反映宋代道教神系的实物资料，有着极高的宗教、历史、艺术价值。

南山还有碑刻题记多件，均属上乘作品。其中1250年的《何光震饯郡守王梦应记》碑记载了13世纪中叶四川东部遭蒙古军攻掠后的社会情况，保存了珍贵的第一手史料，具有“以碑证史”“以碑补史”“以碑断代”的重要价值。

（二）南山历史沿革

1. 建置沿革

南山石窟开创于南宋绍兴年间（1131—1162年），明代续有雕凿，清代至民国增补不少碑刻。有年代可考的龛窟造像和碑刻叙次如下：

南宋绍兴年间（1131—1162年），何正言父子造第5号三清古洞。

南宋绍兴年间（1131—1162年），何正言父子造第4号后土圣母龛。

南宋乾道五年（1169年），陈伯疆刻“冬至日飨生考题记”于三清古洞右门柱内侧。

南宋淳熙五年（1178年），吕元锡刻“挈家寻仙追凉题记”于三清古洞左门柱。

南宋淳熙五年（1178年），吕元锡刻“游南山诗并跋”于三清古洞左外岩壁。

约南宋淳熙五年（1178年），佚名刻“和吕元锡诗”于三清古洞左外石壁。

南宋淳熙十五年（1188年），梁当之等刻“避暑南山题记”于三清古洞右门柱上部。

南宋庆元六年（1200年），曹伟卿题刻：“公余雪后三日侍亲游南山题记”于三清古洞右门柱。

南宋嘉泰元年（1201年），张宗彦题刻七言诗于三清古洞左外石壁；何格非题刻“和张宗彦诗”于三清古洞左外石壁。

南宋嘉定四年（1211年），邓早题刻“阅辛酉岁张何二公诗跋”于三清古洞左外石壁。

南宋端平二年（1235年），樊允季题刻“领客避暑终日题记”于三清古洞右外石壁。

南宋淳祐七年（1247年），何光震等人题刻“饯郡守王梦应记碑”于三清古洞右外石壁。

南宋（1127—1279年），陈及之题刻“省坟莓溪过此题记”于三清古洞中心柱左外壁。

明正德十六年（1521年），佚名造第1号真武祖师龛。

清康熙五十八年（1719年），刻置田产《契约》碑一通于三清古洞左龙柱上部。

清康熙六十年（1721年），唐子俊刻“装修玉皇古洞天尊碑记”于三清古洞右门柱下部。

清嘉庆二十三年（1818年），张澍刻“重九日偕友登高记”于第2号碑洞右壁；刻“重游南山题诗并跋”于第2号碑洞左壁；题刻“辰秀太清”四字于石窟左岩“太清亭”内岩壁，通编为第8号；题刻“蓊然云起”四字于石窟右岩壁。

清同治十二年（1873年），大足知县王德嘉题刻“步吕张二公留题原韵诗”于石窟左岩壁，通编为第9号；题“寿”字于石窟左岩壁，通编为第11号；题刻“绝尘”二字于石窟左岩壁，通编为第13号。

清光绪元年（1875年），大足知县王德嘉临刻“睢歌坎笙”隶书碑于石窟右岩碑洞正壁。

清同治十一年至光绪元年（1872—1875年），大足知县王德嘉题刻行书碑一通于三清古洞中心柱右外壁。

清同治十三年（1874年），王德铭题刻“临山谷道人书后汉诗”三篇于石窟左岩壁，通编为第10号。

清光绪十五年（1889年），杨顺祺题刻“福寿”二字于石窟左碑壁，通编为第7号。

清光绪三十三年（1907年），大足知县邝国元题刻“重九登临题刻楹联”于石窟左岩碑壁，通编为第12号。

清光绪年间（1875—1908年），县正堂刻《示禁碑》于三清古洞右外石壁。

晚清，梅亭题刻五言诗一首于第4号后土圣母龛外右石壁。

民国九年（1920年），大足知县刘灼先题刻楹联一副，位于石窟左岩壁，通编为第14号。

2. 主要保护活动

1965年，南山三清洞窟口顶部岩石及洞窟加固。

1982年，南山石龙洞窟加固。

1991年，维修南山三清殿、太清亭，拆除山门殿并移建了中殿。

1992年，新建南山石刻窟檐、维修三清后殿并进行环境整治。

1993年，南山文物区三清殿整体迁建。

1994年，南山文物区建设供电设施。

1999年，南山文物风景区修建停车场及专用公路。

2000年，南山文物区管理用房和石板路工程。

2000年，南山文物区风景古树保护工程。

（三）南山石刻

真武祖师龛南山第1号（明代）

龛高235厘米、宽275厘米、深165厘米。龛内正壁刻真武大帝，头扎头巾，巾带后飘贴于头光上，贴身着甲，外着“U”领袍服，双手残毁不存，赤脚踏于龟蛇、假山上，善跏趺坐于方形石台上，其顶上饰有圆形华盖。龛左壁刻一侍女，头发齐耳，顶束发髻，发髻现已残毁，耳垂珠当，珠当下垂贴胸，面目秀美，身饰披肩，身着圆领广袖长服，双手于身前捧物，脚着云头鞋而立。龛右壁刻一男侍，头扎莲花髻，面刻连鬓胡须，身着相交叠领窄袖长服，胸际束带，左手于左肩，右手于右腹，双手共捧一宝剑，宝剑残，双脚着云头鞋而立。

后土圣母龛南山第4号（南宋）

龛高315厘米、宽275厘米、深163厘米。龛内正壁中刻注生后土圣母，头戴凤冠，耳垂珠当，面目慈祥，身着广袖长服，身饰巾带，双手于胸前笼于袖中托捧一物，双脚着云头鞋，善跏趺坐于四个龙头的靠背椅上；其左右圣母，头顶上刻八边形宝盖，头戴孔雀金钗冠，耳垂珠当，面目秀美，身着广袖袍服，双手于胸前笼于袖中托物，端坐于龙头靠背椅上，脚着云头鞋踏于方几上。三圣母两侧，各立一头梳抓角、着相交叠领广袖长服的侍女。龛左、右壁内侧分刻神将、牌位及供养人。

三清古洞窟南山第5号（南宋）

平顶，窟高391厘米、宽510厘米、深558厘米，平面回字形。窟口立二龙柱，窟中有一方形基座，上立中心柱，中心柱下部内侧与座后面齐，上部与窟顶及后壁相连，在窟后形成一长方形甬道，中心柱四周可供人绕行。中心柱正面开一龛，龛内造像分上、下两层，其主像即为本龛主像；中心柱左壁开两龛，上龛刻天尊巡游图，下龛刻春龙起蛰图；中心柱右壁为摩崖碑刻一块。洞左、右、后壁遍刻天尊像360尊，全像列为六层，皆为立式，其人物姿态各异、冠服不一；洞左、右门壁刻黄道十二星宫图。全洞造像数量多、题材丰富，是研究中国道教史的珍贵实物。

佛、道合龛南山第6号（年代不详）

龛高168厘米、宽290厘米、深126厘米。龛内共刻三层造像。上层正中刻太清像，头着道髻，道髻现已残毁，贴身着相交叠领衣，外着广袖道袍，肩饰披肩，双手于身前持麈尾，结跏趺坐于四方束腰金刚座上，背后饰圆形身光，头后饰圆形头光；太清左右，分侍一坐像，头戴冕旒，身着广袖袍服，饰飘带，飘带压臂下垂于身之两侧，脚着云头鞋，踏方几，双手于胸前捧朝笏，善跏趺坐于龙头靠背椅上；左像身后立三天尊像，右像身后立四像，四像皆风化严重。中层立三像，类似天王，现已残缺破损；两侧各立一护法神，均为三头六臂，手持兵器，部分手已残；左侧边壁上立三侍者，右侧边壁上立四侍者，现皆风化残蚀。下层造像中间刻三尊小像，皆风化，三小像左右各立供养人四尊。

龙洞南山第15号（年代不详）

窟高346厘米、宽210厘米、深185厘米。窟内刻一龙，头东尾西，头微上昂，闭口瞪眼，虬须怒张，身折四曲，鳞甲满身，左前爪按山，右前爪上举托云，两后爪跨步蹬地，似欲腾飞云天，龙身曲长712厘米、直径21厘米。

（四）南山附属文物

南山碑刻一览表

类别	名称	年代	数量
碑刻、诗词、游记	陈伯疆冬至日飨先考题记、吕元锡挈家寻仙追凉题记、吕元锡游南山诗并跋、佚名和吕元锡诗、梁山之等避暑南山题记、张宗彦题七言诗、何格非和张宗彦诗、邓早阅辛酉岁张、何二公诗跋、曹伟卿公余雪后三日侍亲游南山题记、樊允季领客避暑终日题记、何光震饯郡守王梦应记碑、陈及之省坟莓溪过此题记	南宋	12
	刘灼先楹联碑、梅亭五言诗、县正堂桂示禁牌、邝国元重九登临题刻楹联、杨顺撰书"福寿"、王德嘉"寿"字碑、王德嘉"绝尘"碑、王德嘉步吕张二公留题原韵诗、王德嘉行书碑、王德嘉隶书碑、王德铭临山谷道人书后汉诗三篇、张澍重九日偕友登高记、张澍重游南山题诗并跋、张澍题"辰秀太清"、张澍书"蓊然云起"、玉皇观置田产契约碑、唐子俊装修玉皇古洞天尊碑记	清代 民国	17

二、石篆山

（一）石篆山文物概况

石篆山摩崖造像位于重庆市大足区西南23千米的石篆山之巅。造像分布于山体面向西南的崖壁上，共编9号。2、5号龛位于崖壁距地坪较高的位置，1、3、6、7、8、9号龛位于崖壁距地坪较低的位置。石篆山摩崖造像的龛窟形制以中、小型摩崖龛为主。

石篆山摩崖造像为典型的释、道、儒"三教"合一造像区，在石窟中罕见。其中，第6号为孔子及十哲龛，正壁刻中国大思想家、儒家创始人孔子坐像，两侧壁刻孔子最著名的十大弟子。这在石窟造像中，实属难得。第7号为三身佛龛。第8号为老君龛，正中凿中国道教创始人老子坐像，左右各立7尊真人、法师像。据造像记知，以上3龛造像均为大庄园主严逊出资开凿，同为当时著名雕刻匠师文惟简等雕造。

石篆山东500米，有佛会寺，始建于宋，后多次兴废。原占地面积约2万平方米，建筑面积约1万平方米。"文革"期间，寺院大半被毁，并成为民房。现仅存大雄殿、前殿、部分配房和少量建筑基址，建筑面积约1570平方米。大雄殿基座为明代建，地面建筑为清代。大雄殿与前殿之间有凹字形基址，格局特殊。前殿内存有宋代僧人希昼撰写的《严逊记》碑（也称宋石篆山佛会寺碑记），记录严逊开凿石篆山摩崖造像的史实，极为珍贵。

（二）石篆山历史沿革

1. 建置沿革

据宋碑和纪年造像镌记，北宋严逊置胜地石篆山开凿，于元丰五年至绍圣三年间（1082—1096年）凿岩造像，山顶修建"佛会寺"院。今存的佛惠寺院建筑，乃元季兵燹后，明永乐年间重修。元代无造像，明清增补有碑刻。有明确纪年或年代可考的造像、碑刻、建筑叙次如下：

北宋元丰六年（1083年），佚名造第8号太上老君龛。

北宋元丰八年（1085年），文惟简镌造第2号志公和尚龛。

北宋元祐三年（1088年），严逊造第6号文宣王龛。

北宋元祐三年（1088年），文惟简镌造第7号三身佛龛。

北宋元祐五年（1090年），文惟简镌造第5号文殊、普贤龛。

北宋元祐五年（1090年），立僧希昼书《严逊记》碑于佛惠寺关圣殿左侧。

北宋绍圣三年（1096年），文惟简镌造第9号地藏与十王龛。

明洪武二十八年至永乐十年（1395—1412年），僧郎然上人、碧峰等重修佛会寺。

明正统二年（1437年），刻僧慈渤书《述思古迹记》碑于《严逊记碑》阴面。

明成化十八年（1482年），佚名刻《佛会之塔残记》碑于佛惠寺庙右三级石塔之第一级。

明弘治十二年（1499年），立张壁撰《重修佛惠寺碑记》于佛惠寺大雄殿前廊，20世纪60年代被毁。

明嘉靖三十九年（1560年），刻比丘撰《栽植柏树记》于石篆山石窟西。

清同治六年（1867年），刘纯斋等乡人修治文宣王龛庙貌，立刘纯斋撰《修治文宣王龛庙貌记》碑于石窟6号龛前。

清同治六年（1867年），县正堂立《示禁碑》于石窟6号龛前。

清同治九年（1870年），刻僧觉朗《佛会寺上觉下朗拾铙记》于佛会寺右侧石池左边的巨石堡上。

清光绪二年（1876年），刻僧文彬题"七言诗"及僧神锋书"蕴翠"二字于佛会寺大雄殿外左岩壁。

清光绪七年（1881年），刻比丘圣质书"白石青山"四字于石窟右岩，通编为第10号附1号。

清光绪七年（1881年），刻比丘圣质《题岩窝古楼》诗于石窟右岩。

清代，刻佚名作《阴真君破迷歌》于石篆山石窟对面岩壁。

2. 主要保护活动

1997年，建造石篆山管理用房。

1998年，重建石篆山管理用房并进行环境整治。

2000年，建石篆山石窟保护廊，次年5月竣工。

2001年，石篆山石刻防风化处理。

2001 年，新建石篆山休息廊。

2001 年，新建石篆山文物区后山围墙。

（三）石篆山石刻

诃利帝母龛石篆山第 1 号（北宋）

龛顶向内斜，高 210 厘米、宽 258 厘米、深 123 厘米。龛正壁主像诃利帝母，左手于身前抱一小孩坐左膝上，右手于胸前持一吉祥果。主像左、右各立一侍女，左侍女之左正壁刻两光头小孩，右侍女之右壁，刻一乳母和两小孩，龛右壁并刻两小孩。龛外右壁上横刻二碑。

志公龛石篆山第 2 号（北宋）

平顶，坐东北向西南，高 234 厘米、宽 254 厘米、深 172 厘米。龛正壁左立志公，其右立其弟子，两尊像脚下刻祥云。两像间碑高 35 厘米、宽 60 厘米，碑文竖刻。在 20 世纪 50 年代初尚立有一座条石牌坊于龛口，牌坊额横刻“匠氏宗坊”，其下左楣竖刻“绳墨千秋仰”，右楣竖刻“规矩万世因”；20 世纪 60 年代初，牌坊不存。

长寿王龛石篆山第 3 号（北宋）

龛高 155 厘米、宽 165 厘米、深 20 厘米。龛正壁左立长寿王，右立长生太子，皆头戴束发冠，面、胸、手、脚皆大部分残毁，身着长服，腰间系带绾结束衣。

药王龛石篆山第 4 号（北宋）

弧形顶，龛高 206 厘米、宽 90 厘米、深 20 厘米。正壁刻药王，头戴束发冠，面西南身向南，冠带向后上飘贴壁，身着长服，腰带束衣，双手置于腹前，左手扼右腕，双脚着鞋而立。

文殊普贤龛石篆山第 5 号（北宋）

龛顶及周围均为圆形，龛垂径 146 厘米，横径 149 厘米，深 183 厘米。龛正壁刻文殊、普贤结跏趺坐于莲台上。文殊左手执经卷，右手置于右膝上，其莲台下刻青狮，头向东南，狮奴立狮左侧。普贤左手抚左膝，右手持一如意于胸前，如意残；其莲台下白象向东南而立，现半身，象奴立白象右侧。主像间后壁左竖书“文殊菩青狮子”，右竖书“普贤白象垂牙在”，中书“师利大行”，其旁刻“福”“寿”；龛左壁竖书“世尊前东海阿难”，右壁竖书“世尊前香花童子”。龛外左壁立阿难，右立香花童子，皆面身向东南。

孔子及十哲龛石篆山第 6 号（北宋）

龛高 194 厘米、宽 325 厘米、深 148 厘米。龛正壁中坐孔子，其头左壁竖刻“至圣文宣王”。孔子左正壁立颜回、闵损、冉有，右正壁立仲由、冉耕、宰我；龛左壁立端木赐、言偃；龛右壁立冉求、卜商，共十哲。龛外左、右壁各立一护法神。

三身佛龛石篆山第 7 号（北宋）

龛高 143 厘米、宽 425 厘米、深 153 厘米。正壁主像为三身佛，面东南，结跏趺坐于莲台上，座下皆压一蟠龙。毗卢佛居中，卢舍那佛居左，释迦牟尼佛居右。毗卢佛左右各立一比丘；卢舍那佛右立一比丘弟子，左立一香花菩萨；释迦牟尼佛左立一比丘，右立一香花菩萨。龛正壁与侧壁转角处分立男、女供养人一尊，龛左、右壁各立比丘像三尊。龛外两侧门柱呈八面形，上有斗栱、下有托柱力士，两门柱侧壁上各有一护法力士像。

老君龛石篆山第 8 号（北宋）

平顶，龛高 160 厘米、宽 379 厘米、深 165 厘米。龛中刻老君坐像，其左、右正壁各立大法、真人 3 尊，龛左、右壁各立 3 尊。龛口左、右各立一柱，左柱之左、右柱之右各刻一龛，龛向西南，内各立一护道天神。

地藏十王龛石篆山第 9 号（北宋）

平顶龛，高 177 厘米、宽 334 厘米、深 180 厘米。龛正壁中刻地藏坐像，头后两道毫光汇集成祥云。地藏身后左立一比丘，右立一侍女。主像左右及龛左右壁，刻像两排，前后排列。龛外左、右壁各刻一龛，龛内各刻一护法神。

（四）石篆山附属文物

1. 佛塔

佛会石塔：位于石篆山佛会寺遗址内，约为明代所建，为两层石塔，仿楼阁式木塔。两层内均有佛像，两层塔身由仰莲分割；塔刹呈宝珠形，约占塔高三分之一。

2. 碑刻

石篆山碑刻一览表

类　别	名　称	年　代	数　量
碑刻、诗词、培修记	僧希昼书《严逊记》碑	南　宋	1
	僧慈泐书《述思古迹记》碑、佛会之塔残记、张壁撰重修佛惠诗碑记、栽植柏树记	明　代	4
	刘纯斋撰修治文宣王龛庙貌记碑、县正堂王示禁碑、僧觉郎拾明代饶三幅刻记、僧文彬题七言诗、僧神锋书蕴翠、僧圣质书白石青山、僧圣质“题岩窝古楼”诗、佚名（漶）阴真君破迷歌	清　代	8

三、石门山

（一）石门山文物概况

石门山位于重庆市大足区龙岗镇东 20 千米处的石马镇新胜村，海拔 374.1 米。造像开凿于 1094—1151 年（北宋绍圣年间至南宋绍兴二十一年）。刻像崖面全长 71.8 米。崖高 3.4~5 米，通编为 13 号，其中有造像 12 龛。此外，尚存众多造像记、碑碣、题刻及培修记。

石门山摩崖造像为佛教、道教合一造像区，尤以道教造像最具特色。如第 2 号玉皇大帝龛外的千里眼像，眼如铜铃，似能目极千里；顺风耳面貌丑怪，张耳作细听状；二像肌肉丰健，筋脉显露，手法夸张。第 7 号独角五通大帝，左脚独立于一风火轮上，广额深目，口阔唇厚，裙带飞扬，有来去如风之势。第 10 号三皇洞中的造像，儒雅清秀，衣纹折叠舒展，手法写实，“人味”多于“神味”。第 12 号以东岳大帝、淑明皇后为主像，反映出 10—13 世纪（宋代）东岳世家在道教神系中的突出地位。

佛教题材主要有药师佛龛、水月观音龛、释迦佛龛、十圣观音洞、孔雀明王经变窟、诃利帝母龛等。其中以第 6 号十圣观音窟最为精美。

（二）石门山历史沿革

1. 建置沿革

石门山石窟开创于北宋绍圣元年（1094 年），南宋续有开凿，元、明无造像和碑刻，清、民国时期增补有不少碑刻。有年代可考的龛窟造像和碑刻叙次如下：

北宋绍圣元年（1094 年），杨才友等镌造山王一龛于石窟进口的左石壁，通编为第 13 号。

北宋绍圣元年（1094 年），僧人法顺造水月观音一龛于石窟进口右岩壁，通编为第 4 号。

北宋绍圣三年（1096 年），赵氏一娘子等造释迦佛龛，通编为第 3 号。

南宋绍兴年间（1131—1162 年），岑忠用等造第 6 号十圣观音洞，洞内有纪年的观音造像如下：

绍兴十年（1140 年），岑忠用立《诱化修造十圣观音洞镌记》于正壁与左壁转角处。

绍兴十一年（1141 年），佚名造正法明王观音像于正壁观音像左侧壁；岑忠志等造宝兰手观音像于左壁；岑忠信夫妇一家等造宝扇手观音于左壁；庞休一宅等造甘露玉观音于左壁；侯惟正崖氏夫妇造善财功德像于左壁；杨作安等造大势至菩萨于正壁；甄典□等造宝莲手观音于右壁；赵勤典男赵觉赵恭合宅造宝镜观音于右壁；陈充一宅长少造莲花手观音于右壁；庞师上父子造如意轮观音于右壁；侯良夫妇与子孙造数珠手观音一尊于右壁；谢继隆何氏夫妇一家等造献珠龙女一身于右壁。

南宋绍兴十七年（1147 年），杨伯高造玉皇龛于石窟右岩壁。

南宋绍兴二十一年（1151 年），佚名造药师佛龛于石窟右壁，通编为第 1 号。

南宋淳熙九年（1182 年），题刻邓柽作《纪行诗》碑于石窟中夹立的巨石左。

南宋淳熙五年（1178 年），宋以道题刻“圣府洞”三字于夹石东南面。

宋，题刻佚名书“杏林宫”三字于邓柽纪行诗碑的右岩壁。

清乾隆十五年（1750 年），立张书绅撰写《契约存照》碑于山王龛岩石右。

清乾隆十六年（1751 年），立舒宏明撰《圣府洞置常住田碑》于《契约存照》碑南面。

清乾隆二十二年（1757 年），题刻张子华等撰《重修大殿记碑》于山王龛左右壁；题刻佚名撰《重□荡荡》碑于山王龛左右壁。

清乾隆二十三年（1758 年），立姜□□撰《刊刻碑文》于夹石下方。

清乾隆二十五年（1760 年），立余源□撰《刊刻碑文》于夹石下方。

清乾隆三十五年（1770 年），题刻达荣撰《修理功字镌记》碑于巷道外石壁空龛左右壁。

清乾隆五十四年（1789 年），题刻佚名撰《修建巷道券拱镌记》于巷道顶上。后因漏雨水，清人又在券拱上覆盖瓦屋亭宇。

清道光十五年（1835 年），题刻《妆塑玉皇碑记》于玉皇龛外右石壁。

清道光年间（1821—1851 年），题刻僧弘明撰《道众小引》碑于第 13 号龛外左石壁。

清光绪七年（1881 年），题刻僧宏济撰《妆塑韦驮金身记》于独脚五通大帝对岩邓柽碑下石壁。

清光绪年间（1875—1908 年），题刻《募化装塑佛菩萨像镌记》于十圣观音洞门横额条石面。

民国九年（1920 年），题刻但道玄撰《建修劝善所叙》碑于石上壁。

2. 主要保护活动

1986 年，石门山三皇洞窟加固。

2000 年，石门山石刻窟顶进行防渗覆土工程。

（三）石门山石刻

药师佛经变石门山第 1 号（宋代）

龛高 164 厘米、宽 111 厘米、深 153 厘米。龛正壁中刻药师佛结跏趺坐于莲台上，佛头有高顶螺髻，着“U”领通肩佛袍，左手于膝间捧钵，右手于胸前持物，项后有双重圆形火焰头光。其莲座下为扁金瓜形座基，下有圆形基盘。主像左右各刻一比丘立像，龛左、右壁各立一菩萨，龛左、右壁菩萨外侧各立一小供养人像。

玉皇大帝龛石门山第 2 号（宋代）

龛高 89 厘米、宽 92 厘米、深 40 厘米。龛正壁中刻玉皇大帝，左、右各立一侍者。龛外下部两侧各立一像，左刻千里眼，右刻顺风耳。

释迦佛龛石门山第 3 号（宋代）

龛高 137 厘米、宽 115 厘米、深 80 厘米。龛内正壁中刻释迦佛，结跏趺坐于金刚座上，座下有二狮蹲立举座。释迦佛左右各刻一比丘，龛外下沿正面刻有造像。

水月观音龛石门山第 4 号（宋代）

龛高 131 厘米、宽 108 厘米、深 24 厘米。龛内正壁刻水月观音随意坐于山石座上。观音座上左侧刻一净瓶，座下正中刻一夜叉，双手举一香炉顶于头上；座下两边刻海水，水中耸立普陀山。观音头部两侧壁角各有飞天一身。龛内左壁刻一女侍者。龛前下正壁刻一碑高 33 厘米、宽 110 厘米。

阿弥陀佛龛石门山第 5 号（清代）

龛高 178 厘米、宽 95 厘米、深 24 厘米。龛内刻阿弥陀佛，头布高顶螺髻，面身向东，袒胸，胸下贴身着僧祇支，外着袒右肩袈裟，手腕戴镯，左手于腹前托钵，右手贴身右侧下垂作接引印，胸口凿一方孔，双脚残。窟右外壁摩刻一碑。

西方三圣及十圣观音窟石门山第 6 号（宋代）

窟高 294 厘米、宽 358 厘米、深 610 厘米，平顶，平面为矩形。窟内正壁刻西方三圣主像，窟之左、右壁，从内至外各刻五尊观音和一尊侍者。正壁与左、右壁转角处各刻一供养人。阿弥陀佛下前方，刻一香炉。窟口上方横置一石质门枋，门枋外面刻有铭文。窟口外左、右壁共刻四天王像。

独脚五通大帝龛石门山第 7 号（宋代）

龛高 285 厘米、宽 127 厘米、深 43 厘米。龛内刻独脚五通大帝，头戴束发冠，额凸，浓眉，双目深陷鼻短肥大，口阔，面身向南独脚立于风火轮上，具向前飞奔之状；其肩饰披肩，身着相交叠领窄袖长服，腰束玉带，左手置于胸前，手残，右手于身右侧持剑，剑上系彩带，剑残。

孔雀明王经变窟石门山第 8 号（宋代）

平顶，窟高 318 厘米、宽 312 厘米、深 231 厘米，中心柱式，四周可供人环绕。中心柱正面，刻孔雀明王结跏趺坐于孔雀背驮的莲台上。明王面貌端庄，头戴高花冠，耳垂双珠长珰，冠侧有两带过肩绕腕垂于座旁，下着裙，外穿对襟轻纱天衣，胸饰璎珞，其身有四臂，项后有圆形火焰头光；孔雀头向西身向南直腿而立，嘴残不存，脖子向上引伸，胸脯前挺，双翅展开，尾羽上翘成明王背屏并支撑窟顶，双脚踏于并蒂莲上。窟后壁造像分三层，左壁造像分四层，右壁造像分五层。

诃利帝母龛石门山第 9 号（宋代）

龛高 163 厘米、宽 213 厘米、深 74 厘米。龛内正壁刻诃利帝母坐像，其凤冠霞帔，身着华服，玉带束胸，双耳垂珰，头后两根飘带向左右侧上飞，双足着靴，其右腿前立一小孩。主像左侧为一乳母，双手抱一小儿于膝上，作正欲奶儿状，其右侧刻一男坐像；主像右侧刻一女像，其身下有一小儿。

三皇洞窟石门山第 10 号（宋代）

平顶，右壁残毁，经维修成现状，坐北向南，高 301 厘米、宽 398 厘米、深 780 厘米。窟内正壁刻三皇主像，天皇居中，地皇居左，人皇居右。三皇均戴平顶高方冠，内着圆口荷叶边领衣衫，外罩宽袖大袍，双足着靴，踏于方形几上，双手均于胸前捧物。窟左壁造像分上、下两层，下层刻 7 尊主像，上层刻 29 尊（其中残毁一尊）。

东岳夫妇龛石门山第 11 号（宋代）

龛高 240 厘米、宽 364 厘米、深 66 厘米。龛左壁残毁，经维修成现状。龛正壁中刻东岳夫妇，在背屏上方及其背屏左右，共刻五排像，共 43 尊，其中立像 41 尊，坐像 2 尊。在东岳夫妇脚下及其方几之左、右造像之下横刻一龛，龛内横刻 19 尊立像。

山王龛石门山第 13 号（宋代）

分上、下两龛，上龛高 85 厘米、宽 147 厘米、深 32 厘米；下龛高 64 厘米、宽 70 厘米、深 26 厘米。上龛内刻两像，左为山王，右为地母，皆面南，并肩而坐。山王面净无须，头戴方冠，身着斜襟大翻领宽袖长袍，双手于腹前笼于袖中，双脚着靴；地母面貌俊秀，头戴凤冠，身着圆领宽袖长袍，胸围玉带，双手和袖内置于腹部。下龛龛内有三像，南面，中像坐、侧立，左像双手捧卷，右像右手持斧，三像均已风化剥蚀。

（四）石门山附属文物

1. 佛塔

石门山造像区东侧有石塔一座。

2. 碑刻

石门山碑刻一览表

种　类	名　称	年　代	数　量
碑碣、题刻	宋以道书圣府洞、佚名题杏林宫、邓柽《纪行诗》碑	南　宋	3
	张书绅撰《契约存照》碑、舒宏明撰《圣府洞置常住田碑序》、张子华等《重修大殿记碑》、佚名立《重□荡荡》碑、姜□□撰《刊刻碑文》、余源□撰《掉常住田碑序》、达荣《修理功字镌记》、众姓同立《妆塑玉皇碑记》、僧弘明立《道众小引》碑、僧宏济《妆塑韦驮金身记》、公众《募化装塑佛菩萨像镌记》	清　代	12
	但道玄撰《建修劝善所叙》	民　国	1

四、南山·石篆山·石门山彩版

（一）南山

1号真武祖师龛

2 号碑洞

4 号后土圣母龛

5 号三清古洞窟拜殿

5 号三清古洞窟

5 号三清古洞窟盘龙柱

5 号三清古洞窟局部

5 号三清古洞窟局部

15 号龙洞

太清亭

碑刻窟廊

8号“辰秀太清”碑

长廊碑刻

13 号王德嘉“绝尘”字碑

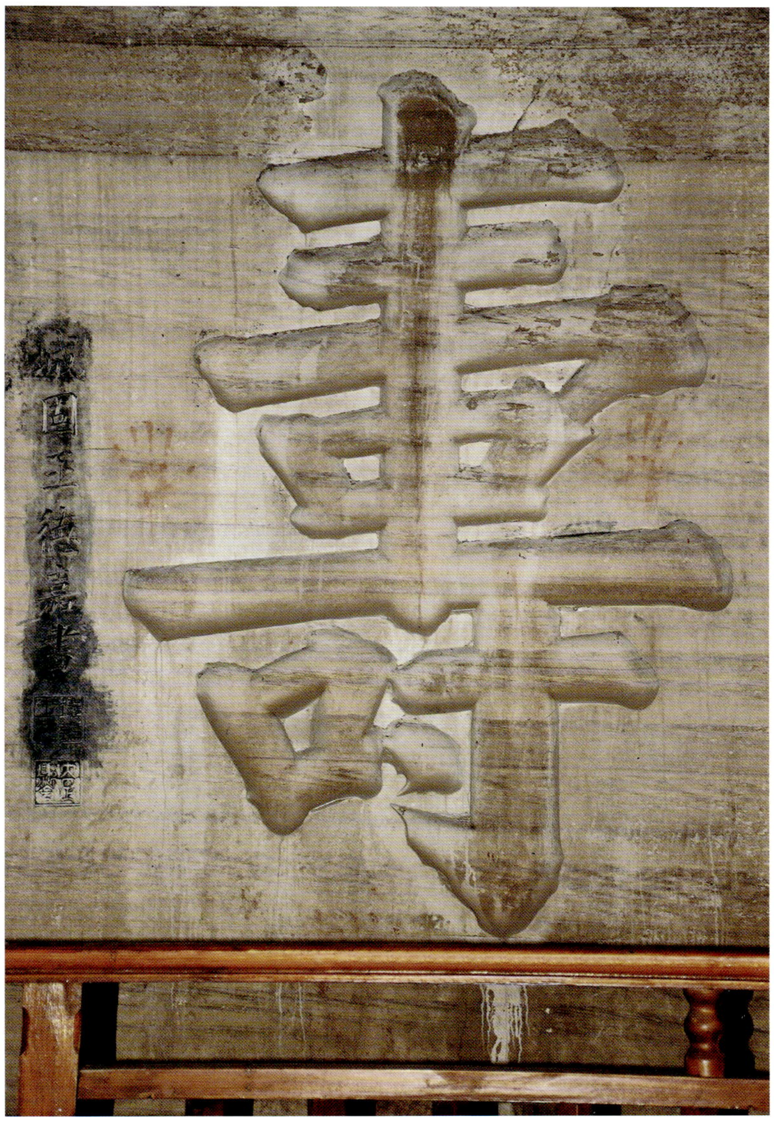

10 号王德嘉“寿”字碑

9 号王德嘉“步吕张二公留题原韵诗”碑

10 号王德铭“临山谷道人书后汉诗三篇”

14 号刘灼先楹联碑

（二）石篆山

石篆山石刻全貌

佛惠寺大殿

1 号诃利帝母龛

5 号文殊普贤龛

6 号孔子及十哲龛

7 号三身佛龛

8 号老君龛

8 号老君龛局部

2号玉皇大帝龛

2 号玉皇大帝龛千里眼

6 号西方三圣及十圣观音窟

8号孔雀明王经变窟

9 号诃利帝母龛

10 号三皇洞窟

11 号东岳夫妇龛

附录

文物调查及考古发掘资料（1939—2003）

1939—1940 年

中国营造学社的学者们第一次对巴蜀地区古迹遗存进行了广泛的调查，并对大足北山、宝顶以及潼南大佛寺等唐、宋摩崖石刻和古建筑进行了记录，相关文字和图片收录于刘敦桢先生的《川、康古建筑调查日记》中。

1942 年

大足人陈习删担任《民国重修大足县志》的总主编，历时三年修成《民国重修大足县志》。在“山脉”章节中，陈习删详细记载了当时湮没于杂草间的北山、宝顶山石刻造像，引起了杨家骆等学者的高度重视。

1945 年

杨家骆、马衡、顾颉刚等十余人考察宝顶山、北山、南山、石门山摩崖造像。

原始考察记录不存，考察报告和调查研究成果编刊为《大足石刻图征》，附民国《大足县志》（中国学典馆北泉分馆印刷厂排印，1945 年）卷首，参见《大足石刻研究》（四川省社会科学院出版社，1985 年）有关论著。

1951 年 12 月

西南文教部张圣奘考察宝顶山、北山、南山、石篆山、石门山摩崖造像。

原始考察记录不存，考察成果参见《大足石刻研究》（四川省社会科学院出版社，1985 年）。

1954 年 6 月

四川省文管会潘中玲、刘真廉、林坤雪及大足县文管所蒋美华、邓之金、邓云丛等考察宝顶山、北山、南山、石篆山摩崖造像。

原始调查资料不存，调查资料和其他石窟点的调查资料由四川省文管会汇编为《大足县文物调查小结》一辑。参见大足石刻记录档案“北山摩崖造像主卷・文物调查及考古发掘资料卷”。

1956 年 11 月

中国美术家协会孙善宽、林家长等 12 位专家学者考察宝顶山、北山摩崖造像。

原始考察记录不存，考察成果参见孙善宽、林家长执笔的《大足等地古代雕刻给我们的启发》（参见《大足石刻研究》，四川省社会科学院出版社，1985 年）。考察团另编辑了图文并茂的《大足石刻》（文物出版社，1958 年）一书。

1962 年 1—2 月

中国佛教协会阎文儒等 6 人考察宝顶山、北山、南山、石门山摩崖造像。

原始调查资料不存，阎文儒撰写的《大足宝顶石窟》考古手稿，后经阎文儒修改，刊于《四川文物》1986 年石刻研究专辑。调查成果参见《中国石窟艺术总论》（天津古籍出版社，1987 年）。

1982 年 10—11 月

浙江省工艺美术学会张澄之等 11 人考察宝顶山、北山摩崖造像。

原始考察记录不存，考察成果参见张澄之执笔的《四川大足石刻艺术考察报告》（参见《大足石刻研究》，四川省社会科学院出版社，1985 年）。

1984 年 3—5 月

四川省社会科学院和大足文管所、大足县政协相关人员考察宝顶山、北山、南山、石篆山、石门山摩崖造像。

原始调查资料不存，调查成果参见李永翘、胡文和执笔的《大足石刻内容总录》（参见《大足石刻研究》，四川省社会科学院出版社，1985 年）。

1993 年 3—5 月

重庆大足石刻艺术博物馆勘查宝顶山小佛湾祖师法身经目塔和“释迦舍利宝塔图”碑。

调查资料经陈明光、邓之金整理编撰为《大足宝顶山小佛湾祖师法身经目塔勘查报告》，胡良学编撰为《大足宝顶山小佛湾“释迦舍利宝塔禁中应现之图”碑》发表于《文物》1994 年第 2 期。

1993 年 6 月至 1994 年 2 月

重庆大足石刻艺术博物馆陈明光、邓之金、黎方银调查宝顶山摩崖造像铭文。

调查资料经陈明光、邓之金整理列为《大足石刻铭文录》（重庆出版社，1999 年）第二编。

1994 年 5—11 月

重庆大足石刻艺术博物馆陈明光、邓之金、黎方银等搜集北山摩崖造像铭文。

调查资料经黎方银整理列为《大足石刻铭文录》（重庆出版社，1999 年）第一编和第五编。

1995 年

重庆大足石刻艺术博物馆胡良学、陈静调查石篆山摩崖造像。

调查成果参见胡良学、陈静执笔的《大足石篆山、妙高山摩崖造像调查研究》（《四川文物》1998 年第 1 期）。

1996 年

重庆大足石刻艺术博物馆陈明光、邓之金、黎方银等调查南山、石篆山、石门山摩崖造像铭文。

调查资料经陈明光、邓之金整理列为《大足石刻铭文录》（重庆出版社，1999 年）第三编之一、二。

1998 年 6—9 月

重庆大足石刻艺术博物馆对宝顶山游客中心宋墓、清墓进行考古发掘清理。

完成了《大足宝顶山“游客中心”基建工地古墓群清理简报》。

2001 年 8 月至 2003 年 2 月

重庆大足石刻艺术博物馆胡良学、邓之金等调查北山摩崖造像。

参见大足石刻记录档案中“摩崖造像主卷·文字卷”基本状况描述。

2003 年 2—12 月

重庆大足石刻艺术博物馆胡良学、邓之金等调查宝顶山、南山、石篆山、石门山摩崖造像。

参见大足石刻记录档案中上述四山“摩崖造像主卷·文字卷”基本状况描述。

大事记

650—655 年　唐永徽和乾封年间

大足尖山子摩崖造像开凿。

892—906 年　晚唐

大足北山第 26 号龛救苦观音菩萨，第 58 号观音菩萨、地藏菩萨龛，第 240 号欢喜王菩萨龛，第 6 号释迦佛龛，第 50 号如意轮菩萨龛，第 52 号阿弥陀佛、观音、地藏菩萨龛，第 24 号日月光菩萨龛，第 51 号三世佛龛，第 243 号千手观音龛开凿。

907—960 年　前后蜀

大足北山第 32 号龛日光、月光菩萨，第 53 号阿弥陀佛、观音、地藏菩萨龛，第 27 号观音龛，第 37 号地藏菩萨龛，第 35 号释迦佛龛，第 244 号观音地藏龛，第 281 号药师经变龛，第 260 号龛佛顶尊胜陀罗尼幢并刻经，第 279 号药师变龛开凿。

995—997 年　北宋至道年间

大足北山第 249 号观音、地藏菩萨龛开凿。

1082—1096 年　宋元丰五年至绍圣三年间

石篆山开凿摩崖造像，山顶修建“佛会寺”院。

1094 年　北宋绍圣元年

大足石门山石窟开凿。

1107—1162 年　北宋至南宋

大足北山第 288 号千手观音龛，第 286 号观音龛，第 180 号十三观音变相龛，第 155 号孔雀明王窟，第 176 号弥勒下生经变相龛，第 177 号泗州大圣龛，第 149 号如意轮圣观自在菩萨龛，第 137 号维摩经变图，第 136 号转轮经藏窟，第 30 号菩萨龛开凿。

1131—1162 年　南宋绍兴年间

南山主要石窟陆续开凿，石门山第 6 号十圣观音洞开凿；北山多宝塔修建。

1174—1252 年　南宋淳熙至淳祐年间

大足名僧赵智凤在宝顶主持营建包括圣寿寺本尊殿在内的大型石窟道场造像群。造像点包括大佛湾、小佛湾、倒塔坡、龙头山、三元洞、大佛坡、仁功山、珠始山、对面佛、龙潭、岩湾、佛祖岩、三块碑、广大山、松林坡、塔耳田、圣迹池等。

1395—1412 年　明洪武二十八年至永乐十年

僧郎然上人、碧峰等重修石篆山佛会寺。

1418—1425 年　明永乐十年至明洪熙元年

宝顶主持僧惠妙奉蜀王旨主持重修圣寿寺，历时 8 年。修成法堂、僧堂、馔堂、廊庑、山门、庖廪等房舍。重修毗卢殿阁，石砌七佛阶台，重修千手大悲宝阁，兴修圆觉古洞。

1437—1560 年　明正统二年至明嘉靖三十九年

石篆山佛会寺刻僧慈渤书《述思古迹记》碑、《佛会之塔残记》碑、《重修佛惠寺碑记》及比丘撰《栽植柏树记》碑。

1662—1690 年　清康熙元年至二十九年

宝顶主持僧性超、性正等募资修建大雄宝殿，修圆觉洞等。

1870 年　清同治九年

邑岁进士廖沛霖、文生蒋鸿勋等重修宝顶山圣寿寺维摩殿、经殿、玉皇殿、东南二岳、灵官殿、万岁楼等庙宇并诸佛像。

1939—1940 年

中国营造学社的学者们第一次把对巴蜀地区古迹遗存进行了广泛的调查，刘敦桢先生在《川、康古建筑调查日记》中以文字和照片对大足北山、宝顶以及潼南大佛寺等唐、宋摩崖石刻和古建筑进行了记录。

1953 年

西南文教部拨款修建大佛湾柳本尊行化图、孔雀明王经变、牧牛图等处岩壁基脚，起到防止岩壁继续风化的作用。

同年，实施了毗卢洞加固工程和圣寿寺的维修保护工程。

1954 年

5 月、6 月，四川省文管会第一调查组与大足文管所共同组成“大足县文物调查小组”，对南山、北山、宝顶山、石门山、石篆山、妙高山、七拱桥、玉滩、朝阳洞、千佛岩石窟及宝林寺、潮音寺等寺院和城西、双河西北水库等处的宋墓进行了为期 33 天的调查及记录，完成了《大足县文物调查小结》，调研留下了大量今人难得的珍贵资料，也是大足石刻的首次建档工作，当年调查的编号、龛号沿用至今。

1956 年

8 月，四川省人委公布北山、宝顶山、南山、石篆山摩崖造像和多宝塔为四川省第一批文物保护单位。

1961 年

3 月 4 日，国务院公布北山、宝顶山摩崖造像为第一批全国重点文物保护单位。

1964 年

4 月 10 日，大足县人民政府通知各区乡，明确划定各文物保护单位的保护范围。6—12 月，文管所对公布保护的 13 处石刻文保单位竖立了标志碑和保护范围界桩。

1980 年

7 月 7 日，四川省政府重新公布北山、宝顶山、南山、石篆山、石门山石窟和多宝塔为省级文物保护单位。石门山石窟首次被公布为文物保护单位。

1984 年

10 月 4 日，文物保护管理所组成“文物普查小组”进行文物普查。并于 1986 年 1 月 22 日由县文物保管所公布 25 处石窟、宋墓和 7 处古塔为县级文保单位。

1987 年

5 月 7 日，县文物普查办公室对全县文物进行再次普查；9 月，文物普查曾建伟组在宝山乡发现初唐“永徽”开凿的尖山子摩崖造像近百尊，把大足石刻的开创年由晚唐提到初唐。

1990 年

8 月 22 日，重庆大足石刻艺术博物馆成立。

1992 年

重庆建筑工程学院建筑系（现重庆大学建筑城规学院）师生对北山、宝顶摩崖造像和圣寿寺古建筑群进行了全面测绘。

重庆市政府公布尖山子、妙高山、舒成岩、千佛石窟为市级文物保护单位。

1993 年

11 月，国家文物局将大足石刻列入申报世界文化遗产预备清单。

8—12 月，经重庆市人民政府批准，由重庆建筑大学、中国文物研究所、大足县建委、大足石刻艺术博物馆共同编制《大足三山（宝顶山、北山、南山）石刻文物名胜区保护总体规划》。

1996 年

四川省政府公布妙高山、舒成岩石窟为省级文物保护单位。同年，国务院公布第四批全国重点文物保护单位，将石门山和石篆山、南山石窟、多宝塔分别纳入全国重点文物保护单位的宝顶山和北山石窟范围。

1 月 30 日，陈明光、邓之金、唐毅烈、唐长清等发现北宋大中祥符六年造像（圆雕）题记和柳本尊造像。

大足石刻申报列入《世界遗产名录》工程正式启动。

1997 年

9 月 2 日，玉滩石窟第 11 号洞正中主佛头被盗。

1998 年

1 月 8 日，重庆市政府第 21 号令发布施行《重庆市大足石刻保护管理办法》。

6 月，在宝顶山实施修建了大足石刻游客中心。项目由重庆建筑大学（现重庆大学）张兴国教授主持设计，该工程获得重庆市优秀工程设计奖。

7 月 30 日，水口村六组发现唐代开凿的菩萨洞窟，现存三壁雕像 70 余尊并残存一题记 “大通院”。该洞题材疑为藏通别圆四佛和大通佛说法图与十六王子，这在大足石刻乃至其他石窟群中都是不常见的。

9 月，为进一步推进大足石刻的保护和世界文化遗产申报工作，经国家文物局批准，由中国建筑技术研究院建筑历史研究所和中国建筑技术发展研究中心设计院四所共同编制《重庆大足石刻文物区保护总体规划》。

同年，重庆建筑大学完成了《大足石刻文物区环境整治规划与设计》。

1999 年

12 月 1 日，根据世界文化遗产遴选标准的（Ⅰ）（Ⅱ）（Ⅲ），在摩洛哥的马拉喀什举行的联合国教科文组织世界遗产委员会第 23 届会议上表决通过，大足石刻北山、宝顶山、南山、石篆山和石门山五处摩崖造像正式列入世界文化遗产。

2002 年

完成了宝顶广大寺复原维修、宝顶大佛湾“观经变”危岩抢险加固、宝顶山多宝塔防风化加固和塔身保护亭落架维修、南北山抢险、宝顶大佛湾卧佛二期治水工程等工程。

7 月，国家文物局在大足石刻召开了我国首次世界文化遗产监测研讨会。

2004 年

国家文物局组织开展建设世界文化遗产动态监测体系的相关课题研究，大足石刻被确定为全国世界遗产动态监测实施的三个示范遗产地之一。

2006 年至今

开展了包括大足石刻文物本体监测、古建筑监测、环境监测、开发利用监测、保障体系监测、专项监测共六大类别、三十多个小项的监测工作。

2009 年

2 月 19 日，国家发改委正式批准向意大利政府贷款 200 万欧元，开工建设我国首个石质文物保护中心——大足石质文物保护中心。

2011 年

4 月，大足宝顶山千手观音修复工程正式启动。

2012 年

3 月，作为国家文物局动态信息系统和监测预警系统试点项目的组成部分，《大足石刻世界遗产监测与预警指标体系研究》正式启动，项目由重庆大学建筑城规学院历史研究所承担。

2014 年

千手观音保护进入对本尊的保护修复阶段。

参考文献

图书、专著

1. H．因伐耳特．犍陀罗艺术［M］．上海人民美术出版社，1991.

2. 羽溪了谛．西域之佛教［M］．商务印书馆，1999.

3. 黄河涛．禅与中国艺术精神的嬗变［M］．商务印书馆，1994.

4. 任晓红．禅与中国园林［M］．商务印书馆，1994.

5. 梁思成．中国雕塑史［M］．百花文艺出版社，1998.

6. 段玉明．中国寺庙文化［M］．上海人民出版社，1994.

7. 何光沪，许志伟．对话：儒释道与基督教［M］．社会科学文献出版社，1998.

8. 南怀瑾．中国佛教发展史略［M］．复旦大学出版社，1996.

9. 李允鉌．华夏艺匠［M］．广角镜出版社，1984.

10. 李泽厚．美的历程［M］．安徽文艺出版社，1994.

11. 张荣明．道佛儒思想与中国传统文化［M］．上海人民出版社，1994.

12.《中国古代建筑技术史》编审组．中国古代建筑技术史［M］．博远出版有限公司，1988.

13. 萧默．敦煌建筑研究［M］．文物出版社，1989.

14. 陈明达．陈明达古建筑与雕塑史论［M］．文物出版社，1998.

15. 陈世松．四川简史［M］．四川省社会科学院出版社，1986.

16. 黎方银．大足石窟艺术［M］．重庆出版社，1990.

17. 田家乐等．乐山旅游［M］．四川人民出版社，1989.

18. 李巳生．中国美术全集．雕塑编 12［M］．人民美术出版社，1988.

19. 龙红．风俗的画卷——大足石刻艺术［M］．重庆大学出版社，2009.

20. 大足县县志修编委员会．大足县志［M］．方志出版社，1996.

21. 重庆大足石刻艺术博物馆，四川省社会科学院大足石刻研究所．大足石刻研究文集［M］．重庆出版社，1997.

22. 重庆大足石刻艺术博物馆，四川省社会科学院大足石刻研究所．大足石刻雕塑全集［M］．重庆出版社，1999.

23. 童登金，李传授．名人与大足石刻［M］．四川美术出版社，1999.

24. 王庆瑜．大足石刻艺术［M］．中国旅游出版社，2001.

25. 刘长久，李永翘，胡文和．大足石刻研究［M］．四川省社会科学院出版社，1985.

26. 重庆大足石刻艺术博物馆，四川省社会科学院大足石刻研究所．大足石刻铭文录［M］．重庆出版社，1999.

学术论文

27. 郭璇．巴蜀地区的摩崖佛寺的选址、布局与基本形制初探［M］//中国民族建筑研究会．中国民族建筑论文集．中国建工出版社，2004.

28. 燕学锋．大足宝顶山摩崖造像观经变造像龛综合性科技保护工程［M］//.中国文物保护技术协会第五次学术年会论文集．科学出版社，2008．

29. 陈卉丽，燕学锋，席周宽．大足石刻宝顶山孔雀明王龛保护修复［M］//.文物保护研究新论．文物出版社，2012.

30. 郭璇，程辉，王谊．世界文化遗产大足石刻的价值再认识［J］．重庆建筑，2013，12.

31. 辜其一．四川唐代摩崖中反映的建筑形式［J］．文物，1961，11.

32. 丁明夷．四川石窟杂识［J］．文物，1988，8.

33. 吴焯．四川早期佛教遗物及其年代与传播途径的考察［J］．文物，1992，11.

34. 黎方银，王熙祥．大足北山佛湾石窟的分期［J］．文物，1988，8.

35. 张兴国．潼南大佛寺建筑与环境［J］．四川建筑，1995，2.

36. 牟安志．试论大足宝顶山密宗造像的渊源［J］．考古与文物，1986，2.

37. 乐卫忠．略论中国寺观园林［J］．建筑师，1982，9.

38. 李耘燕．虚实观与中国石窟——以大足石刻为例［J］．西南民族大学学报，2010，9.

39. 江涛．大足石刻：一部承载儒释道三教融合思想的文化巨著［J］．中国文化遗产，2009，2.

40. 邓小刚，子房．大足石刻和佛教的世俗化［J］．文史杂志，2004，5.

41. 卞俊鑫 . 文明的瑰宝——独具特色的大足石刻艺术［J］. 大众文艺（理论），2009，4.
42. 高明 . 从神圣到世俗——大足石刻艺术审美简述［J］. 文物世界，2007，1.
43. 龙红 . 论大足石刻艺术与环境的自然相生［J］. 大连大学学报，2007，2.
44. 郭璇 . 巴蜀地区摩崖佛寺的流变［J］. 重庆建筑大学学报，2005，6.
45. 郭璇 . 巴蜀摩崖佛殿空间类型及营建手法初探［J］. 重庆建筑大学学报，2004，4.
46. 刘豫川 .《韦君靖碑》考辨［J］. 重庆师院学报：哲学社会科学版，1985，3.
47. 曹丹 . 从一幅名画到石刻艺术——谈大足北山《维摩问疾图》［J］. 文史杂志，1987，6.
48. 陈明光 . 初探大足石刻是宋史研究的实物史料宝库［J］. 社会科学研究，1994，2.
49. 刘旭，大足北山佛湾 149 石窟手铳管窥［J］. 四川文物，1994，2.
50. 龙腾 . 大足北山石刻《韦君靖碑》“颍川”“河内”辩［J］. 四川文物，2000，5.
51. 李小强 . 大足北山石刻第 51 号龛探析［J］. 敦煌研究，2006，2.
52. 李小强 . 大足北山石刻第 254 号造像题材探析——兼及大足五代十王造像的相关问题［J］. 敦煌研究，2011，4.
53. 赵辉志 . 大足石刻《牧牛图》考［J］. 佛学研究，2002，0.
54. 方珂 . 大足石刻北山 288 号、290 号龛林俊像及碑文研究［J］. 文物世界，2010，6.
55. 杨乐 . 大足石刻北山“转轮经藏窟”中的头冠装饰图形分析［J］. 艺术与设计（理论），2014，4.
56. 陈明光 . 大足石刻与大足石刻铭文概论［J］. 社会科学研究，2000，5.
57. 龙红 . 论大足石刻半身佛和半身菩萨造像［J］. 中国文化研究，2008，1.
58. 高明月 . 天王印象——重庆大足北山 5 号窟毗沙门天王像与龙门石窟比较谈［J］. 新疆艺术学院学报，2009，1.
59. 王天祥，李琦 . 也论大足北山 176 与 177 窟：一个独特题材组合的案例——以“妇人启门图”为中心［J］. 民族艺术，2008，4.
60. 曾繁燕 . 大足石刻观音造像世俗化图像学研究［D］. 西南大学，2013.
61. 冯艳春 . 大足石刻女性形象的数字浮雕传承［D］. 重庆师范大学，2013.
62. 王倩 . 大足石刻观音造像艺术研究［D］. 青岛大学，2013.

其他成果

63. 大足石刻申报世界文化遗产文本 [R]. 中华人民共和国国家文物局 . 1998，6.
64. 中国文化遗产研究院 . 重庆大足石刻文物保护规划（审批稿）[R]. 2011，2 .
65. 重庆大学建筑城规学院，大足石刻研究院 . 大足石刻世界遗产监测项指标体系初步研究报告 [R]. 2012，6.
66. 大足石刻研究院 . 大足石刻记录档案 [R]. 2012，6.

后记

本图书的编写是对重庆大学建筑城规学院历史建筑测绘及研究工作成果的总结。从前期的实地测绘到后期的整理工作，其间凝结了众多不辞辛劳且热爱中国传统建筑文化的人们的心血。

参与大足石刻与古建筑群测绘、图纸整理和丛书编著的工作人员名单如下：

一、古建筑测绘

时间：1992 年暑期

指导教师：李先逵、邱书杰、谢吾同

参加学生（1989 级建筑学专业二班）：

龙　亮　刘晓燕　孙　智　薛昆陵　王　锴　郭春胜　程　涛
龚六六　王庆广　范晓东　赖俭醒　李　忠　米　军　唐桂斌
高　东　徐　恒　郭　伟　张春生　张健飞　王　蕾　黄　茵
张　梅　胡江淳　张　黎　徐林华　银　华　金　虹　王雪然
赵　亮　李　韬　唐　华

二、原始测绘图纸的数字化处理

时间：2010 年暑期

指导教师：郭璇、戴秋思

参加学生（2006 级建筑学专业一班）：

张　溥　范娟娟　王英楠　金圣现　翟逸波　余　岛　吴晓帆
晏心奕　高　帅　陈　斯　徐　腾　罗　米　姚　远　帅彦男
朱光旭　王玉琦　郭　彧　徐　绮　杨翔宇　何鹏程　刘生兵
杨成垒　刘　菁　陈力然　王　聪　舒晨箫　江玉林　蔡尚君
张　寒　于　杨　张文青　张　亮　刘　锦　樊俊苏　陈劲帆
何　磊　张欢欢　潘　皓　付　逸

三、本书的编撰

本书由郭璇和冷婕总体负责编写。张兴国教授提供了大足石刻与古建筑全景及鸟瞰照片，北山和大佛湾部分照片由大足石刻研究院提供，石门山照片由张琦提供。张书铭承担了本书主要实景照片的拍摄和排版工作。程辉、王谊、赵月苑、游璐参加了本书的初编。崔燕宇、张羽佳、尹子祥、张著灵、吴奕霖、杨浩祥、张潇镭等参加了大足石刻及古建筑群的补充测绘，原始测绘图的修正和本书的排版、精编工作。崔燕宇和张羽佳还承担了对部分原始手绘图纸的摹绘和部分文字的编排工作。

希望本书不仅能供建筑学领域研究人员参阅，也可以作为文物保护工作者、管理者的参考书，同时能够激起更多有识之士和民间大众对我国建筑遗产的珍视和保护之情。这正是编者的初衷。

编　者

2014 年 10 月

图书在版编目（CIP）数据

大足石刻与古建筑群／李先逵等编著. — 重庆：重庆大学出版社，2015.3
（中国西南古建筑典例图文史料）
ISBN 978-7-5624-8783-8

Ⅰ.①大… Ⅱ.①李… Ⅲ.①大足石窟—介绍②寺庙—古建筑—介绍—重庆市 Ⅳ.①K879.27②K928.75

中国版本图书馆CIP数据核字（2015）第010560号

中国西南古建筑典例图文史料
Pictorial Historic Recordings of Representative Ancient Architecture in Southwest China

大足石刻与古建筑群
Dazu Rock Carvings And Ancient Buildings

李先逵 郭 璇 陈 蔚 冷 婕 编著
策划编辑：林青山 张 婷
责任编辑：张 婷 版式设计：李南江 张 婷
责任校对：刘雯娜 责任印制：赵 晟
*
重庆大学出版社出版发行
出版人：邓晓益
社址：重庆市沙坪坝区大学城西路21号
邮编：401331
电话：（023）88617190 88617185（中小学）
传真：（023）88617186 88617166
网址：http：//www.cqup.com.cn
邮箱：fxk@cqup.com.cn（营销中心）
全国新华书店经销
重庆市金雅迪彩色印刷有限公司印刷
*
开本：710×1020 1/8 印张：36 字数：944千 插页4开1页
2015年3月第1版 2015年3月第1次印刷
ISBN 978-7-5624-8783-8 定价：350.00元